簡帛文献からみる初期道家思想の新展開

王中江＝著
吉田 薫＝訳

東京堂出版

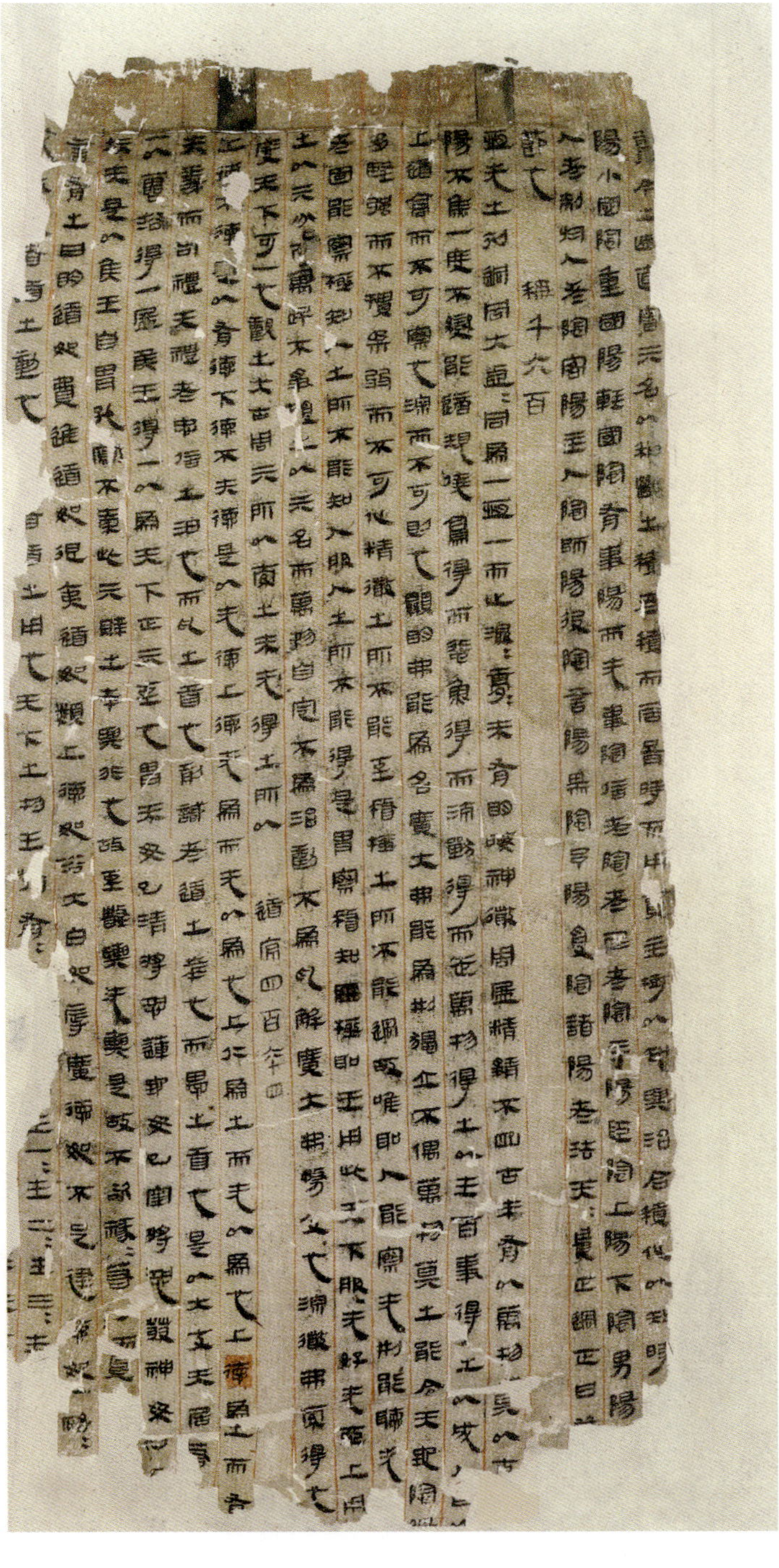

『称』と『道原』（『長沙馬王堆漢墓簡帛集成』〔壹〕、中華書局、二〇一四年）

郭店楚簡『老子』（『郭店楚墓竹簡』、文物出版社、一九九八年）

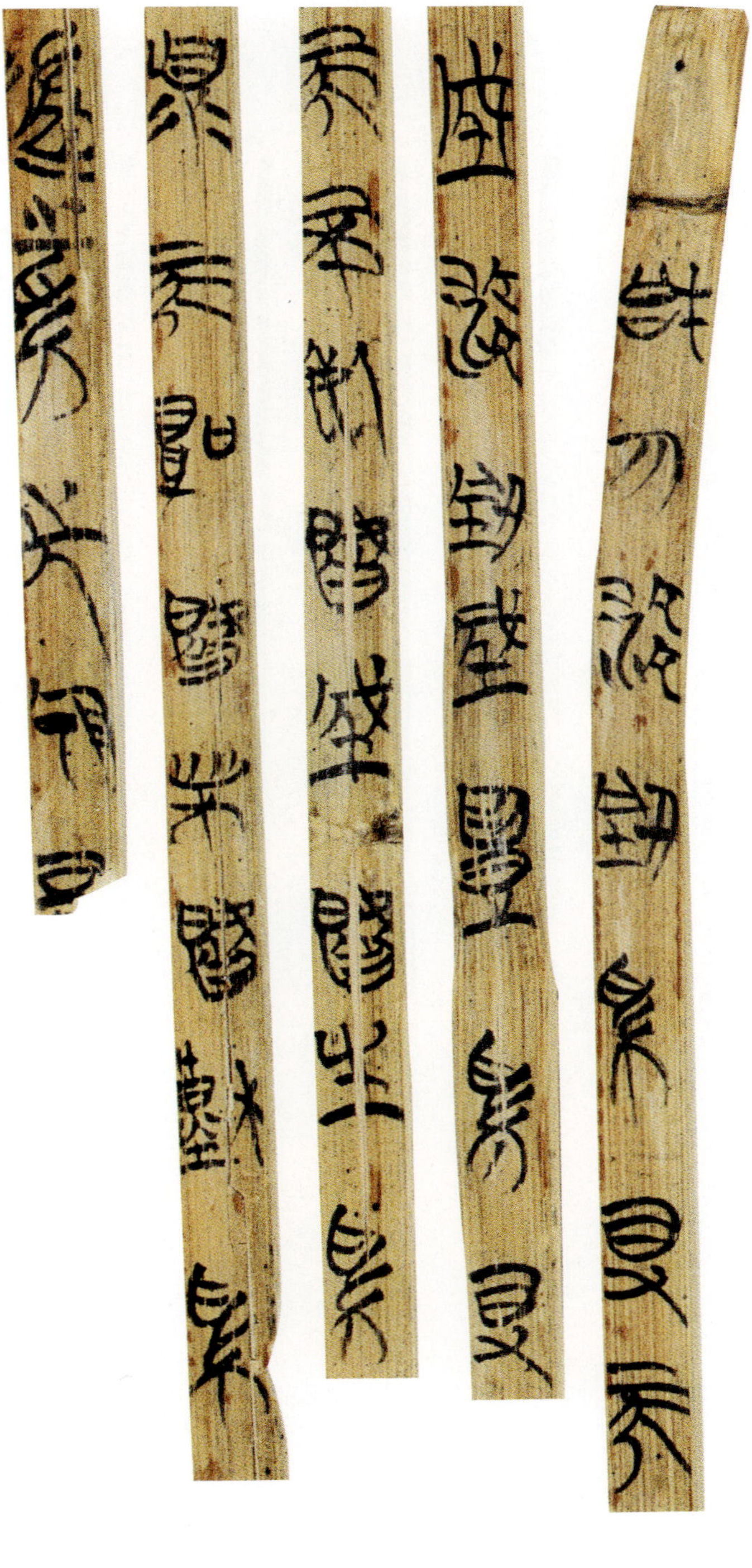

上博楚簡『凡物流形』（乙本）第一号簡（『上海博物館蔵戦国楚竹書』〔七〕、上海古籍出版社、二〇〇八年）

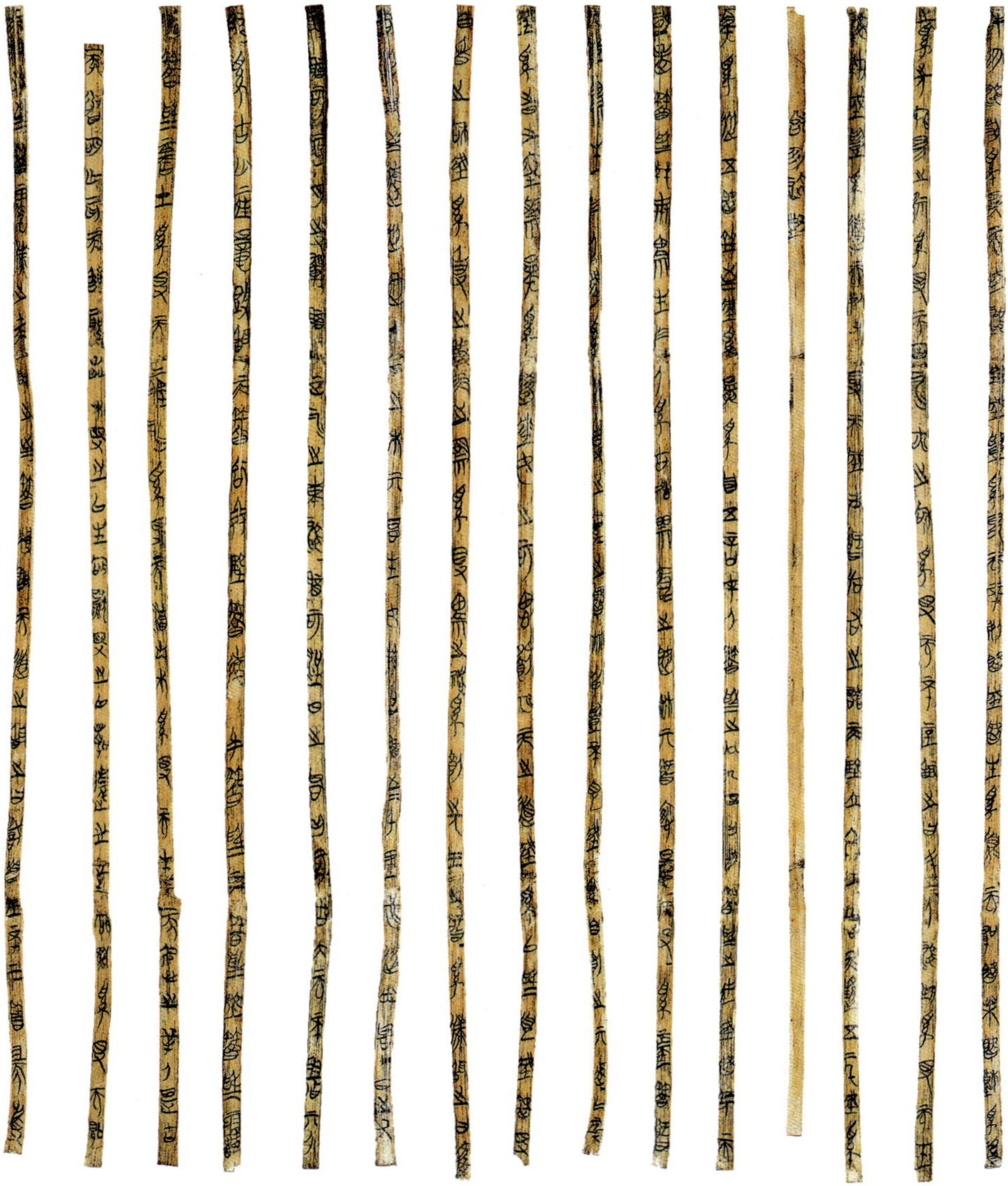

上博楚簡『凡物流形』（甲本［一］）（『上海博物館蔵戦国楚竹書』〔七〕、上海古籍出版社、二〇〇八年）

上博楚簡『亘先』（『上海博物館蔵戦国楚竹書』（三）、上海古籍出版社、二〇〇三年）

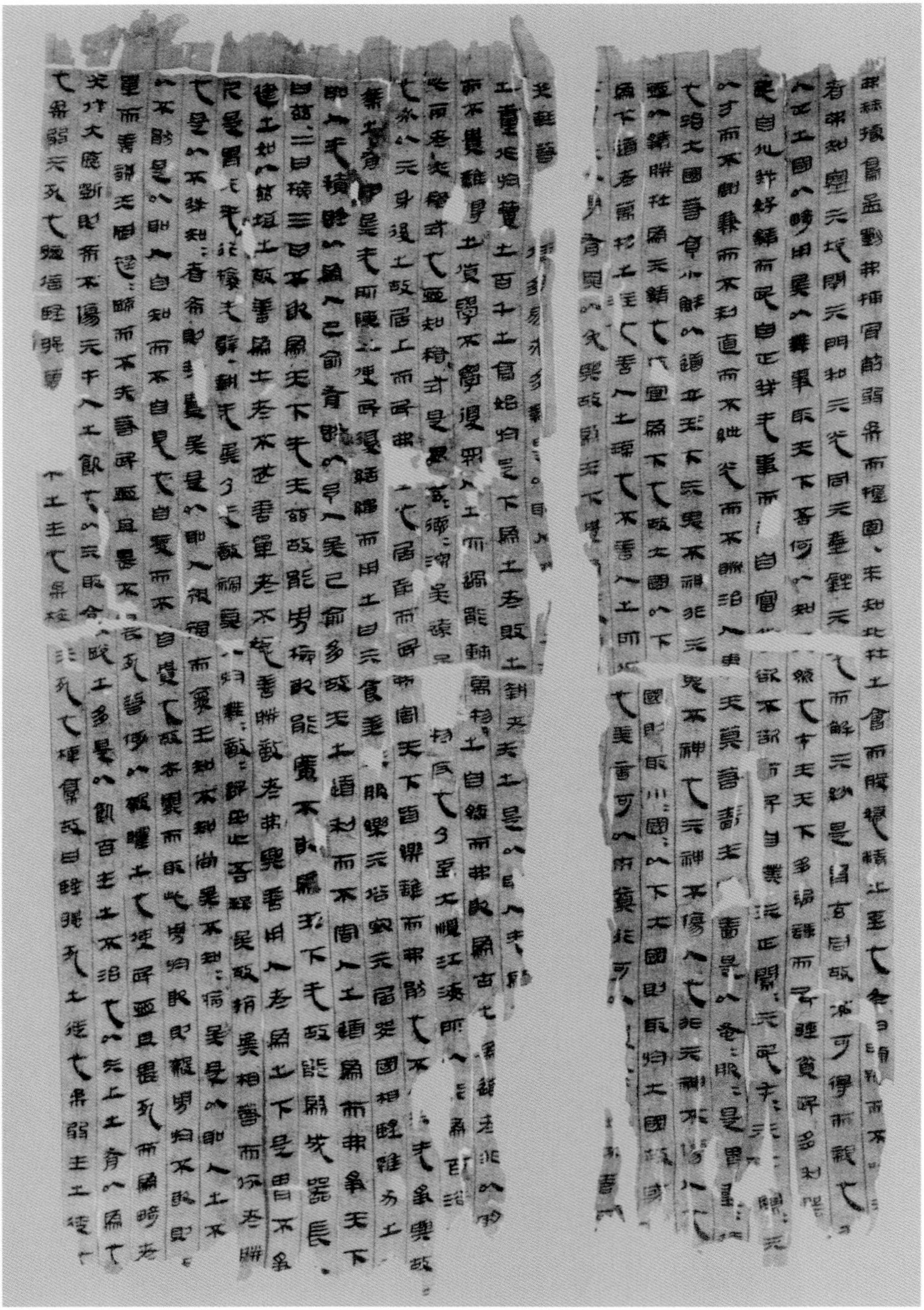

帛書『老子』乙本(『長沙馬王堆漢墓簡帛集成』〔壹〕、中華書局、二〇一四年)

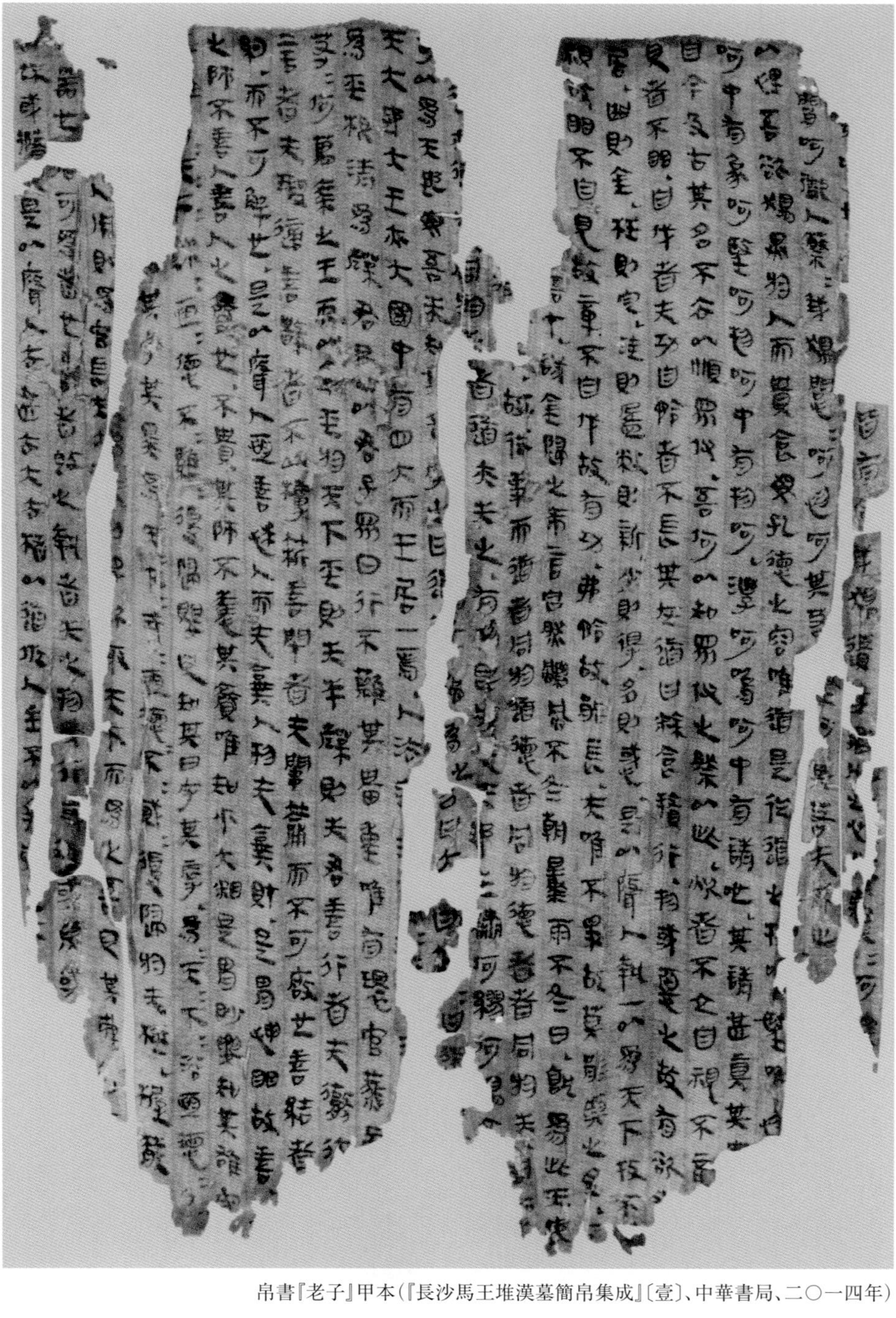

帛書『老子』甲本（『長沙馬王堆漢墓簡帛集成』〔壹〕、中華書局、二〇一四年）

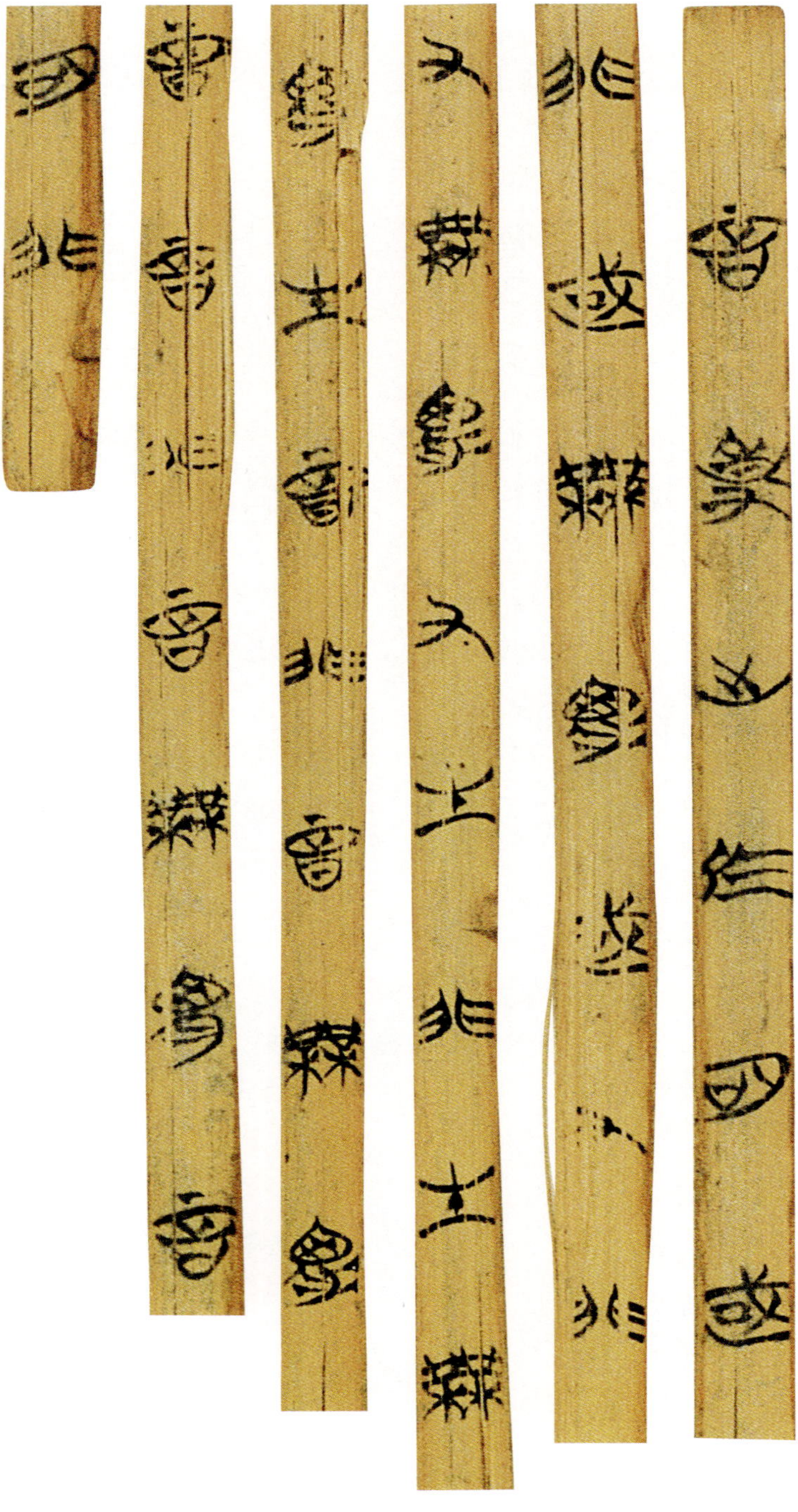

上海楚簡『亘先』第六号簡（『上海博物館蔵戦国楚竹書』（三）、上海古籍出版社、二〇〇三年）

簡帛文献からみる初期道家思想の新展開

目次

第二章

『太一生水』における宇宙生成モデルと天道観

第五章

黄老学の法哲学の原理と公共性、および法律共同体の理想

――なぜ「道」と「法」の統治なのか

序論——出土文献、ならびに道家の宇宙観と人間社会観についての再検討

中国「三代」の大いなる伝統が東周の新しい世界観へと飛躍的に発展していく中で、中国人の思考方法に二つの大きな変化が生じた。それは非常に革命的な変化であった。[1] その一つは、中国古代「三代」の宗教的な思想形態の時代の後に、儒家の人文的な理性が生まれたことであり、もう一つは、「三代」の宗教的な思想形態の時代の後に道家の「自然の理性」が生まれたことである。[2]

これらの大きな新しい変化は、古代ギリシアの「哲学の劇的な発展」とは異なるものであった。それはまず「自然哲学」（philosophy of nature もしくは nature-philosophy）から始まり、[3] その後に改めて人類の自我意識に、新たな変化がもたらされたのである。中国思想における二つの大きな変化は、ほぼ同時に発生し、それはまた思想の多元的な競争の中で、推し進められた。儒学の面において人文的な理性が見られるようになったことに対しては、我々は特に疑問を感じないが、[4] 道家における「自然の理性」の誕生——この革命的な変化のはじまりについて、我々は様々な疑問を感じるのであった。なぜならば、主に道家の初期の文献が不足しているため、疑問が生

じてくるのである。例えば海外の一部の研究者は、『老子』を『荘子』の後、ひいては秦漢時期の産物とみなし、古代中国の自然の宇宙観、ならびに宇宙生成論の形成は遅く、[5]漢代の『淮南子』に至ってその典型的な形が現れたという。[6]事実がどうであれ、ただ伝世文献のみに依拠しては、新たな研究の発展は望めないであろう。史学の分野においては、新しい方法や新史料を用いると、これまでの認識に新たな変化がもたらされる。特に新史料を用いた方が認識の変化につながるのである。

本論で取り上げる出土簡帛文献は、道家の「自然の理性」――この革命的な変化のはじまりがいつ起こったのか、という問題を解決するための、一つの出発点となるものであった。本論では主な課題について、以下の方法で検討していく。

本論の課題については、まず、郭店楚簡『老子』と『太一生水』、上博楚簡『恒先』と『凡物流形』、帛書『黄帝四経』等の非常に貴重な写本と佚文を基に検討を深め、さらにこれらの史料と初期の伝世文献を照らし合わせながら総合的に検討していく。次に、中国古代の自然の宇宙観の誕生と形成について、検証作業を進めていく。特に自然の宇宙観の基本的な形態と全体像を提示したいと考えている。これまで我々は、主に一つの原典の部分的な検討に重きを置いてきたが、今やこのような総合的な検討の必要が急務となっているのである。

一　出土簡帛文献の年代と自然の宇宙観

新たに出土した簡帛文献の中で、主に帛書『黄帝四経』「道原」、郭店楚簡『老子』、『太一生水』、上博楚簡『恒先』、『凡物流形』および『三徳』等が、自然の宇宙観および宇宙生成論と明らかに関わりがある。一般にこれらの新しい文献は、すべて道家に属するものと考えられている。したがって、これらの自然の宇宙観も道家のものであり、道家の代表的な中国の自然の宇宙観であった。もしこれらの新しい文献が、東周時期のものであることが確認できると、中国の自然の宇宙観の起源と発生はこの時期にまで遡ることができ、当時が中国の自然哲学にとって肝要な時期でもあったということがいえる。

やはり肝心な問題は、どのように『老子』の成書年代を定めるのか、ということと、老子を中国の自然の宇宙観の創始者とみなすことができるか否か、ということにある。そこで郭店楚簡『老子』の発見は、この問題にとって非常に重要な点を示唆しているのである。郭店楚簡『老子』の年代に関しては、既に多くの研究があるため、ここでは簡潔に論証を提示するのみにしておきたい。

これまでの考古学界の研究成果により、出土郭店楚簡の埋葬年代は紀元前三〇〇年頃（戦国中期より少し後）であると想定した上で、我々は次の二つの判断を示すことができる。一つ目は、郭店楚簡の年代の下限が埋葬された年代より遅いことはない、ということであり、二つ目は、常識と情理に基づけば、実際の年代は、埋葬された時期よりやや早い、ということである。郭店楚簡が実際は一種の写本であるため、テキストの出現と伝写の時間にはやはり一定の隔たりがあるわけであり、このため以前に比べて、我々はさらに確信を持って『老子』の年代を春秋晩期と定めるのである。郭沂氏は、郭店楚簡『老子』は『老子』のテキストであると結論付けたが[(7)]、丙組と甲組で重複している章(伝世本第六十四章)の検証により、この判断は、明らかに不適切であった。この章が重複している箇所には明らかに文字の異同があり、両者の典拠は異なる。これは、郭店楚簡『老子』がこれまで発見された、最も初期の『老子』の写本の一つであり、さらに当時『老子』は既に異なる写本が流伝していたことも示している。

ただし、郭店楚簡『老子』の分量はわずか一六〇〇字あまりであり、それは、帛書本および北京大学蔵漢簡、もしくは伝世本の三分の一あまりに相当する。これについて、我々は様々な解釈を試みたが、主な見方としては、それを『老子』全書の一部分とみなし、その他の箇所に関しては、すべて後になって付け加えられたものではなく、ましてや他に作者がいたということは到底考えられない、というものであった。

一つの重要な根拠として、叔向が引用した『老子』の話が郭店楚簡には記されていなかったことが挙げられる。劉向『説苑』「敬慎」篇の記載によると、韓平子はかつて叔向に「剛与柔孰堅」の問題について教えを請うと、叔向はその返答として「老耼有言曰」の形で『老子』の次の二つの言葉を引用した。それは「天下之至柔、馳騁乎天下之至堅。」と、「人之生也柔弱、其死也剛強。万物草木之生也柔脆、其死也枯槁」である。しかしこの二つの言葉はいずれも郭店楚簡には記されていなかった。

韓平子とは、韓宣子の子の韓須のことで（須は頃と誤認され、韓頃と称された）[8]、晋定公に仕えていた。晋の定公の在位期間は、紀元前五一一年から紀元前四七五年までである。叔向は春秋後期の人であり、晋の平公に仕えた。晋平公の在位期間は、紀元前五五七年から紀元前五三二年の間である。韓平子が叔向に教えを請うた時、叔向が自ら語るには、叔向は既に八十歳になっていた。これは叔向が長寿であったことを示している。叔向と孔子はほぼ同時期の人であり、叔向が老子の話を引用していることは、『老子』の書が早い時期に世に出たことを示している。春秋時代の叔向がどうして戦国時代に徐々に加えられていった章節を引用することができようか。これにより、『老子』の最も早いテキストが一六〇〇字あまりほどの分量でしかなかったとは考えられず、五〇〇〇字前後くらいの『老子』が当時基本的な形として存在しており、後になって付け加えられたものは非常に限られていることが分かる。

このほか、老聃と老子は、実際は同一人物であり、これは『荘子』が明らかに「老子曰」と「老聃之言」の形で『老子』の話を引用していることが、非常に有力な証拠になっている。これらの引用はすべて書名で示されているのではなく、老子もしくは老聃の話として扱われており、それらはすべて韓非子が目にした『老子』の書に拠るものであった。未公開の北京大学蔵漢簡『老子』は、『老子上経』と『老子下経』から成る内容に、初めて『老子』という書名が付けられたものであった。これもまた、老子と『老子』は一致することを示している。出土文献において、前後四種類の『老子』の写本が発見されたという事実は、老子の思想が東周から秦漢に至るまで広範に影響を与えていたことを示しているのである。

『老子』以外の『太一生水』や『恒先』、『凡物流形』、『黄帝四経』等の新しい文献の年代の問題に関しては、それぞれ個別に論じる必要がある。その中で『太一生水』、『恒先』および『凡物流形』の年代は比較的早く、『黄帝四経』の年代はやや遅くなる。『太一生水』は郭店楚簡に属し、それと簡本『老子』丙組は同じ長さの竹簡に書写されており、その年代の下限と簡本『老子』は一致する。しかしその上限が、老子より早い時期であるという可能性は少ない。それはおそらく老子の弟子関尹子（尹喜）の手によるものであろう。[9] このテキストは、老子思想の影響を確かに受けているのである。それは老子が重視した「一」と「水」の概念の影響のもと、独自に老子の「一」を「太一」に変え、「水」を宇宙生成過程の重要なポイントとみなしている。

そこで示されている「天道尊弱」の思想も、老子の「老弱不争」の影響を受けたに違いない（簡本『老子』には「弱者道之用」の命題がある）。整理者の判断によると、上博楚簡『恒先』と『凡物流形』の年代は、[10] 郭店楚簡とほぼ同じ時期にあたる。これにより、我々は『太一生水』、『恒先』および『凡物流形』は年代的にそれぞれ近く、これらは李学勤が指摘するように、「老荘の間」に属する老子の後学による作品である可能性が非常に高い。[11]

帛書『黄帝四経』については複雑な議論がなされているが、筆者の考えは唐蘭氏の論に近い。[12] つまり『黄帝四経』は戦国時代の黄老学の作品であり、戦国時代中期以降、秦帝国前の時期に道家の継承者が、道家を基にして、法家と儒墨思想とを結合させて創出したものだと考えられる。大体において『黄帝四経』は、『荘子』、『管子』および『鶡冠子』と同様、初期の道家が発展をみせる第三段階に位置するといえるだろう。[13] さらに時代が下ると、『韓非子』（「解老」と「喩老」）等になる。

上記の文献を並べてみると、それらの前後関係は大体において次のようになる。簡本『老子』→『太一生水』、『恒先』、『凡物流形』→『荘子』、『管子』、『黄帝四経』「道原」、『鶡冠子』→『韓非子』「解老」等となり、これらの文献はすべて中国東周の時期にあたる。これらがみな東周時期のものである以上、そこに記されている自然哲学や自然の宇宙観も、自ずとこの時期のものとなり、それは「三代」の宗教的な世界観の、革命的な変化を意味するのである。

人類が初期に神話や宗教、科学、哲学等によって、宇宙の創生と起源を解析、分析したその様々な思考方法においては、総じていえば、神話や宗教に遡る思考が強いほど、科学的、哲学的な思索は弱くなる傾向がある。これゆえに、その後人類の歴史に重要な変革期が訪れるのであり、またはヤスパースがいう「枢軸時代」が到来するのである。我々が現時点で把握している文献を見てみると、殷周時代の宇宙観は主に宗教性が強く、神話のような解釈は比較的少なく、哲学的な解釈は非常に稀である。歴史の進化は一直線ではないというが、主線から見ると、「三代」の宗教的な世界観から東周の哲学的な世界観への変化は、確かに発生しているのである。

東周に興った諸子学の中で、道家は宇宙と万物の根源と誕生に対して強い好奇心と高い関心を持っており、道家は宇宙の「天書」の最も熱心な観察者であり、「宇宙の謎」の解読者であった。このため、道家は中国の自然哲学と形而上学の基礎を築いた開祖となった(14)。「三代」の大いなる伝統的な「帝」と「天」は、老子とその道家が設立した「道」と「一」に取って代わられ、後者は古代中国早期の自然の宇宙観の重要なキーワードとなったのである。道家は受け継がれ、または分化していく中で発展を遂げていき、「道」と「一」を中心に、古代早期の中国の自然の宇宙観の体系を築き上げた。伝世本『老子』第二十五章――このあまりにも有名な一章が、既に竹簡の記載に見られ、それは老子が自然の性質を備える「道」を宇宙の根本としていることを示しているのである。

老子の自然哲学の影響のもと、『太一生水』や『恒先』、『凡物流形』は、それぞれ「太一」、「恒先」ならびに「一」を万物の根源となし、異なる自然の宇宙観を打ち出した。帛書『黄帝四経』の「道原」篇等では、「道」を万物の本体とみなし、特に「一」を「道」とはっきりと結び付けることによって、「一」でもって「道」を論じている。『荘子』の書は、老子の「道」の観念を発展させ、特に「気化」の自然観を提起した。『管子』四篇に見られる「道」や「徳」についての解釈や、『韓非子』「解老」で「道」と「理」を結び付けている点等は、同じように道家の自然の宇宙観を発展させたものである。

次に、道家初期の自然の宇宙観とその形態について論じていきたい。

二　宇宙のはじまりと状態、および生成の過程について

哲学と科学の過去と現在の状況について比較検討してみると、次の点を指摘することができる。すなわち現代科学は宇宙の起源に対して、より主体的に解釈していこうという指向が見られるが、現代哲学は宇宙の起源について、どうも意余って力及ばずの感が強まる一方のように思われる。しかし古代の状況は、現在の状況とは全く対照的であった。古代哲学が宇宙の起源について解釈を行うことは、より普遍的に見られた。そこで現代科学の宇宙観と古代哲学の宇宙観の間で、その解釈の方法について類似点がないか検討してみるのは非常に興味深く、

それはまた魅力的な作業であるように思われる。

董光壁が列挙している現代の新道家の人たちは、いずれも物理学出身であり、その中のカプラ（F.Capra）は一つの非常に系統的な方法を用いて、近代物理学と東洋の神秘主義の間に存在する類似性を探索している。[(15)] このような方法に対して、我々は慎重でなければならないが、しかしこの両者の間にはいかなる比較すべきものもない、といってしまうのも、またある種の独断性を免れ得ないだろう。道家の先人たちは、確かに宇宙と万物には一つの「はじまり」があると固く信じており、彼らはそれを「道」、「一」、「太一」もしくは「恒先」等と称した。彼らにとって、宇宙のはじまりは、同時に宇宙生成の「母体」でもあった。『荘子』と『墨経』の時空観に拠ると、時空と空間は、いずれも無限性を備えていた。道家が想像する宇宙のはじまりと原始の状態は、遥か彼方に存在するものであり、また一方でそれは最初の「はじまり」でもあった。

哲学では一般的に「時間的な先行」と「ロジック上の先行」の二分法が存在する。古代の道家と現代科学は、世界には一つの最初のはじまり（原初状態）があると想定しており、現代科学はそのはじまりを「奇点」と称している。この他については、現代科学では、特に取り上げるべきものがないように思われる。しかし道家は、このはじまりに関して多くの想像と叙述をしてきており、そこから宇宙の生成過程を推定し、いくつかの異なる宇宙生成のモデルを提示した。出土文献の中で、我々は四種類のモデルを確認することができた。その四種類のモデルは次のようになる。

『凡物流形』 一↓両↓参↓母↓結

『恒先』 恒先↓域↓気↓有↓始↓往

『太一生水』 太一↑↓水↑↓天↑↓地↓神明↓陰陽↓四時↓滄熱↓湿燥↓歳

『黄帝四経』「観」 一↓天地↓陰陽↓四時↓剛柔↓万物

伝世文献に記載されているモデルについて我々が提示できるものは、大体において次のようになる。

『老子』 道↓一↓二↓三↓万物

『文子』「九守」 一↓天地↓四時↓陰陽↓人虫↓剛柔↓万物

『鶡冠子』「環流」 一↓気↓意↓図↓名↓形↓事↓約↓時↓物

道家のこれらの異なる宇宙生成のモデルについて、我々は異なる視点から分析と比較を行うことが可能である。宇宙生成のはじまりに関しては、各モデルの中で使われてきた概念は、必ずしも同じではない。これらの概念の一つとして「道」があり、二つ目として「一」、三つ目として「太一」、四つ目として「恒先」等が挙げられる。ここで我々が知りたいのは、道家の中でどうしてこのような異なる用語が使われているのか、これらの用語の間にはいかなる関係性があるのか、ということである。

出土文献の『凡物流形』や『太一生水』、および『恒先』の三篇の佚文は、宇宙のはじまりを表す際、「道」を使わずに、それぞれ「一」や「太一」、「恒先」を使っている。これはおそらく老子に同調することを避けたいという意図があるのだろう。実際この三篇は、いずれも「道」というこの概念を使って立論していない。『恒先』では、一箇所のみに「天道既載」の「天道」の概念が見られる。『凡物流形』は「道」を用いているものの、主に「一」を用いて推論している。伝世の関連文献の多くが「太一」によって宇宙のはじまりを表しているのは、おそらく老子への同調を避けることが考慮されているからであろう。

しかし、道家の中で使われている宇宙のはじまりを表すこれらの表現は、互いに共有し合っている部分もある。老子が根源を意味する概念として用いているのは主に「道」であるが、同時にまた、「天得一」の「一」も使われている。老子の後は、「道」は引き続き道家の最高の概念である一方、「一」もまたさらに発展し、合成語の「太一」を作り出した。それらは「道」を表す語であり、また「道」と類似した宇宙の根源を指すものとしても使われているのである。前者は、『黄帝四経』「道原」に見られる「一者其号也」や、『黄帝四経』「成法」に見られる「一者、道其本也」がまさにその例であり、後者は、例えば『凡物流形』等で使われている「一」を挙げることができる。『太一生水』の「太一」に関しては、一つの見方として、それは「北辰の神」を指しており、[16]実際にはまず先に哲学における「一」があり、その後にそれを修飾する語が付け加えられ、「太一」という表現が作り出されたと考えられている。[17]神話的な意味を持つ「太一神」は、哲学における「太一」を借用したものである。伝世文献上の多くの用例に基づくと、道家の「一」と「太一」は明らかに「道」であるといえる。『恒先』には「道」が使われていないが、それは「恒先」を宇宙のはじまりと根源とみなしているからであり、それと「道」が同格な性質を持つことは、『黄帝四経』「道原」に見られる「恒先」から確認できる。「道原」の主旨は

「道を探究すること」であり、「道原」では「道」のはじまりを描く時に「恒先」を使っている。「恒」と「先」はいずれも時間の概念であり、「恒先」の「先」は一般的な「先」を指すのではなく、「遥か彼方」や「最初」を意味する。

「道」であろうが、「一」や「太一」、もしくは「恒先」であろうが、道家はみなこれらによって宇宙の根源と原始の状態を表していた。東洋および西洋の哲学は、人類の「原始状態」についての様々な想像と描写を行ってきた。しかし、宇宙の原始状態についての哲学的な想像と描写に対しては、古代ギリシアの自然哲学者たちは、大して興味を示してこなかったように思える。それは主に道家の自然の宇宙観の特徴であり、我々がそれに関連してまず思い起こすのが、簡本『老子』甲組に見られる「有状混成、先天地生、寂寥、独立不改、可以為天下母。未知其名、字之曰道」である。ここでは「道」を語り、また宇宙のはじまりの「状態」についても言及している。

通行本『老子』に見られる「常道」は「言説」すべきではなく（第一章）、「道之為物、惟恍惟恍」（第二十一章）、「道常無名樸」（第三十二章）、「道隠無名」（第四十一章）等は、いずれも老子による宇宙のはじまりである「道」と原始状態について記したものである。この点において、『恒先』と『黄帝四経』「道原」は老子を発展させた。『恒先』がいうには、この最初が「無有」であり、「樸」、「静」、「虚」であり、さらに「太樸」、「太静」、「太虚」であった。「太」は程度が最も高く、つまり「至」、「太樸」、「太静」や「太虚」もまた「至樸」、「至静」、「至虚」であった。これは、『恒先』の以下の文が宇宙の原初状態について説明していることと一致している。すなわち「未有天地、未有作、行、出、生、虚静為一、若寂寂夢夢、静同而未或明、未或滋生」。これに拠れば、宇宙の原初状態は、さらに遥か遠い「恒常の状態」であると認識されていた。『黄帝四経』の「道原」が想像する宇宙の原初状態とは、「恒先之初、迵同太虚。虚同為一、恒一而止。湿湿夢夢、未有明晦。神微周盈、精静不熙」であった。ここでは「恒先之初」の「太虚」や、混沌としていてはっきりしない存在の「一」等が強調されている。

道家による宇宙のはじまりと原初状態に関する叙述は多いが、その中で宇宙のはじまりと原初状態は、何ら具体的な事物として描かれていない。この点から見ると、宇宙のはじまりと原初状態は無名、無形、無象、太虚、混沌であった。しかしそれらの叙述では、宇宙のはじまりと原初状態はすべての可能性と潜在能力を備えており、この意味から考えると、宇宙のはじまりと原初状態は、最も大きなスケールで実在するものでもあった。しかし我々がさらに知りたいのは、宇宙の生成者と原初状態の実質は何であろうか、ということである。「道」や「一」、「太一」、「恒先」等は、たとえそれらが「玄牝」や「谷神」の隠喩であるにしても、いずれもみな非常に抽象的である。道家は、古代ギリシア哲学者のようにそれを水や火に擬することはしなかったし、[18] それを「五行」の「金」や「土」等に擬することもしなかった。当然ながら、それは古代ギリシア哲学者がいう「原子」ではない。道家は否定的な「無」をしばしば使って原初的な根源を説明するが、しかしながら既に知られているように、道家の「無」は、「純然たる無」ではなく、最高の「実有」なのである。老子の「万物負陰而抱陽」、荘子の「通天下一気」、『管子』の「精気」、『列子』の「太初者、気之始也」と漢代の「元気」、さらに『恒先』の「恒気」について、我々は「気」の視点からこの「実有」を考察することが可能ではなかろうか。直接それを「気」だといわなかったのは、道家のテキストのみである。これは注意せねばならない点である。

異なる生成モデルが描き出している生成段階についていうと、あるモデルの中で言及されている事物は、見たところいずれもやや抽象的であり、それらが一体何を指すのか判断するのが難しい。例えば『老子』や『凡物流形』、『恒先』の生成モデルがそれにあたる。この幾種類かのモデルで前者、後者の関係にあたる生成者、被生成者は、抽象的な存在である生成者から抽象的な存在である被生成者になるのであり、これらの抽象的なものは何であるのかについては、その他の文献によって手がかりを探す必要がある。

例えば『老子』の「道生一、一生二、二生三、三生万物」における「二」と「三」の「実質」は、何であろうか。『淮南子』「天文訓」には、それについて現在確認できるものの中で最も早い時期の解釈が次のように記されている。

道（曰規）始於一、一而不生、故分而為陰陽、陰陽合和而万物生。故曰、一生二、二生三、三生万物

『淮南子』に照らし合わせてみると、「二」は「陰陽」であり、三は「陰陽合和」。『恒先』のモデルで記されている「或作。有或焉有気、有気焉有有、有有焉有始、有始焉有往者」は、簡単に記すと「或↓気↓有↓始↓往」になる。この五段階の中で、「気」の実質的な材料は明確であるが、その他はいずれも比較的抽象的で、特に「或」と「有」は抽象的である。「或」字は直接「或」と読まれることがあるが、それは「或」がおそらく「道」と「気」の間に位置するものと認識されており、[19]「或」が「域」と読まれる場合には、それが「宇」あるいは「空間」を指すと考えられている。[20]「有」に関してはいまだ適切な解釈がないが、形を成しているものの中で最も

大きいもの――「天地」と解せるのではなかろうか。「始」と「往」は、おそらく天地が生み出す万物、およびその万物の変化と循環運動を指すのであろう。『凡物流形』がいう「一生両、両生参、参生母、母成結」という生成モデルは、直観的には『老子』のモデルと最も類似している。例えば、いずれも三文字が一句を成しており、またみな一つの層が別の層を生み出す形になっている（XがYを生む）。しかし「両」、「参」、「母」、および「結」といういい方は、同様にやや抽象的である。その「両」と「参」は『老子』の「二」と「三」と類似点が見られるかもしれないが、しかし異なる「気」であるか否かは、判別が難しい。

さて、これらのモデルとは少々異なるもう一つのモデルが存在する。そのモデルは、「具体的」な事物と比較することによって、前の段階にあたる生成者とその後の段階にあたる被生者を指し示す形をとる。このタイプは主に、『太一生水』の「太一↑↓水↑↓天↑↓地↓神明↓四時↓滄熱↓湿燥↓歳」、『黄帝四経』「観」の「一（囷）↓天地↓陰陽↓四時↓剛柔↓万物」、『文子』「九守」の「一↓天地↓四時↓陰陽↓人虫↓剛柔↓万物」等に見られる。先に見てきたモデルと比べてみると、この三つのモデルにおける生成関係は第二段階から始まっており、基本的には、いずれも「具体的」な自然の事物から「具体的」な自然の事物を生み出しているのである。おそらく古代の人々は、世界において基軸作用を担っている自然の事物を抽出し、それらを序列化することを考えていたのであろう。そして宇宙の生成とは、一つの基本的な自然の事物からそれより下位に属する自然の事物が生み出されると認識していたのであろう。しかし、どの事物が基軸作用を備えているか、確定することは困難である。

さらに、仮に「純粋で質朴」であればあるほど、未分化の事物に生成の働きが備わるようになる（例えば原木が異なる器具を作り出すことができるのと同様）、というのであれば、具体的な事物であるほどその他の事物に移り変わることは容易ではない、ということになる（例えば椅子が机に変わることは困難であるように）。

ともあれ、以上二種類の類型に関して、仮に前者の類型を「抽象的な生成モデル」と称することが可能であれば、後者の類型を「具象的な生成モデル」と称することができるであろう。道家の自然の宇宙観に基づくと、宇宙は、根源のはじまりから一歩一歩「生成」し、「変成」し、そして「変化して現れて」きたものである。これは「創世論」ではなく、また外在する何らかの力によって推し進められ、形成されたものでもない。もし道家の宇宙生成と変成を全体的に「混沌から明晰へ」、「単純から複雑へ」、「一から多数へ」の過程とみなすのであれば、それは重要な事物が順次に現れて最後に完成に達することを指しており、またそれは、混沌である一が不断に分化を繰り返し、万物の誕生に至る過程であることを指しているのである。

『老子』と『凡物流形』は、いずれも「生」の概念を用いて宇宙誕生の過程を述べている。『太一生水』は、まず「成」によって宇宙が「変成」していく過程を述べ、その後に「生」によって次の段階がさらに高い段階によって生み出されたということを、逆の方向から述べているのである。「生」の原義は草木が地から生まれ出てくることであり、さらにそれが事物の生産と人類の生育の「生」へとつながっていくのである。道家は、生命現象と自然現象の誕生から全宇宙と万物が「母体」から生まれていることを推測した。「生」の概念は、現代宇宙物理学の「宇宙の大爆発」（Big Bang）よりも穏やかであり、それは世界の有機的な基盤を築いていた。「成」には変化してこのように成る、変化してこのようなことが現れる、という意味があり、主体的な性質の強い「生み出す」、「産出する」に比べて、事物が音もなく、自在に「転変」、「転化」している情形を表している。『恒先』

は「或作」と記すほか、いずれも「焉有」という表現を使っている。「作」と「有」は「出現」、「産出」と解することができ、生成および変化して現れるという意味がある。道家は造物主を排除し、自然を超えた力で自然を解釈することを排除したため、宇宙と万物が生成する活力は、ただ道もしくは太一に帰するしかなく、各段階における生成者自身に帰するのであった。『恒先』は、恒先の「自厭不自忍」という性質でもって説明し、『荘子』は、総じて宇宙と万物が生成する活力を宇宙の「咸其自取」の「自生」と「自化」に帰結させているのである。

三　万物の内面性と活力について――「物性」はいかに獲得できるか

総じて道家の自然の宇宙観は生成論であり（上述したごとく）、また同時に本体論である（張岱年氏のいう「本根論」と類似するものである）。この両者は、道家では渾然と共存しており[21]、それはプラトンやアリストテレスの哲学とは異なる特徴を持っているため、ただ試みにその一つを取り上げて道家の宇宙自然観を概括するのは、論拠として不十分である。本体論は生成論とは異なり、ロジックと理論の面において、最高の根拠と本質を打ち立てることに重きを置いており、これによって万物の有り様とその特質について解釈および説明を行うのである。

道家思想の中で「徳」の概念は際立っているため、道家は「道徳家」とも称されている。したがって我々は、道家が万物の原因に対してどのような解釈を行っているかについて検討する際、多くの場合は、道と徳の関係性からその本源と具体的な事物の関わりを把握しようとするのである。しかし、これは単に道家におけるこの種の思惟構造の一面でしかない。道家は「道」によって事物の本性とその効能の様式を解釈し、さらに「道」と「物」、「樸」と「器」、「一」と「多」の関係性を示す。そこで、本論では、出土文献を活用し、出土文献と伝世テキストを結び付けて、道家がいかに「道」と「物」、「樸」と「器」、「一」と「多」、「道」と「徳」の関係の中で事物の内面性とその活力を解釈しようとしていたか、総合的に理解を深めていきたい。

儒家は主に人の「心性」に関心を向けていたが、道家は儒家とは明らかに異なり、道家の関心はまず万物の「本性」にあり、さらに一種の広義の物性論を確立することにあった。ここで問題なのは、道家の思考に拠ると、「物性」はどのようにして獲得されたものか、ということである。それに対してこれまでよく見られる解釈は、事物を「徳」とみなした際、その事物とは、「道」が具体的なものとなって実体化したものである、というものであった。しかし「道」がいかに具体的なものになったかについては、説明がなされていない[22]。現代の宇宙進化論に拠れば、自然と万物（生物も含む）は、みな無限の時間の大河の中で変化・発展を遂げてきたものである。これに拠れば、事物の本性も変化・発展の中で獲得したものとなる。荘子は濃厚な「気化」の思想を持ち、胡適もまた荘子には早くから進化の観念があると考えていたが、果たして道家にこれと類似した意味を持つ変化・発展論があるかどうか、ということもまた、一つの問題である。道家の生成論から論ずると、万物が生成するのと同時に、万物はそれぞれ自らの本性と能力を獲得した。しかし道家は一般的に、生成過程においては、万物の内面性と多様性についての説明を行わないのである。

上述したように、道家は「道」と「物」、「樸」と「器」、「一」と「多」等の関係から、事物がそれぞれ異なる本性を持っていることを説明する。つまり、これらの関係性の中で、道家は根本の「道」や「樸」、「位置」を用いて直接物性や器具、事物の多様性について説明する。老子のいう「樸散而為器」（第二十八章）[23]や、「譬道之在天下、猶川谷之於江海」（第三十二章）、「大道汎兮其可左右」（第三十四章）、『荘子』「天道」篇の「夫道、於大不終、於小不遺、故万物備」、および「知北遊」篇の「道」について「無所不在」という表現等から、道家が異なる物性と器具を「道」「散開」「分在」の結果とみなしていることが分かる。

『老子』においては、いまだ「得」によって事物の「徳」を明確に規定している例を見ない。老子が用いる「得」は、ただ事物が普遍的な「一」から異なる性質と性状を得ているということを述べているだけである。これはつまり『老子』第三十九章に見られる「昔之得一者、天得一以清、地得一以寧、神得一以霊、谷得一以盈、万物得一以生、侯王得一以為天下正」である。一般的に、ここの「得一」は「得道」であるとも考えられている。異なる事物は各々の「得一」も異なり、つまり異なる事物は「一」の異なる部分を得、それはまた「道」の異なる側面を得ているということである。しかし「得一」を用いると、さらに普遍的な、統一的な「一」と事物の多さ、事物の多様性の関係を映し出すことができるのである。

上博楚簡『凡物流形』では、「有一」や「得之」によって事物の違いを説明していることを確認することができたが、「得」を「徳」とみなすという言い方は見られなかった。帛書『黄帝四経』「道原」の状況もこれと類似している。『凡物流形』は、天地に存在する多くの自然の事物について問いかけており、例えば天に属するものには日と月、雷電、霹靂、風雨等があり、地に属するのは水と火、草木、禽獣、土、民、人々や鬼神等と言及されている。『凡物流形』は続けざまに四十あまりの問題を提起しており、例えば「凡物流形、奚得而成。流形成体、奚得而不死」、「民人流形、奚得而生。流形成体、奚失而死」、「草木奚得而生。禽獣奚得而鳴」、というような問いが提示されている。『凡物流形』が提起している多くの問いは、現在では、大概科学の知識によって説明を行うことが可能だが、『凡物流形』においては、「有一」や「得之」によって説明されているのである。例えば、宇宙と天下にはどうして異なる万物が存在するのであろうか。これに対する説明は、「是故有一、天下亡不有。亡一、天下亦亡一有」、つまりは「一」が存在すれば天下のすべてが存在し、「一」が存在しないのであれば天下のすべては存在しない、となる。また、例えばどうして具体的な草木の生命と禽獣の鳴き声が存在するのか、という問いに対して、『凡物流形』は、それらは「一」から生成したもので、「道」の働きによるものであるという考えを示している。つまり「草木得之以生、禽獣得之以鳴。」と記されている。この解釈は、まさに『凡物流形』で提起されている「草木奚得而生。禽獣奚得而鳴」に対する問いと呼応したものになっている。帛書『黄帝四経』「道原」で我々が確認できる「道」と「物」の関係は、「道」と具体的な自然の事物——鳥・禽・魚、四季の変化や日月の運行、星辰や雲気等との関係であろうが、もしくは「道」と広義の万物や多くの事柄との関係であろうが、それはいずれも「得」と「得之」によって、次のように説明されている。

一度不変、能適蚑蟯。鳥得而飛、魚得而游、獣得而走。万物得之以生、百事得之以成。

これに関しては、二つの伝世本の資料の中にも、典型的な事例が見られる。その一つが、『荘子』「大宗師」篇における、「道」と「物」の関係を論じている時の「夫道有情有信……豨韋氏得之、以挈天地……」である。『荘子』のこの一段に対し、我々は通常、「道」の超越性が描かれている点に注目する。しかし、「道」の根本的な作用とは、まさに「道」がそれぞれの事物に賦与した異なる特性と能力を通して体現されるのである。「大宗師」篇で列挙されているものは、多くの事物の中で人類にとって重要だと思われるものである。これらの事物が現在のような状態でありうるのは、それらがいずれも「道」からそれぞれの能力を得ている（「得之」）からである。もう一つの事例は、『韓非子』「解老」で「道」と「物」、「道」と「理」の関係を論じた箇所に見られる。韓非は「道」を「万物の然る所」、「万物の成る所」の根拠となし、「万物は各々理を異にし」、「道」は異なる理の総体であると考えた。韓非は、「天得之以高、地得之以蔵……」と述べて、有形の大なる者である天地、およびそこに存在する人類等多くの事物を列挙して、万物がどうして異なるのかを論証した。韓非も「得之」という表現を使っており、韓非の述べ方と荘子の叙述とは、非常に類似しているのである。

このように、道家が「物性」と性状を語る際、いずれも「徳」という言葉を用いておらず、また「道」と「徳」を比較して論じてもいない。「道」と「物」、「樸」と「器」、「一」と「多」等に見られる、それぞれの関係性のあり方に基づいて論じているのであるが、我々はこれらの関係性を容易に「道」と「徳」の関係に還元させてはいけない。『老子』には、「道」と「徳」が相対して取り上げられている箇所が多くある。例えば、「孔徳之容、惟道是従」（第二十一章）、「故従事於道者、同於道。徳者、同於徳」（第二十三章）、「失道而後徳」（第三十八章）、「道生之、徳畜之……是以万物莫不尊道而貴徳」（第五十一章）等が挙げられる。

しかしこれらの表現の中では、事物の「徳」が「道」から「得」られるといういい方は見られない。道家での、事物の「徳」が「道」から得られるという表現は、『管子』「心術上」に比較的典型的な事例が見られるので挙げておく。

徳者、道之舎、物得以生生。……故徳者得也。得也者、其謂所得以然也。

ただし、道家の思考に拠れば、「徳」は、事物が「道」から各々の性状と性能を獲得した意義を備えているだけでなく、さらに万物を「畜養」し、「化育」する役目も賦与されている。『老子』の表現を使えば、「道生之、徳畜之」(王弼本第五十一章)となる。徐復観氏は「畜」を「蓄積」と解したが、これは適切ではないだろう。(24)この「畜」は『詩経』「小雅」の「我行其野」に見られる「爾不我畜、復我邦家」の「畜」であり、「養育」を意味している。それは『老子』第三十四章で「大道」の根本的な作用をいう「衣養万物而不為主」の「衣養」の意味と類似している。「畜」を「養育」の意味と解するのは、さらに以下の用例からも立証することができる。例えば『管子』「心術上」に見られる「化育万物謂之徳」の「化育」、『文子』「道徳」に見られる「物生者、道也。長者、徳也」の「長者」、そして「畜之養之、遂之長之、兼利無選、与天地合、此之謂徳」、「夫道徳者、所以相生養也、所以相畜長也……」等である。

もし「道」が最高の保護者というならば、徳は補助的な役割(保母のような役割)を担う養育者である。すなわち万物は生存・発展し、徳はその養育と促成の役割を担うのである。『荘子』「天地」篇には「物得以生謂之徳」、「故形非道不生、生非徳不明」、また『荘子』「庚桑楚」篇には「道者、徳之欽也。生者、徳之光也」等の表現が見られるが、その中の「徳」を「生」となしているというその「生」の意味は、「道生之」の「生」の意味ではなく、「育む」や「生きる」という意味である。この「徳」は、事物が生きていくための力を支え、保障するものであり、それは上述した「徳」の蓄養の働きと一致する。しかしこの働きは、事物自身の内部に限られたものではなく、事物の間で広範に行われる。つまりそれぞれの事物は、生存過程でその他の事物と互いに賦与、摂取し合うのである。『説文解字』では「徳」の解釈として、外では人から吸収し、内においては自己から獲得する(「外得於人、内得於己」)、と記されているが、この場合の「徳」は人に限られている。しかし道家で「得」によって示されている「徳」は、万物が内と外で得たものであり、それは内と外を兼ね備えているのである。つまりここには「徳」が万物を育てていくという意義が込められているのである。

総じていうならば、道家は「道」の無限の可能性を想定した。すなわち、「道」があらゆる可能なものを潜在的に持っていることを想定したのである。そうでなければ、最高レベルの「一」と「統一」がいかに多く「分化」することができるのか、また道がいかにそれぞれ異なる事物の中に現れるのかを理解することはできない。『淮南子』「詮言訓」には、この解釈のために必要な手がかりとなるものが記されている。そこでは、万物は同じ「一」から生じるが、その後各々異なるものになっていくため、それぞれ異なる「分物」を形成していく、ということが示されており、次のように記されている。

同出於一、所為各異、有鳥、有魚、有獣、謂之分物。

宋、明の理学者は「理一分殊」によって「一理」と「分理」の関係を説明しているが、これは韓非の「総理」

（道）と「分理」の関係の延長にあたる。道家の「道」と「物」、「樸」と「器」、「一」と「多」、「道」と「徳」の関係は、ただすべての規律と法則および一種類の事物と法則の関係だけでなく、それはまた、無限の潜在能力および材料と具体的な事物の能力および材料との関係でもあった。

このように、万物が「道」から獲得した可能性は、異なる理（「分理」）であり、異なる能力と材料（「気質」）であった。プラトンの「分有」の概念を借りれば、万物がそれぞれ異なるのは万物が「道」の異なる可能性を「分有」しているからといえる。ここでの「分有」には、プラトンがいう「現象」は実在せず虚無であるというような要素はない。そしてまた、ただ理念と形式を「分有」しているのでもない。キリスト教の「顕現」（Incarnation）とは異なり、道家の「道」は万物に散在しており、万物に分かれているのである。道が物を形成し、道がすべての事物を作るのである。そしてまたスピノザの神が自然の中に存在する「汎神論」とも違い、道家の思考回路は「道」が自然の中の「汎神論」の中に存在するのである。これが、道家のいうところの万物が内在と超越の思想であり、道家の理想と現実が互いにうまく溶け合っているという理論なのである。

四　「道」の「弱作用力」と万物の「自発性」

万物はどのように生まれるのか、ということと、万物の性状と万物はどのように存在するのか、ということは、二つの異なる問題である。万物は生成の後、生成前とは異なる一個の万物となり、その万物自身どのように生存し活動していくか、という新たな段階に入ることになる。それはまるで自然界における生育の過程で動物が生まれた後と生まれる前とでは、二つの異なる段階にあるようなものである。

本論では、道家が「道」と「物」、「樸」と「器」、「一」と「多」、「道」と「徳」等の関係の中で、万物の異なる本質と多様性についてどのように解釈してきたか、という問題を検討する際に、万物がどのように存在するのか、つまり「徳」の蓄養と万物を「化育」する問題について述べてきた。次に、再び「道」と「万物」の関係に戻って、道家が、宇宙と万物の合理的な秩序についてどのように考えているか見ていきたい。道家においては、これは「道」が創生した万物にいかに向き合うのか、それに関連して万物がいかに活動するのか、という問題である。これに対して、道家は基本的な枠組みとして、「道」の「無為」と万物の「自然」を提起する。いうまでもなく、「無為」と「自然」は我々が熟知している一対の概念であり、この両者について既に多くの研究があり、いくつかの見解を示してきた。本節では「弱作用力」と「自発性」という視点から、両者について改めて詳しく見ていきたい。

まずはじめに確認しておきたいことは、『老子』では「無為」は「道」の属性であるか否か、もしくはそれは「道」の活動様式であるか否か、という点である。『老子』の中では、「無為」は聖王に対して使われることが非常に多いが、「道」に対して使われることは少ない。通行本ではただ二つの例しかなく、一つは第三十七章の「道常無為而無不為」であり、もう一つは第四十八章の「為学日益、為道日損、損之又損、以至於無為、無為而無不為」である。

しかし一つ目の例は、帛書甲乙本では「道恒無名」となっていて、それは北京大学漢簡本でも見られる。後の一例は、帛書甲乙本では「無為」に関する文字が欠落している。これに拠って浮上した問題として、高明氏が伝世本の「無為而無不為」は後世の人間が加えたものであることを指摘したが、(25)さらに「無為」はおそらく直接「道」に対して用いられていない、という問題も出てきた。もし実際にその通りであれば、「道」は「無為」であるというこの前提自体に問題があるため、あえて論じる必要もない。

しかし郭店楚簡『老子』乙組には、確かに「無為而無不為」という表現があり、通行本第三十七章に相当する甲組にも「道無為」の思想が見られる。

道恒無為也、侯王能守之、而万物将自化。化而欲作、将鎮之以無名之樸。夫亦将知足、知〔足〕以静、万物将自定。

これに拠ると、「無為」は確かに「道」に対して用いられており、「道」は「無為」であるともいえる。通行本にはさらに「而無不為」の四文字が記されている。この後ろの部分の「無不為」の意味は、「道」が無為の活動様式を採用すれば、その結果、最大値に達することができるということを意味している。第四十八章の「無為而無不為」の一句は、後世の人間が付け加えたものだということはできない。なぜならば、通行本第四十八章にあたる郭店楚簡『老子』乙組に、次のような表現が見られるからである。

為学者日益、為道者日損。損之又損、以至無為也。無為而無不為。

これに拠ると、「道」に従事するには「無為」の域まで達する必要があり、「無為」のレベルまで達すれば「無不為」が可能となるのである。ここでは、「無為」もまた根源である「道」の働きをしている。そして『荘子』で多く引用されている『老子』の表現の中に、この一節が見られるのである。

故曰、為道物日損、損之又損之、以至於無為。無為而無不為也（「知北遊」）

これは明らかに「無為而無不為」の表現が後世に付け加えられたものではないことを示しており、そのテキストは『老子』に収められている話なのである。

老子の思想は『呂氏春秋』「不二」篇で「貴柔」と総括されている（「老耼貴柔」）。老子も「柔弱」と称して、特に柔と弱の役割を重視していた。さらに「清静」、「不争」、「無名」、「樸」等の表現が見られる。これらの概念はすべて異なる側面から「無為」を表現しており、それらはいずれも「恒徳」である「道」が宇宙と万物に及ぼす作用の仕方を表しており、とりわけその中の「柔」と「弱」を意味している。通行本第四十章には非常に重要な二つの句がある。それは「反者道之動。弱者道之用。」である。

郭店楚簡『老子』甲組では、この二つの句は「返也者、道動也。弱也者、道之用也」と記されている。これは老子が直接「弱」でもって「道」の機能と働きを表している例証である。「柔弱」から「無為」を理解すると、我々は次のようにいうことができる。つまり「道」は、自ら創生する万物に対して「柔弱」と「柔軟」、「軽微」の「弱作用力」を施しており、それは何もしない（non-action）、何もすることがないという消極主義ではなく、むしろそれとは完全に反対の「強行」や「強制」、「強権」を意味する。道家の万物存在論の中心は、根本的な力（「道」、「一」）が「無為」という「弱作用力」を通して活動し、それによって、万物が自身の内在性と内なる活力によって生存と活動を可能にすることにある。そしてさらに、宇宙と万物による全体的に調和のとれた秩序を形成していくのである。

老子の「柔弱」な「無為」の「道」は、その後道家が分化していく中で広く伝承され、道家思想の特徴を代表する核心的な観念になる。例えば、『黄帝四経』「道原」は、「無為」を「道」の根本であるとみなしており、「虚其舍也、無為其素也、和其用也」と述べている。「素」は根本の意味であり、まさに『淮南子』「詮言訓」がいう「無為者、道之体也」のようなものである。

『太一生水』で、我々は一つの目新しいテーマ――「天道貴弱」を確認した。それは他の文献では見られず、我々が今まで確認できた唯一のものである。我々はそこから容易に老子の「貴柔」を連想することができる。老子は、「柔和」や「雌弱」、「弱勢」が直感的な「剛強」よりも実質的な力と役割を持っているということを、この世で初めて断言してみせたのである。したがって『呂氏春秋』「不二」篇では、老子の思想を「貴柔」（「老聃貴柔」）と概括しているのである。老子の「貴柔」と『太一生水』の「天道貴弱」は互いにその内容を示している。このテーマによれば、自然の「道」が尊ぶのは「弱勢」の効能であり、それはまた上述した「道」の「無為」が一種の「弱作用力」であるということと相通じる。『太一生水』では、この「天道貴弱」という一句の後に、「削成者以益生也、伐於強、責於□□□□□□□」と記されているのが確認できる。「責於」の後の部分は残欠となっており、李零氏は、おそらくそこに次の七文字が記されていたと推測し、「責於〔□、□於弱、□於□〕」と補った。そして「道が征伐し、批判するのは強大な勢いのある者、もしくは多数の者に対してである。手を差し伸べて利益を与えるのは弱くて起こった者、もしくは少数の者に対してである。正反対の意味が示されている」という解釈を行った(26)。

前の句に見える「伐於強」と老子の「柔弱」でもって「剛強」に対するという思考に基づくと、その次の句の欠字箇所は「責於〔剛、□於弱、□於柔〕」と補うことが可能である。「剛強」に対する「伐」や「責」にいずれも否定的な意味が含まれるとなると、「柔」や「弱」に対する働きは肯定的なものとなる。これはまさに「天道貴弱」というテーマの趣旨である。根本である「道」は、宇宙においては「無為」と「柔弱」の機能によって、その役割を発揮していた。その目的は、万物各々に対して、自ら内在する本性に従って自ら存在し、活動するように促すことにある。

上述した老子の思考に基づくと、「道」は万物を創生し、万物のために「徳性」と能力を賦与する。しかしながら、それは決して万物をコントロールしたり、壟断したり、占有することはしない。すなわち「生而不有、為而不恃、長而不宰」（第五十一章）。この見解に対して、梁啓超とバートランド・ラッセルは賛嘆して止まなかった(27)。類似した表現として、『老子』第三十四章の「万物恃之以生而不辞、功成而不有。衣養万物而不為主、常無欲、可名於小。万物帰焉而不為主、可名為大」を挙げることができる。万物が各々の徳性と能力に従って変化し、発展していくために、「道」が万物の根源および最高の統合体となって、万物に対して監督者、引率者および慈善家のような役目を担い（「善貸且成」）、「道」は、無限の包容と玄徳（「知常容、容乃公」）によって万物に対応し、「損有余而補不足」や「天道無親、惟徳是輔」といった公平無私の精神を持つのである。

次の問題は、万物がいかに存在して活動するかということである。道家の自然の宇宙観は、同時に宇宙と万物がいかに存在し活動するのかという思考を内包しており、筆者はここで「自発性秩序」という概念を使ってそれを概括したいと思う。[28]「道」の「無為」や「柔弱」の作用に比べて、万物の活動様式は「自然」である。ここでいう「自然」とは、万物の「自発的な」活動と状態を指し、それは現在一般的に「nature」の訳語になっている「自然」とは、大きな違いがある。[29]

老子の「道法自然」という有名なテーマの正確な解釈は、「道が万物の自然に従っていく」ということである。つまり、積極的な意味合いで、万物に「自らの判断によって行うこと」を実行させる意味がある。この「道法自然」の「自然」の前には、「自然」という語にかかる修飾語がない。また「道」の根本的な意味を考慮して、一般的にこのテーマは、「道の本性は自然である」と解される。これはあまりにも不適切であり、我々はこのような見方を改める必要がある。郭店楚簡『老子』丙組に見える「是以能輔万物之自然而弗敢為」は、「自然」とは「万物」の存在と活動様式であることを明確に示している。[30]

郭店楚簡甲組には次のように記されている。

道恒亡名、樸雖微、天地弗敢臣、侯王如能守之、万物将自賓。天地相合也、以輸甘露。民莫之命而自均安。

（通行本では第三十二章）

この中の「万物将自賓」および、先に引いた郭店楚簡甲組の「万物将自化」、「万物将自定」に拠ると、老子の「自然」というものが、まさに「自化」や「自定」と同じであることを示しており、それは万物がどのように活動しているかを説いているのであって、「道」がどのように活動しているかを説明しているのではない。『黄帝四経』「道法」のいう「物自為名」と「物自為正」、『黄帝四経』「道原」のいう「万物自定」は、いずれも同じく「万物の自発的な」活動様式を示しているのである。

上博楚簡『恒先』はさらに「自為」という抽象的な表現を用いて、天下における万物の自発的な活動を表している。例えば、次のような表現が見られる。

挙天下之為也、無舍也、無与也、而能自為也。

「自為」は「無舍」や「無与」と相応じるものであり、自ずから活動し自ずから行動するという意味がある。『恒先』にはさらに、「気」は「自生」、「自作」である、といういい方が見られる。「自生」は「自定」や「自化」に類似しており、「自作」は「自為」と類似している。

道家は、万物は「自発的な活動である」ということを説明するために、ある一連の語彙を使っている。それらの語を集めてみると、驚くべきことに、ある一つの概念に行き着くことが分かる――「自然、自化、自事、自命、自定、自清、自樸、自賓、自生、自均、自壮、自試、自成、自施、自正、自為、自作」等となる。これらはいずれも「自X」の構造で成り立っている合成語である。

我々はこれらの語を見ると、道家が、いかに自発的な側面から万物の存在と活動を見ることに熱心であったかを知ることができる。道家にとって、万物の自発性とは、道の無為と柔弱の働きに適応しており、それは万物自身の活動から生じ、万物が自らの欲求に応じて見せている多様な表現なのである。宇宙において、「道」は、事物に対してそれぞれ自己を満足させ、自己実現をさせるほかに、それ以上の高い望みは持っていなかった。そしてそれに応じる形で、事物はそれぞれ自己を満足させ、各々の本性を満足させるのであり、その他に何ら足りないものはなかった。「道」と「万物」はいずれも自らの働きを享受し、道は万物を満足させ、万物も満足し、それぞれともに自己の本分を守っている。これが調和のとれた宇宙の秩序になっているのである。通行本のいう「周行而不殆」や、簡本に記されている「大曰逝、逝曰遠、遠曰返」、さらに『太一生水』に見られる「周而又始、以己為万物母。一欠一盈、以己為万物経」は、宇宙における良性の循環的秩序を思い描いているのである。[31]

しかしながら道家も、万物と「道」の間には、実際にはこのような協調と和諧の関係が存在しないことを認識していた。なぜならば、万物は後天的な存在と活動の段階においては、通常とは異なる、異化の現象を表すからである。事物の異常な状態を矯正しそれを避けるために、道家は、事物は「道」に戻ることが必要だと考えた。郭店楚簡に見られる「始制有名、名亦既有、夫亦将知止、知止所以不殆」や、さらに先に引いた郭店楚簡『老子』甲組に記されている「化而欲作、将鎮之以無名之樸。夫亦将知足、知足以静、万物将自定」の内容を見てみると、これらは、「知止」ということを要求し、もしくは「鎮之以無名之樸」という状態を説いているのであるが、これらはいずれも事物に対して、偏りを正し、事物が既に到達した境遇に自ら適応して満足し、静かに落ち着くことを要求しているのである。このような状態を具体的に推し進めるのは聖王である。もし道家のいう「道が無為であるため、万物も自然の状態を保っている」というのが、道家の設定した理想的な状態であるならば、事物が原始の状態に戻るというのは、現実における事物の異化という事実に直面して、道家が打ち出した救済方法だったのである。

五　自然の連続性——宇宙から人間の世界へ

中国哲学における、一つの総体的な系統の中で見られる有機体的な特性や連続性、または双方の関連性を論じる思考、自然と人間の合一、といったこれらの特性(32)について論じる際には、これらの特性が幅広い思想体系の内部で、実に複雑で多様な面を持っていることを認識する必要がある。自然と人間が一つになる、という特性についていえば、儒家はこの点道家と異なるだけでなく、儒家と道家はそれぞれ内部でも大きな違いが存在する。

道家においては、荘子の「天人合一」のほか、老子と黄老学の「天人合一」がある。しかし後者の二つについては、これまであまり論じられてこなかった。『黄帝四経』により、我々は黄老学という道家から分かれた一つの学派について、新たな認識を得ることができた。多くの面において、荘子学派と黄老学派は異なる傾向がある。例えば、荘子は組織と政府を解体し(無君論)、個人と個体の生活に関心を寄せ、人が直接自然および天の徳と一つになることを主張し、個人と自然が始終高度な連続状態を保つようにするのである。黄老学は公共の生活を目標とし、規範と制度を基軸とした高度な社会政治学派である。クリールやシュウォルツはそれを「目的を持った道家」（purposive Taoism）および「道具としての道家」（instrumental Taoism）と称した。(33)そこには道家の持つ強烈な社会的、政治的な訴えと現実主義の傾向を突出させる意味が込められていた。『史記』と『漢書』が注視する道家は主に黄老道家であり、それが批判する「及放者為之、則欲絶去礼学、兼棄仁義、曰独任清虚可以為治」は、まさに荘子系統の道家であった。黄老学の政治的功利主義と現実主義的な傾向は、容易に一種の錯覚を生じさせる。つまり、黄老学が関心を持っているのは地上のものだけで、それを自然主義および天人合一と関連付けるのは不適切ではないか、と感じさせるのである。現在も『漢書』「芸文志」の影響を受け、往々にして道家と黄老学を実用的な「道術」（統治術）とみなす論考が見られる。(34)

実際、宇宙の自然の根源から最高の拠りどころを探求することにおいては、黄老学と荘子学派は類似性がある。ただ、両者が個人および社会をどのように見るかという点において大きく異なるため、彼らの「天人合一」も各々違いがある。前者は、社会的および人為的になることを最大限抑えて、徹底的に天人合一することを主張し、後者は、規範と制度を通して、社会や政治および大衆の生活が完全に自然秩序による法則に従って営まれるようにする。黄老学には一つの広大で活力のある、効率のよい秩序を作りたいという社会的、政治的志向があり、それはまさに自然の宇宙体系と秩序のもとで行われていた。これは「天道を推し進めて人事を明らかにする」という自然界の全体的な、連続性のある宇宙観の一つを表している。出土文献が我々にもたらした材料は、主に二つ目の「自然の理性」と関わりがある。特に『黄帝四経』は、我々に黄老学が一つの自然と宇宙、人間および社会、政治をも貫いている政治哲学の類型であることを示している。それゆえに、我々がここでそれについて論じなければならないのである。

黄老学は、自然の宇宙と人間社会をつなげるロジックを編み出したが、それは二つの相対する状況の中で活用された。その一つは、「道」と「一」の双方を受け継いでいる治者が、自然とつながっている、という形で活用され、もう一つは、「万物」の一つである社会の大衆（つまり人々）が、自然とつながっている、という形で活用された。この二つのつながりは、自然が二つの異なる側面で関わっていることを示しており、また自然が二つの異なるスタイルで活動していることを示している。

しかし、全体の構造の中では、これらの二つのつながりは、自然の秩序が人類社会で引き続き行われていることを示しており、人類社会と自然の宇宙観が統一性を保ちながら、互いに高度に協調し呼応し合っていることを示している。一つ目の側面からいうと、老子は、「無為」こそが君主が統治する最高の原理であり、無為を用いれば、最も要を得た、効率のよい統治の原理を達成させることができると考えていた。しかしながら、上述したように、「無為」は、本来は根本的な「道」の活動様式であり、老子はこの様式が最も人類の社会に適用できると考えていた。「侯王能守之、而万物将自化」、これはつまり自然の「道」が聖王のために法律を制定するといっているのである。黄老学は、聖王の無為は「道無為」に淵源を持つという、この老子における自然と人間がつながっているというロジックを受け継ぎ、「無為」を「道」の「根本」とみなしていた。そして黄老学は、君主の統治とは「道」の無為に倣い守っていくという、根源的な活動様式である、と考えていた。つまり、「形恒自定、是我愈静。事恒自施、是我無為」（『黄帝四経』「十大経・順道」）である。ここにおける「我」は、まさに「老子」の手法と同じであり、一人称を使って君主を表しているのである。

しかし、ただ単に「無為」の原理のみに頼っては、具体的に統治することはできない。そこで、治政の原理を普遍的に操作できるようにするために、黄老学は、道家の「治道」の中に法家が重視する「法」を取り入れ、さらに「法」のために「道」の根拠も作ったのである。そして、老子の自然と人類が結び付いているロジックをさらに発展させて、人類の法律と自然法――「道法」、この両者を延長したものを作り出したのである。

老子は、原則として、法律と制度を否定する者ではない。老子が反対しているのは、煩雑で過酷な法令に対してである。しかし、制度と法律に関しては、基本的に老子の視野に入っていなかった。老子が提示するものは、統治の原理であって、制御可能な制度を案出することではなかった。黄老学は道家のために制度に関わる法律と規範を取り入れ、またこの制度を自然の「道」と「一」を基礎として作った。この意味において「道」は「自然法」と称することができ[(35)]、人間社会の法律はその延長線上にあるものであった。

黄老学は道家の「道」と法家の法を結び付けて、新しい概念である「道法」を創出し、より直接的にこの意義を示した。この概念も『黄帝四経』の篇名――「道法」の中に出てくる。この篇がいう「道生法」（道は法を生ず）は、「法」を「道」の産物とみなしているのである。ここで言及されている人間社会の法律は、宇宙全体の秩序と法則（「道法」）から生まれたものである。それについては、シュウォルツが次のように指摘している。

『黄帝四経』では、「道」が「法」を生み出したことを明示しているが、その際そこで使われている「法」という この言葉は、自然界を支配し、人類の文明世界をも支配しているすべての「自然の過程」を指している。後者は既に「自然化」されたものである[(36)]。

しかし、「道」は人間の法律を直接生み出すことはできない。最も高い地位にいる統治者が人間社会の法を作るのである。「道法」のいう「故執道者、生法而弗敢犯（也）、法立而弗敢廃也」に従えば、「法」は「執道者」が作ったものであるが、その立法が拠りどころとしたのは、「道」もしくは「道法」である。『管子』「法法」で述べられている「憲律制度必法道」がこのロジックを明確に示している。「道法」は、宇宙と万物の秩序を保証することができる。なぜならば、「道法」の高度な統一性と普遍性が、まさに『韓非子』のいう「道法万全」と同じであるからである。

黄老学は、「一」の概念を用いて「道法」の意味するところを十分にいい表しているが、我々はこれまでこの「一」の概念に対しては、十分に注意を払ってこなかった。道家の思想によると、宇宙では、「道」が「道法」を用いて多数のものを統治するということは、つまり「一」でもって多くを治めることであり、それに対応して、人間の社会においては、君主が「道」から生まれた法律の一つを用いて多くの民を治めるのであった。老子の「執一」、あるいは「執道」は、「執無為」であり、それはまだ法律制度においては体現されていない。黄老学に至って、君主が「執一」、「執道」を行うことは「執無為」となり、さらに法律の「一」を執行する、ということになった。なぜならば、統一された普遍的な法律を掌握して運用することにより、君主は「無為」を行うことができるからである。換言すると、「無為」の原理を実践していくために、君主は法律を運用して統治する必要があったのである。『黄帝四経』「道原」に、次のような一段がある。

不為治勸、不為乱懈。広大、弗務及也。深微、弗索得也。夫為一而不化、得道之本。握少以知多。得事之

要。操正以正奇、前知大古、後［能］精明。抱道執度、天下可一也。観之大古、周其所以。索之未無、得之所以。(37)

ここでは、「為一」と「道之本」、「抱道執度」と「天下可一」が相呼応した関係になっている。道家は、強い力が働く「有為」政治を常に斥け、「為無為」の弱い働きを堅持してきた。そのような中で、「道」の「樸」と「柔弱」が、君主や聖王のために法を制定することができたのである。『恒先』は「強」が「大作」であることを肯定し、そしてまた「冥蒙不自若」とも述べている。つまりは謙虚な態度でもってその「強」と「大作」に対応することをいっているのである。『恒先』の考えでは、合理的で、正当な「作」と「為」は、法則と常道を遵守する行動であった。つまり、「［挙］天下之作也、無忤恒、無非其所」。「無忤恒」とは、「恒常の道に背かない」という意味である。老子には、「不失其所者久」（『老子』第三十三章）という表現が見られる。「不失其所」とは、存在の拠りどころである「道」を失うべきではない、ということを意味しているのである。

黄老学における自然の連続性には、その一つの側面として「道」の「無為」から「君主」の「無為」に至るまでの自然の連続性、および「道法」から人類社会の法則に至るまでの自然の連続性があるが、これに呼応して、もう一つの側面として、万物の「自然」（道家の用語）から人類の「自然」に至るまでの自然の連続性が挙げられる。老子にとって、人々は万物の一つであり、人々の存在と活動様式は、万物の存在と活動様式と、極めて一致するものであった。上述したように、万物の「自然」は、「道」の「無為」を前提としており、同様の原理で、人々の「自然」というのも、聖人が「道」の「無為」に学ぶことを前提とする必要があった。換言すると、宇宙においては、「道」が守り従っているものは、万物の「自然」であり、人類社会においては、君主が従うべきものは人々の「自然」であった。

黄老学は、老子のこの思想から「因」(「静因之道」、「因循」)の概念を生み出した。この概念によって、君王が人々の「自然」に従い守る、という行為も、君王が人々の「自然」に「因循」する(無為の状態で「自然」に合わせる)、というように変わった。郭店楚簡『老子』丙組にある「成事遂功、而百姓曰我自然也」や、通行本にある「希言自然」という表現は、いずれも万物の一つである人々の活動を指している。人々の活動と君王の「無為」は互いに呼応し合っているのである。郭店楚簡『老子』甲組には次のような表現がある。「是以聖人之言曰、我無事、而民自富。我無為、而民自化。我好静、而民自正。我欲不欲、而民自樸。」

ここでは「無事」と「自富」、「無為」と「自化」、「好静」と「自正」、「欲不欲」と「自樸」等がそれぞれ相呼応する関係になっており、前者は君主が「道」に倣う行動様式になっており、後者はそれに対応する民衆の活動様式になっている。

万物は、自身の内面性に従って存在し、活動する。同様に、万物の一つである人々も、「道」が賦与した「性能」に従って活動している。老子の「物性論」が具体的に人類の身の上に及ぶと、それは人性論となる。人性論とは人類が存在し活動するための活力を意味し、それは、人々の「自然」な状態、および各々が物事を自ら判断して行動する際の内在的な拠りどころであった。

ただし老子は、民衆に「自然」や「自化」、「自樸」を促す人性が何であるかについては何ら明確に示していない。黄老学は、人類の自然な「物性」を具体化して「人情」となし、「利のある方に向かい、害を避ける」ことや「生を好み死を厭う」のは、「人情」の実質的な側面であると考えた。

黄老学はさらに抽象的な概念である「自為」（自己のための利益）を用いて人性を総括し、自己のために考えること（「自為」）は、人類の実情であるとみなし、人類は総じて一種の「利益を求める動物」であると考えていた。黄老学は、かねてより、人のこのような自然の性質は悪であるとみなしておらず、また、人のこのような性質を改めるよう、要求することもなかった。それとは反対に、人のこのような性質は、人が行動する際の内なる活力であると考えていた。したがって、統治者が真の社会と政治の秩序を構築するには、人のこの性質に従い、受け継いでいくことによって、この性質が最大限の満足を得られるようにすべきだと考えていた。

このような考えに基づいて、黄老学は人の「人情（性）」を単一化した。しかしながら実際、人はただ物質の利益のみを考えているのではない。人は精神的な生活を追求し、倫理と道徳的な価値を追求する。上述した人類は利益を求めるものだという考えは、アダム・スミスの『国富論』に出てくる「経済人」の概念と類似しているところがある。しかし、人は利益のみ追求しているのではないという視点から見ると、それはアダム・スミスの『道徳情操論』で取り上げられている、同情心を持つ「有徳の士」の概念に欠ける。黄老学のロジックに従えば、法律による処罰と褒賞が有効であるのは、それが人類が自己の利益を追い求めるという自然な性質と一致するからである。法律の「一」が多くの人々を治めることができるのは、この「一」が、多くの人々が共有している自然のものを把握しているからである。

『荘子』「天下」篇では、彭蒙や田駢、慎到の主たる思想は「斉万物以為首」であると考えられていた。いわゆる「斉万物」とは「一同」万物であった。それは、万物が「自然な統一性」を備えており、万物を「すべて揃えて一様にする」ことが可能である、ということを意味していた。具体的な人類に関しては、黄老学の「斉一」は、人類個々の差異を取り除くのではなく、むしろ、人類の「不一」、人類の「千差万別」の中で、その自然な性質の「斉一性」と「統一性」を発見したといえる。黄老学の「斉一」は、すべて「一」を通して判断し、規範を作ることができるということを発見したのである。まさに『呂氏春秋』「不二」篇でいう、「能斉万不同、愚智工拙皆尽力竭能、如出乎一穴。」であった。

黄老学には人類の差異を改めたい、という願望は存在しない。また愚者を知的な人間にしたい、という期待も存在しない。黄老学は、人類がみな、自己が「斉一」となった自然な性質と、各自の能力に従って行動することを考えていた。このため老子は、統治者は人々の「自然」に従い守らなければならない、と述べたが、それが黄老学では統治者は「法律」で人々の自然な性質に合わせていく、というようになったのである。このようにいうと、道家は確かに「反知性」の傾向があるが、問題は、道家がどのような「智」に反対しているのか、ということである。ここで一つ重要な点を挙げておくと、道家は統治者が個人の知性と魅力でもって「有為」な統治を行うべきではないと主張していた。統治者がなすべきことは、人民である大衆の性質と願望に従って法律を遵守して統治を行うことであった。シュウォルツは次のような解釈をしている。

これに拠ると、なぜ慎到が「賢人を嘲笑」し、「賢人」を否定しなければならない、と考えていたか明確に理解できる。慎到の考える社会秩序とは、容易に過ちが犯される個人の道徳的な判断や情感に頼ることなく、文明化された秩序の「法」に依拠するものであった。この「法」自体、「道」が体現されたものであった。(38)

老子と黄老学の真意は、「道法」が有効であるのは、それが人類の自然な性質に適合しているからである、ということにあった。最も有効な統治とは、統一された法律の制度に基づいてなされるものであり、個人の限りある智能や魅力のもとに構築されるものではない。これはまたアリストテレスが、法による統治とは人間に「智」を使わせないものであると考えていたゆえんでもある。

結語

出土簡帛によって非常に重要な関係資料がもたらされたことにより、我々は出土簡帛とこれまでの伝世文献とを結び付けて、古代中国の自然の宇宙観の起源と基本的な形態について、新たに理解を深めることが可能となり、またこのような作業をすることの必要性も生じた。

本論では、『老子』（郭店楚簡を含む）や『太一生水』、『恒先』、『凡物流形』、『三徳』、『黄帝四経』「道原」等のテキストの年代についておおよその判断を行った上で、古代中国の宇宙観が初期の道家、つまり中国古代の初期に生まれたことを論証した。古代中国の自然の宇宙観は、宇宙生成論として宇宙の原始の状態を描き、豊かで多様な宇宙生成のモデルを提示した。つまり中国古代の自然の宇宙観は、万物の本性とその多様性が、「道」と「物」、「樸」と「器」、「一」と「多」、「道」と「徳」等の関係の中で発展したことを示した。

さらに道の「無為」と万物の「自然」という思考によって、宇宙と万物のあるべき秩序を説明した。その宇宙と万物のふさわしい秩序は、「道」の「弱作用力」と万物の「自然の性質を備える」という側面から新たに理解することが可能であった。さらに中国古代の自然の宇宙観は、宇宙の秩序によって、人間社会の秩序である聖人の「無為」と人々の「自然」の観念を構築した。そしてその中に「一」や「法律」、「人情」等の観念を取り入れたために、非常に成熟した政治哲学を導き出したのである。

これらすべてが、中国における自然の宇宙観の誕生を十分に説明しているのみならず、中国の自然の宇宙観が一つの内在的に系統だった思考を持つ、自然の宇宙観およびその延長である人間社会に対する観念であったことを示しているのである。

注

(1) このような大きな変化は、西周における天下の体系の解体と多元的な国家の誕生、および社会経済の構造、政治面における劇的な変化に伴って生じたものである。

(2) 広義の道家の「自然の理性」は、二つの大きな次元を内包している。一つは、自然を超越する力と要因を排除し、純粋に「自然」でもって宇宙と世界を解釈するというものであり、もう一つは、人為性に反対し、「自然」を基準にして「自然」に戻るように要求するもので、この「自然」については主に荘子の思想に代表されるものである。「自然の宇宙観」とは、主に一つ目の次元によって構築された宇宙観である。文中で使用する「自然哲学」も広義の意味があり、自然の形而上学についての解釈と、自然の本質および存在に対する認識をともに含んでいる。

(3) 「枢軸時代」と「哲学の劇的な発展」に関連する問題については、雅斯貝斯（Karl Jaspers）『歴史的起源与目標』（北京：華夏出版社、一九八九年、七―二九頁）、許倬雲『中国古代社会論――春秋戦国時期的社会流動』（桂林：広西師範大学出版社、二〇〇六年、一六八―二一三頁）、余敦康『宗教・哲学・倫理』（北京：中国社会科学出版社、二〇〇五年、八八―二四四頁）等を参照。

(4) 郭店での儒教関連文献の発見もまた、孔子の後学、および『礼記』資料の信憑性に新たな根拠を提供した。

(5) 池田知久『道家思想的新研究――以荘子為中心』（下）、王啓発・曹峰訳、鄭州：中州古籍出版社、二〇〇九年、三三六―三三八頁。

(6) 例えば西洋の漢学研究で大きな影響を与えた葛瑞漢（Angus Charles Graham）は、中国の宇宙観と宇宙生成論は古代の遅い時期になって現れたと考えていた。漢代の『淮南子』「天文訓」に「中国初期の文献の中で最も発展した宇宙生成論（cosmogony）」があると指摘している。葛瑞漢『論道者』、張海晏訳、北京：中国社会科学出版社、二〇〇三年、三七一―三七二、三八〇頁。

(7) 郭沂「従郭店楚簡『老子』看老子其人其書」（『哲学研究』一九九八年第七期）を参照。

(8) この問題に関しては、向宗魯校証『説苑校証』（中華書局、一九八七年、二四五頁）を参照。

(9) 李学勤「荊門郭店楚簡所見関尹遺説」（『中国文物報』一九九八年四月二十九日）を参照。

(10) 整理者は、上博楚簡の文字（楚国文字）の特徴と竹簡のサンプルの測量、および中国科学院上海原子力研究所が高感度小型加速器質量分析によって測定したデータ（竹簡はおよそ二二五七年前〔ただし約六十五年前後する〕のもの）に基づいて、上博楚簡は楚の都が郢におかれた時代（紀元前二七八年）より前の、貴族の墓の副葬品であると推測した。朱淵清「馬承源先生談上博楚簡」（朱淵清、廖名春編『上博館蔵戦国楚竹書研究』、上海書店出版社、二〇〇二年、三頁）、馬承源「前言：戦国楚竹書的発現保護和整理」（『上海博物館蔵戦国楚竹書（一）』、上海古籍出版社、二〇〇一年、二頁）を参照。

(11) 李学勤「孔孟之間与老荘之間」『中国哲学的転化与範式――紀念張岱年先生九十五誕辰暨中国文化綜合創新学術研討会文集』、王中江主編、鄭州：中州古籍出版社、二〇〇六年、四九四―四九五頁を参照。

(12) 唐蘭「馬王堆出土『老子』乙本巻前古佚書的研究」『考古学報』一九七五年第一期を参照。

(13) 『鶡冠子』の年代に関しては、戴卡琳『解読「鶡冠子」――従論辯学的角度』、遼寧：遼寧教育出版社、二〇〇〇年、一五―三九頁を参照。

(14) 『周易』「繫辞伝」と『荀子』の自然哲学はおそらく道家の影響を受けていると思われる。

(15) 董光壁『当代新道家』（北京：華夏出版社、一九九一年）、卡普拉（Fritjof Capra）『物理学之〝道〟：近代物理学与東方神秘主義』（朱潤生訳、北京：北京出版社、一九九九年）を参照。

(16) 李学勤「『太一生水』的術数解釈」『道家文化研究』第十七輯、北京：三聯書店、一九九九年、二九七―三〇〇頁を参照。

(17) 銭宝琮「太一考」『燕京学報』一九三二年十二月号参照。

(18) 古代ギリシアの自然観については、柯林伍徳（R.G.Collingwood）『自然的観念』（呉国盛等訳、北京：華夏出版社、一九九九年、三一―九九頁）を参照。インド初期の哲学も宇宙の本源を「水」に帰する傾向がある。巫白慧『印度哲学――吠陀経探義和奥義書解析』（北京：東方出版社、二〇〇〇年、一〇三―一〇五、一五九―一六二頁）を参照。

(19) 李零『恒先』釈文注釈、馬承源主編『上海博物館蔵戦国楚竹書（三）』（上海：上海古籍出版社、二〇〇三年、二八八頁）を参照。

(20) 李学勤「楚簡『恒先』首章釈義」（『中国哲学史』二〇〇四年第三期、八一―八二頁）、王中江「『恒先』的宇宙観及人間観的構造」（『文史哲』二〇〇八年第二期、四五―五六頁）を参照。

(21) 本体論と本根論に関しては、張岱年『中国哲学大綱』（中国社会科学出版社、一九八二年、六―二四頁）を参照。

(22) 陳鼓応『老荘新論』（上海古籍出版社、一九九二年、一三―一四頁）、羅安憲著『虚静与逍遥――道家心性論研究』（人民出版社、二〇〇五年、九一―九二頁）等。

(23) 老子の道器説については、池田知久「『老子』的――〝道器論〟基於馬王堆漢墓帛書本」『池田知久簡帛研究論集』（曹峰訳、中華書局、二〇〇六年、一五―三〇頁）を参照。『文子』「精誠」に「道散而為徳」という表現が見られる。

(24) 徐復観『中国人性論史・先秦篇』（上海三聯書店、二〇〇一年、二九八頁）を参照。

(25) 高明『帛書老子校注』、北京：中華書局、一九九六年、五四―五七頁。

(26) 李零『郭店楚校読記』（増訂版）、北京：北京大学出版社、二〇〇二年、三一―三三頁を参照。

(27) 梁啓超「老子哲学」（『梁啓超全集』、北京：北京出版社、一九九九年、三一一六―三一一九頁）、羅素（Bertrand Russel）『中国問題』（上海：学林出版社、一九九六年、一四六―一五四頁）を参照。

(28) ここで使用する「自発性」には消極的な意味はない。それにはハイエクの「自発的秩序」（もしくは「自生的秩序」〈spontaneous order〉や「自己増殖的秩序」〈self-generating order〉）、「自己組織的秩序」（self-organizing order）に見られる積極的な意味が込められており、さらにそれは人類の社会と事情に限ったものではない。ハイエクの「自発的秩序」の概念に関しては、哈耶克（Hayek）「自生自発秩序与文明（鄧正来訳）」を参照。鄧正来『自由与秩序――哈耶克社会理論的研究』（南昌：江西教育出版社、一九九八年、二三六―二九四頁）を参照。道家の「自発性」に関しては、池田知久『道家思想的新研究――以荘子為中心』（下）、王啓発・曾峰訳、鄭州：中州古籍出版社、二〇〇九年、五二七―五九八頁を参照。

(29) 西洋の「自然」（nature）の概念に関しては、拉夫喬伊（Arthur O. Lovejoy）『自然的一些涵義』、彭剛訳、呉国盛主編『自然哲学』第二輯（北京：中国社会科学出版社、一九九六年、五六七―五八〇頁）を参照。

(30) この問題に関しては、王中江「道与事物的自然：老子『道法自然』実義考論」『哲学研究』二〇一〇年第八期を参照。

(31) 王叔岷によるこの循環についての解釈は、的確かと思われる。王叔岷『先秦道法思想講稿』（北京：中華書局、二〇〇七年、三六―三八頁）を参照。

(32) 葛瑞漢（A.C.Graham）「陰陽与関聯思維的本質」（『中国古代思維模式与陰陽五行説探源』、江蘇古籍出版社、一九九八年、一―五七頁）、杜維明「存有的連続性：中国人的自然観」（『世界哲学』二〇〇四年第一期、八六―九一頁）を参照。

(33) 史華慈（Benjamin Isadore Schwartz）『古代中国的思想世界』（程鋼訳、南京：江蘇人民出版社、二〇〇四年、二四四―二四五頁）を参照。

(34) 張舜徽『周秦道論発微』（北京：中華書局、一九八二年、三〇二―三〇三頁）を参照。

(35) 中国の自然法については、胡適「中国伝統中的自然法」（『中国的文芸復興』、鄒小站等訳、長沙：湖南人民出版社、一九九八年、一九八―二二五頁）、高道蘊「中国早期的法治思想？」（高道蘊等編『美国学者論中国法律伝統』、北京：中国政治大学出版社、一九九四年、二一二―二五四頁）を参照。

(36) 史華慈『古代中国的思想世界』、二五七頁。

(37) この一段の区切りに関しては、整理者および各注釈本はいずれも「為一而不化」を一句として扱っているが、これは正しくない。この段全体を見てみると、前後の句が対句になっているのは明らかであり、内容も互いに呼応している。「夫為一而不化」は次の句とともに一句として扱うべきで、これに合わせて後半の句も新たに区切りをする必要がある。

(38) 史華慈『古代中国的思想世界』、二五四頁。

第一章

道と事物の自然

——老子「道法自然」の意義について

「道法自然」は老子哲学の中では特異であり、往々にして正しく解釈されてこなかったテーマである。今日において最も早い時期の『老子』の版本――郭店楚簡『老子』（竹簡の型によって甲乙丙の三つに分かれている）においては、このテーマは既に取り上げられていた。このことは、『老子』のテキストでは既に存在していたテーマであったことを示している。通行本『老子』では、このテーマは第二十五章にあたる。竹簡本におけるそれに該当する箇所は、次のように記されている。

有状混成、先天地生、寂寥、独立不改、可以為天下母。未知其名、字之曰道、吾強為之名曰大。大曰逝、逝曰遠、遠曰返。天大、地大、道大、王亦大。国中有四大焉、王居一焉。人法地、地法天、天法道、道法自然。[1]

通行本、帛書本におけるこの一段は、竹簡本と比べて文字の面では基本的に同じである。[2] ここで注目したい点は、「道法自然」というテーマについて、どのように理解し解釈をすることが適切で、納得いくものとなるか、ということである。現在の『老子』の注釈者と研究者は、一般的にこのテーマを「道自身はこのようである」、「道にとって見習うべきものは存在しない」と解釈し、これまでかなり広汎な影響を及ぼしてきた。

この解釈について、最初は筆者も受け入れたが、のちになって疑問を感じるようになった。[3] この解釈は、言語や文字の面においてつじつまが合わないほか、意味や理論の面においても『老子』や初期の老子の全体的な思想と食い違うところがある。蔣錫昌、池田知久、王博ら各氏による老子の自然と無為に関する研究は、この問題を新たに検証するのに有益である。[4]

『老子』および初期における道家哲学についての詳細な研究を通してみると、この解釈は確かに問題がある。そこで、本論では、これまでの解釈とその淵源について簡単に振り返った上で、『老子』のテキスト（簡本、帛書本、伝世本）およびその思想構造の双方に基づいて、このテーマの実際の意義について綿密に、着実に検討を進めていきたい。

一　「道法自然」の一般的解釈の原点と問題

近現代における『老子』の注釈者および研究者は、老子の「道法自然」とは、「道自身はこのようである」のことであり、「道」は学ぶものではない、ということを意味していると伝統的に解釈してきた。例えば、馮友蘭は、「道法自然」の「自然」とは、ただ「道」が万物を生成するのに目的も意識もないことを意味している、と考えていた。

これは、道の上にさらに「道」が学ぶべき「自然」があると必ずしもいってはいない。前の一文にある「域中有四大」とは、すなわち、「人」、「地」、「天」、「道」を指す。「自然」とはただ「道」が万物を生じる時の無目的、無意識の過程を形容しているにすぎない。「自然」は形容詞であり、何か別のものを指しているのではない。したがって、先の文ではただ「四大」といい、「五大」とはいっていないのである。老子の「道法自然」の思想は目的論を語る表現とは明らかに対照的なものとなっている。(5)

張岱年氏は「道法自然」とは、「道は己自身を範とする」であるという。(6)任継愈氏はこれを直接「道はそれ自身に習う」と解している。(7)童書業氏は道の本質は自然であるとし、次のように記す。

『老子』の書でいう「自然」とは、つまりひとりでにそうなる、といった意味である。そして「道法自然」とは、つまりは道の本質が、自然であることをいっているのである。(8)

陳鼓応氏が強調するには、老子の「道法自然」は「『道』は完全に自然の状態に置かれており、そこに何ら学ぶものはなかった」。(9)彼は王弼の解釈を引用して自らの考えを立証している。

「道法自然」というこの語は、常に我々を困惑させてきた。「道」は、老子哲学においては既に究極の概念であり、一切が「道」から導き出されてきたものである。それならば、「道」はどうしてさらに学んで、「自然」になる必要があるのか。実のところ、いわゆる「道法自然」とは、王弼がいうように「道は自然に違わず」であり、つまり、「道」の動きと作用は、自然の赴くままなのである。(10)

許抗生氏は直接、河上公の注に依拠して、次のように補足している。

この文に関して、河上公の注は「道の性質は自然であり、道には見習うべきものが存在しない」となっている。この注は、正しい。自然は決して「道」以外の物ではなく、「道」そのものを指すと述べているにすぎない。この文がいわんとしているのは、「道」というのは、天地の最も根源的なものであり、さらに学ぶものは何も存在しないため、自己のその自然な存在に習うことしかできない、ということである。(11)

劉笑敢氏が指摘するには、老子のこの一段で使われている四つの「法」の文字に関しては、文法的には用法はいずれも同じで、動詞として使われている。したがって、最初の三つの「法」は一つの用法であり、四つ目の「法」はまた別の用法とみなすことはできないという。彼は、このように解釈することによって、この一段における言語文字上の矛盾を避けたが、依然として「自然」を「道」の「属性」とし、「自然」が最高の「道」の原則、あるいは根源である、とみなした。(12)

「道法自然」を「道自身がこのようである」、「道にとって見習うべきものは存在しない」と解するのは、歴史的な根拠がある。(13)『韓非子』の「解老」および「喩老」は、我々が現在知り得る、最も早い時期に『老子』を解釈した文献である。しかし残念なことに、「解老」や「喩老」はこのテーマについて何ら解釈を示していない。韓非の後、比較的早い時期の『老子』注釈本は、例えば『漢書』「芸文志・諸子略（道家）」で記されている『老子鄰氏経伝』、『老子傅氏経説』および『老子徐氏経説』等はいずれも残っておらず、今我々が確認できているのは、漢代の注釈家河上公が最初にこのテーマについて「道法自然、無所法也」と解釈したことである（『老子道徳経河上公章句』巻二『象元第二十五』）[14]。その後の多くの『老子』の注釈者は、老子のこの一句について、いずれもこの注釈の影響を受けて、似たような解釈をしている。例えば、林希逸『老子口義』は「道法自然」と解釈し、「道」は充足を意味しているので、道は見習うものがなかった、としている。

道則自本自根、未有天地、自古以固存、無所法也。無法者、自然而已、故曰道法自然。

葛長庚は、『道徳宝章』の中で「道法自然」を「道自身はこのようである」と解釈している。呉澄の『道徳真経註』では、道の他に、道の手本となるような「自然」というものはなかった、という見解が示されている。なぜならば、「自然」というのは「無有」、「無名」であるからだ。

人者、聖人也。法者、水平之准与之平等如一也。人之所以大、以其得此道而与地一、故曰法地。地之所以大、以其得此道而与天一、故曰法天。天之所以大、以其与道一、故曰法道。道之所以大、以其自然、故曰法自然。非道之外別有自然也。自然者、無有無名是也。

焦竑の『老子翼』は、林希逸の説を受け入れ、「自然」は「無法」を意味し、「道法自然」はすなわち「道は無法を見習う」であるという考えを示している。

道以無法為法者也。無法者、自然而已、故曰道法自然。

魏源は「道法自然」の「自然」は「性」を指し、その「性」は「道之性」を指すと述べている。「道法自然」は、つまり「道は自然を基にしている」、「道を見習うものは、その自然を見習うだけである」と（魏源『老子本義』二巻、巻上）。「自然」を「性」および「道」の「性」とみなすのは、魏源が他の解釈と異なる点である。熊季廉は「法」を「制限されているところがあり、これを越えられないことをいう」と解し、厳復はこの熊季廉の解釈を「非常に的を得たものである」とした。しかし厳復は「道はすなわち自然である」と認識していたため(15)、「道法自然」は厳復により「道は自己に習う」と解釈されたのである。

ここでさらに多くの例を示す必要はない。上述した各々の見方は、基本的に大同小異で、彼らは「道法自然」を「道は自身の自然のままの状態を見習う」と解しており、「道」の他には、「道」が学ぶ必要のある「自然」等ない、と認識していた。しかしながら、このような解釈には問題がある。第一に、「道法自然」の「法」が無視されている。文字上の意味からいえば、「道法自然」は「道が自然に習う、自然に従う」ということになる。その中の「法」の字の意味は、その前に出てくる「人法地、地法天、天法道」（人は地に習い、地は天に習い、天は道に習う）の「法」と同じであり、文の構造もこのようになっている。「道法自然」を「道自身がこのようである」と解釈すると、同じ用例である「法」の字を無視しており、前の文と同じ構造である動詞と目的語の関係を変えてしまうことになる。注釈者が、前に出てくる「法」の字を「習う」と解釈し、それを動詞と目的語の構造と捉えているのにもかかわらず、ただ「道法自然」の「法」に関してのみ、単独に扱って処理しているのは、言語文字の解釈においては通用しない。第二の問題として、この種の解釈では、「自然」を「道」自身のものであるとみなしている点である。一部の注釈者は、「法」の字の意味について注記を附しているが、依然として「自然」を「道」の属性と解し、「道法自然」は「道」が己の「自然」に則ることであると解釈している。しかし実際は異なるのである。

どうしてこのような結果に至るのであろうか。筆者が想像するに、我々は最高の「道」が、さらに何かを学習する必要があるとは想像できないからであろう。「道」が万物の根源である以上、「道」は世界最高の実在である。その道の他に、さらに「自然」が存在し、「道」が「自然」に「習う」必要がある等どうしてありえようか。その他、注釈者は『老子』で使われている「自然」について、全体的な検討を行っておらず、老子がいう「自然」（さらに「自然」の用法に類似した語彙がいくつか存在する）が「万物」と「百姓」（人々——訳者注）が密接に関係しているものである、ということに注意を払っていない。このため、「自然」を道自身の属性とみなし、「道法自然」を「道自己如此」と解している。しかし実際は、「道法自然」の「自然」は、「道」の属性と活動様式ではなく、それは「万物」と「百姓」の属性と活動様式を指しているのである。結論を述べると、「道法自然」の正確な解釈は、「道が万物の自然に従っている」となる。実際、古代の『老子』の注釈者の中で、王弼はこの意味に沿って「道法自然」を注釈した。王弼の「法」の字についての解釈は一貫しており、「道法自然」は「道は自然に背かない」ことを意味し、すなわち事物の様々な状況に則っていて、「自然」は「万物」の「自然」のことであるとみなしていた。王弼は次のように指摘している。

法、謂法則也。人不違地、乃得全安、法地也。地不違天、乃得全載、法天也。天不違道、乃得全覆、法道也。道不違自然、乃得其性、［法自然也］。法自然者、在方而法方、在円而法円、於自然無所違也。自然者、無称之言、窮極之辞也。……道［法］自然、天故資焉。天法於道、地故則焉。地法於天、人故象焉。［王］所以為主、其［主］之者［一］也[16]。

「法則」とは「遵循」であり、それは「不違」および「順」と一致する。つまりすべて万物との関係を指している。王弼の解釈は、簡明かつ非常に正確である。しかし残念なことに、後の多くの注釈や解説は王弼の注解を受け入れず[17]、河上公の影響を多く受け、その結果、このテーマの解釈において誤った道に入り込んでしまい、それに対して疑うことなく当然とみなした。王弼がいう「道不違自然」は、「道純任自己的自然」や「道自己如此」を指しているのではなく、「道」が純粋に「万物の自然」に任されている、という意味である。これはまさに老子哲学の深淵なところであり、また老子哲学の基本的な構造でもある（後に具体的に論じる）。最高の「道」は往々にして「道」が生んだ「万物」を非常に重んじている。これは、道の「玄徳」である。「道」の偉大さと無限性は、「万物」を生育することができるだけでなく、万物を包含することができ、万物を干渉したり、コントロールしたりすることはしない。それはまるで親が子供を産み育て、子供をコントロールすることなく、各々自由に発展させるようなものである。

このような「道」の特性は、老子がいう大海や聖人の特性と同じである。大海が百谷の王になることができるのは、それが「善く之に下る」だからである。聖王が偉大であるのは、彼が「以下為基」、「以賤為本」とすることができるからである。次に具体的に論証していきたい。

二 「自然」と「万物」および「百姓」

「自然」というこの語は、『老子』では多く使われていない。通行本では五つの用例が確認できる。そのうち三例は郭店楚簡甲組と丙組に見られ、甲組には二つの用例が見られる。

天大、地大、道大、王亦大。国中有四大焉、王居一焉。人法地、地法天、天法道、道法自(然)。

聖人欲不欲、不貴難得之貨、教不教、復衆之所過。是故聖人能輔万物之自然、而弗能為。

もう一つの用例は丙組に見られる。

成事遂功、而百姓曰我自然也。

丙組には甲組と重複する章節があるので、その中の「自然」は別の一例とみなすことはできない。竹簡本『老子』における「自然」のこの三つの用例は、通行本ではそれぞれ第二十五章、第六十四章と第十七章に見られる。これらの章節に見られる文字は、帛書本と通行本では若干違いがある。例えば竹簡本の「成事遂功、而百姓曰我自然也」は、帛書本（甲乙）ではすべて「成功遂事、而百姓謂我自然」になっており、通行本では「功成事遂、百姓皆謂我自然」となっている。竹簡本のこの三例の他、帛書本と通行本にはさらに「自然」のそのほかの用例が二つ見られる。その一つが通行本『老子』第二十三章の次の用例である。

希言自然。

帛書甲乙本の表現はこれと同じである。もう一つの例は通行本『老子』第五十一章に見られる。

道生之、徳畜之、物形之、勢成之。是以万物莫不尊道而貴徳。道之尊、徳之貴、夫莫之命而常自然。

王弼本の「夫莫之命而常自然」および帛書甲乙本は、いずれも「夫莫之爵而恒自然也」となっている。「命」は、傅奕本では「爵」となっている。(18)

『老子』においては、この五つの「自然」の用例のうち、二つに関しては、それが何に属するかという関係性が比較的明確に見て取ることができる。その一例が、「成事遂功、而百姓曰我自然也」である。この用法に拠ると、「自然」は、「我」すなわち「百姓」を指す。「百姓」は、彼らの「事功」は彼ら自身が成し得たものであると考えている。もう一つの例は、「是故聖人能輔万物之自然、而弗能為」である。ここに見られる「自然」は、「万物」とはいかなるものか、つまり「万物之自然」である、ということを明確に示している。『韓非子』「喩老」はこの言葉を次のように解釈している。

夫物有常容、因乗以導之。因随物之容、故静則建於徳、動則順乎道。宋人有為其君以象為楮葉者、三年而成。豊殺茎柯、毫芒繁沢、乱之楮葉之中而不可別也。此人遂以功食禄於宋邦。列子聞之曰、使天地三年而成一葉、則物之有葉者寡矣。故不乗天地之資而載一人之身、不随道理之数而学一人之智、此皆一葉之行也。故冬耕之稼、后稷不能羨也。豊年大禾、臧獲不能悪也。以一人之力、則后稷不足。随自然、則臧獲有余。故曰、恃万物之自然而不敢為也。

韓非がいう「物」は、すなわち「万物」のことであり、「恃万物」はつまり「因物」、「乗物」、「随自然」のことである。以上「自然」の二つの用例は、「道」自身がこのようであるといっているのではなく、また「聖人」自身がどうであるかといっているのでもない。「万物」と「百姓」自身がこのようであり、自己を実現させているといっているのである。

その他の三例に関しては、それが何に属しているのかを直接見出すことはできないが、それらは実際には同様に、万物あるいは人々が「自身がこのようである」ということを示しており、「道」もしくは「聖人」自身がこのような状態であるということを意味しているのではない。「希言自然」の字面上の意味は、「自然に合わせるとはほとんどいわない」ということである。さらに見てみると、その意味は、「権力者が、人々の自然に合わせるよう指示するということはまずない」となる。『老子』第五章では、次のようにいっている。「多言数窮、不如守中」。この「多言」と「希言」は相反する表現である。「多言」は政令が煩雑で厳しいことを指し、これに老子は反対した。老子は、聖人とは「行不言之教」（第二章）であるとまで主張した。「希言」や「不言」は統治者に対する要求であり、統治者の発令が少なければ、人々は自由に各々の事に従事することができるのである。蔣錫昌氏は、統治者の「有為」と「無為」の視点から「多言」と「希言」を解釈している。これは非常に適切な解釈であり、蔣氏は次のように述べている。

老子における「言」の字は、多くは教化と法令を指し、「多言」とは、多くの教化と政令でもって治めることを指す。「希言」とは、教化と政令が少ない統治を指す。したがって、一はつまりは「有為」であり、一はつまりは「無為」なのである。「自然」に関しては第十七章にその解説を見ることができる。すなわち自ずから成るということである。「希言自然」とは、聖人は無為の統治を行い、「百姓」が自ずから成ることに任せないといけないといっているのである。[19]

また次のように述べている。

第四十三章には、「不言之教、無為之益、天下希及之。」とある。「不言」と「無為」は、字面は異なるが、意味は同じなので、このように述べているのである。「多言」は「不言」の反対であり、また「無為」の反対でもある。したがって、「多言」はすなわち「有為」であった。……「多言数窮、不如守中」、これはつまりは、人の君は有為であるとすぐに落ちつぶれるため、清く静かな道を守っていくに越したことはないと述べているのである。[20]

通行本の「道之尊、徳之貴、夫莫之命而常自然」は、帛書本では「道之尊、徳之貴、夫莫之爵而恒自然也」となっている。この句に関しては、二つの異なる解釈がある。一つは、道と徳が万物の尊重を受けており、誰が命令を下したのでも采配したのでもなく、それは元来そのような状態であった、という解釈である。[21] もう一つは、道と徳が尊重を受けているゆえんは、それらが万物に対して干渉せず、万物が自然に任せていられるようにしている、という解釈である。[22]

この二つの解釈はかなり異なっているが、二つ目の解釈が適切である。なぜならば、道と徳を尊重するのは「万物」であるからである（「是以万物莫不尊道而貴徳」）。道と徳が万物の尊重を受けるのは、それらが万物に対して「莫之命而常自然」だからである。竹簡本甲組では次のように記されている。

道恒亡名、樸雖微、天地弗敢臣、侯王如能守之、万物将自賓。天地相合也、以輸甘露。民莫之命而自均安。

この一段は通行本第三十二章にあたる。ここでは、道と天地、侯王と万物、および民が互いに対応し合っている関係になっていることがはっきりと見て取れる。その中の「民莫之命而自均安」の「自均安」は明らかに民を指しており、これにより「夫莫之命而常自然」の「常自然」は万物を指し、当然ながら民もその中に含まれることが分かる。蔣錫昌氏は次のように指摘している。

ここでは、道がなぜ尊く、徳が尊いかということを述べている。そのゆえんは、道や徳は、万物に対して何ら命令したり、干渉したりすることなく、万物が自ら成長、生成するのに任せているからである。(23)

先に述べた一つ目の解釈は、「道」と「徳」が尊い原因をそれらが尊いからであるという言葉の繰り返しになっているだけで、道と徳が尊いことが万物とどのように関係しているのかを説明していない。「道法自然」の「自然」が指しているのも「万物の自然」であり、ただそれは「恃（輔）万物之自然」のように直接（「万物の」自然というように）限定しているのではなく、「万物」を取り除いてしまっているのである。

「自然」というこの言葉は、「道」のように古くない。それは老子が発明して最初に使ったのである。老子がいう「自然」とは、当然ながら現在我々が使っている「客体」の自然界の「自然」を指すのではなく、事物の「己がこのような状態である」「自身が作った」ということを指しており、これがこの言葉が古代中国哲学における主要な意味である。「無理強い、強要はしない」という意味での自然は、ここから派生したのである。

『老子』の中で、この「自然」の言葉と構造が同じで、意味も近い語彙としては、「自富」、「自化」、「自正」、

「自樸」、「自均」、「自賓」、「自生」、「自来」[24]等がある。これらの言葉はいずれも「自」の字ともう一つの文字との組み合わせでできていて、事物の「自己」、「自我」がどのようであるか、ということを表している。その「自」が強調しているのは、事物自身の「自発性」、「自主性」および「自為性」であり、「自」と他の文字との組み合わせで構成されているこれらの言葉は、いずれもこの「自主性」に基づく状態がどのようであるか、ということを意味している。『老子』の書においては、これらの言葉は、いずれも万物と人々の活動様式と状態を説明するものとして使われており、道と聖人がどのようであるかを説明しているのではない。最も典型的な例が、竹簡本の次の一段の中に見られる。

是以聖人之言曰、我無事、而民自富。我無為、而民自化。我好静、而民自正。我欲不欲、而民自樸。[25]

「聖人」は、ここでは第一人称の「我」で表現されており、「民」と相対する立場にある。通行本第三十二章では次のような表現が見られる。

道常無名樸。雖小、天下莫能臣。侯王若能守之、万物将自賓。天地相合、以降甘露、民莫之令而自均。

その中で「侯王之守」が相対するものは、「万物」の「自賓」、「民」の「自均」である。「自賓」と「自均」は、万物と民の自発的な活動を指す。『荘子』「天地」篇では次のような表現が見られる。

故曰、古之畜天下者、無欲而天下足、無為而万物化、淵静而百姓定。

「万物化」および「百姓定」とは、万物が自ら変化し、人々が自ら落ち着く、という意味である。『管子』「形勢」篇には「上無事、則民自試」という表現が見られ、「形勢解」では次のように記されている。

明主之治天下也、静其民而不擾、佚其民而不労。不擾、則民自循。不労、則民自試。

上位の「無為」に相対する立場にある下位の民は「自循」、「自試」であった。『黄帝四経』「十大経」には、次のような一段がある。

形恒自定、是我愈静。事恒自施、是我無為。

「自定」、「自施」が意味するのは、物と多くの人々の「形」および「事」をいい表したものであり、これと相対する「愈静」および「無為」は、統治者である「我」の活動のしかたを意味するものである。『淮南子』「本経訓」には、次のような一段が見られる。

故至人之治也、心与神処、形与性調、静而体徳、動而理通。随自然之性而縁不得已之化、洞然無為而天下自和、憺然無為而民自樸(26)。

「自和」および「自樸」は天下と民のことを指しており、「無為」は「治者」のことを指している。

以上の考察に拠れば、『老子』とその他の道家がテキストで使われている、「自X」から成る多くの合成語は、「自然」と同様、それらは大体において万物、および民、あるいは人々の活動のしかたや状態、結果を指している。これは、「自然」とは「道」であったり、「道」は「ひとりでにそうなる」ということを意味するものではない、ということも証明している。

老子がいう「自然」とは、道や聖人がどのようなものであるか、ということを示しているのではなく、万物と人々がどのようなものであるか、ということを表している。このことは、道家の他の文献でも多くの根拠を見出すことができる。『荘子』と『文子』の用例を見てみたい。『荘子』の「自然」には、主に二つの用法が見られる。そのうち一つの用法は、老子の用法と同じであり、その意味するものは、万物が自らこのようになり、自ら作り上げた、ということを指す。これに関するものとして、いくつかの例を挙げることができる。『荘子』「繕性」篇曰く、

古之人、在混芒之中、与一世而得澹漠焉。当是時也、陰陽和静、鬼神不擾、四時得節、万物不傷、群生不夭、人雖有知、無所用之、此之謂至一。当是時也、莫之為而常自然。

「莫之為而常自然」の「自然」は、万物、群生および古の人々の活動のしかたを指す。『荘子』「天運」篇曰く、

夫至楽者、先応之以人事、順之以天理、行之以五徳、応之以自然。然後調理四時、太和万物。四時迭起、万物循生。

ここでいう「自然」とは、黄帝の最高の快楽と人事と万物の関係を指している。「自然」とは「物（万物）」の自然のことであり、『荘子』「応帝王」篇で、それが以下のように、最も明確に表現されている。

汝遊心於淡、合気於漠、順物自然而無容私焉、而天下治焉(27)。

「汝」は治者の別称であり、それは「物」の「自然」と相対する立場にある。『荘子』の書における「自然」のもう一つの重要な用法は、物に関して人為的な修飾を施していない、物の先天的な「自然性」および「天然性」を指している点にある。この意味における「自然」は、『荘子』の中でいわれている「天」ならびに「徳」と類似しているところがある。『荘子』「漁夫」篇がいうには、

礼者、世俗之所為也。真者、所以受於天也、自然不可易也。故聖人法天貴真、不拘於俗。

「真」は「天」から発し、それは万物の自然の性である。『荘子』「徳充符」篇曰く、

恵子謂荘子曰、人故無情乎。荘子曰、然。恵子曰、人而無情、何以謂之人。荘子曰、道与之貌、天与之形、悪得不謂之人。恵子曰、既謂之人、悪得無情。荘子曰、是非吾所謂情也。吾所謂無情者、言人之不以好悪内傷其身、常因自然而不益生也。

ここの「因自然」の「自然」もまた人の先天の性を指す。『荘子』に比べて、『文子』では、「自然」を「万物」の自然、「百姓人事」の自然として用いている例が一段と多く、より際立っている。例えば『文子』「自然」篇曰く、

子〔文子〕曰、以道治天下、非易人性也、因其所有而条暢之、故因即大、作即小。古之瀆水者、因水之流也。生稼者、因地之宜也。征伐者、因民之欲也。能因、則無敵於天下矣。物必有自然而後人事有治也。故聖人立法、以導民之心、各使自然、故生者無徳、死者無怨。

『文子』「道原」篇にも次のように記されている。

故天下之事不可為也、因其自然而推之。万物之変不可救也、秉其要而帰之。是以聖人内修其本、而不外飾其

末、歴其精神、偃其知見、故漠然無為而無不為也、無治而無不治也。所謂無為者、不先物為也。無治者、不易自然也。無不治者、因物之相然也。

この他、『文子』「精誠」篇がいう「正其道而物自然」、そして「符言」篇がいう「故聖人不以行求名、不以知見求誉、治随自然、己無所与」における「自然」は、いずれも「物」と「百姓」の自然を指している。(28)

以上の検討により、「道法自然」の正確な意味は、道が万物に従い、順応して自己がこのような状態である、ということになる。

三 「無為」と「道」および「聖王」

「道法自然」の「自然」は、「道」の属性ではない。このことは、「自然」と相対する「無為」が、老子に「道」と「聖王」の活動様式であるとみなされている点からも十分に立証できる。「道」と「聖人」の「無為」(29)と相対するのがまさに「万物」と「百姓」の「自然」である。『老子』では、「無為」の概念は「自然」という術語よりもはるかに多く用いられている。「無為」という言葉は、既に『詩経』の「兎爰」(「有兎爰爰、雉離於羅。我生之初、尚無為」)および「沢陂」(「寤寐無為、涕泗滂沱」)等で見られる。ここでは「無為」はいずれも普通の用語として使われているが、老子がそれを重要な哲学の術語へと変えたのである。

竹簡本では、「無為」は「亡為」とし、丙組は甲組のその一章と重複しており、「無為」としている。この一例についてはさておき、竹簡本の「亡為」（「無為」と読む）は前後七回使われており、その中で「道」の活動のしかたを説明するために用いられているのは、甲組の次の一段となる。

道恒無為也、侯王能守之、而万物将自化。化而欲作、将鎮之以無名之樸。夫亦将知足、知足以静、万物将自定。

この内容に拠ると、「道」は始終「無為的」である。この一段は、通行本第三十七章にあたり、帛書甲乙本ではいずれも「道」篇に属する。この一段の異なる版本を比較すると、次のように大なり小なりの違いが見られる。

帛書甲本：「道恒無名、侯王若守之、万物将自［ ］。［ ］而欲［作、吾将鎮］之以無名之（樸）。無名之樸、夫将不辱。不辱以静、天地将自正。」

帛書乙本：「道恒無名、侯王若能守之、万物将自化。化而欲作、吾将［鎮］之以無名之樸。［鎮］之以無名之（樸）、夫将不辱。不辱以静、天地将自正。」

王弼本第三十七章：「道常無為而無不為。侯王若能守之、万物将自化。化而欲作、吾将鎮之以無名之樸。鎮之以無名之樸、夫将不欲。不欲以静、天下将自正。」

簡本の「道恒無為」は、通行本では「道常無為而無不為」となっているが、帛書本ではすべて「道恒無名」となっている。竹簡本が「無為」になっていて、通行本も「無為」となっているのは、この両者の版本が似ていることを表している。竹簡本が「無為」になっていて、通行本も「無為」となっているのは、この両者の版本が似ていることを表している。さらに元々は「無為」となっているのが、通行本では、「無不為」の三文字が付け加えられているだけである。これは漢代の劉恒の諱を避けて、「恒」の字が「常」の字に改められたことによる。「無名」は老子が「道」を描く一つの形而上学の用語であり、竹簡本『老子』甲組も「道」の「無名」に言及し、「無」を「亡」としている。

道恒亡名、樸雖微、天地弗敢臣、侯王如能守之、万物将自賓。(30)

形而上学から見ると、経験を超えた感知不能な道は、具体的で感じ入ることができる有形、有象、有名である事物や現象と異なり、無形、無象、無名であり、それはまた「樸」でもある。その機能に着目すると、「無名」や「樸」、「無名之樸」は、「道」の「不言」や「純真」を強調することに重きを置いており、それらは「無為」と同系列に属する。「道無名」というのは、「道」の無分化と全体の統一に重きが置かれており、「道無為」となると、「道」の活動様式を強調しているのである。

竹簡本『老子』乙組は、「為学」と「為道」の違いについて論じている。「為道」と「無為」を結び付けて、「為道」とは、修養を減らし続けることによって達成する「無為」のことだと考えられていた。

[為] 学者日益、為道者日損。損之又損、以至無為也、無為而無不為。

この一段の話は、通行本では第四十八章の「為学日益、為道日損。損之又損、以至於無為。無為而無不為。」にあたる。「無為而無不為」という言い回しは、後世の人間が付け加えたのではないかと疑う見方もあるが、郭店楚簡には「無為而無不為」という一句が見られ、これに拠り、この推測が過ちであり、そのテキストは老子の話であることが分かる。

老子においては、「道」が追求されてこそ「無為」に達することができるのであるが、「無為」に達すると「無不為」となる。これは「道」と「無為」がともに結び付いていることを示している。さらに、上述した「道恒無為」や「道常無為而無不為」とも一致する。老子哲学においては、形而上の「道」と相対するものは、形而下の「万物」である。「万物」が自らの特性に従って変化する（「自然」となり、「自化」する）ことができるのは、「道」が「無為」であることを条件としているからである。

黄老学においては、「無為」は、通常「道」の基本的な特性を述べる際に使われる術語でもある。例えば『黄帝四経』「道原」では、次のように述べられている。

一者其号也。虚其舎也、無為其素也、和其用也。是故上道高而不可察也、深而不可測也。顕明弗能為名、広大弗能為形、独立不偶、万物莫之能令。

ここでの「無為」は、「一」や「虚」、「和」と同様、「道」を説明するものとして使われていて、それは「道」の本性（「素」）を意味している。『管子』「心術上」では、「故必知不言、無為之事、然後知道之紀。」と述べられており、ここで強調されているのは、人は「不言」と「無為」の道理を認識してはじめて「道」の根本を把握することができるということである。これは『文子』「下徳」で述べられている「故無為者、道之宗也」と一致する。

『管子』「心術上」にはさらに「無為之謂道」という表現が見られる。これは直接「無為」を使って「道」を定義している。『荘子』「大宗師」篇、および『韓非子』「揚権」では、「夫道有情有信、無為無形」、「虚静無為、道之情也」と論断している。この二つの論断は非常に似ており、両者とも「無為」を「道」の「実情」とみなしている。黄老学の多くの用例は、形而上学の領域においては、「無為」が「道」の特性と活動様式として使われていることを示している。『荘子』では、「天」は「無為」の特性を賦与されているが、「天」の「無為」は「道」から生じた「無為」である。自由と逍遥の意味において、「個人」もまた「無為」的である（「彷徨乎無為其側」）といえる。しかしこの世における「無為」は、主に治者である「聖人」の統治原則と方法とみなされている。『荘子』「在宥」篇では次のように記されている。

故君子不得已而臨莅天下、莫若無為。無為也、而後安其性命之情。

宇宙全体の中で、「道」は、「万物」が統一性を実現することを保証する。人間社会において、聖王は、人民がある種の統一性を持つことを保証する。儒家と墨家にとって、「聖王」は「天之子」であり、天は人間界における代理と主権の行使者であるが、老子はこのような明確な表現をしていない。老子のロジックでは、聖人や侯王が「人の主」であることと、「道」が「万物の主」であることとは、起源とその支流のような関係、および上下主従関係を示すということなのである。「道」が「万物」に対してとる最良の形が「無為」である以上、「聖人」の人民に対してとる最良の形は、「道」に倣い「道」を運用し、同じく「無為」を実践することである。まさに上述した竹簡本『老子』甲組でいう「道恒無為也、侯王能守之、而万物将自化。」である。通行本『老子』では、「無為」が「道」に対して用いられるほか、主に「聖人」や「侯王」に対しても用いられている。竹簡本『老子』同様、「聖王」に用いられている例は、以下のようになる。

為之者敗之、執之者失之。是以聖人無為、故無敗。無執、故無失。(甲組)

為無為、事無事、味無味。大、小之。多易必多難。是以聖人猶難之、故終無難。(甲組)

是以聖人居無為之事、行不言之教。(甲組)

この他、通行本では、さらに次のような例が見られる。

是以聖人之治、虚其心、実其腹、弱其志、強其骨。常使民無知無欲。使夫智者不敢為也。為無為、則無不治。(第三章)

愛民治国、能無為乎。（第十章）

不言之教、無為之益、天下希及之。（第四十三章）(31)

ここで明らかなように、「無為」に関するこれらの用例が示しているのは、いずれも統治者の統治方法であり、その中の四例がいう治者は「聖人」であり、その他の二例はそのような指摘はなされていないが、統治について論じたものとなっている。『老子』においては、「無為」に従事している統治者は、時に「我」、「吾」といった人称代名詞で現れる。例えば「我無為而民自化」（第五十七章）、「吾是以知無為之有益」（第四十三章）というようにである。『老子』では、「無為」を「民」や「百姓」に用いる用例は見られない。それはまさに「自然」、「自化」、「自富」が統治者に用いられていないのと同じである。「無為」は、ただ統治者の統治様式を意味しており、これと相対するものとして、「自然」はただ人々の活動様式を意味しているのである。

四 「道法自然」と老子思想の構造

「道法自然」というテーマの意義は、表面的に見るよりもかなり複雑で、孤立したものではない。もし我々が先に行った分析を老子全体の哲学構造の中において検討すると、「道法自然」が意味するものは、「道」が「万物」の自然を遵守していることであると認識できる。老子哲学は一方で形而上学の問題を思索しており、この問題は主に「道」と「万物」の関係をめぐって展開されてきた。さらにもう一方で、老子哲学は政治哲学の問題を思索しており、この問題は、主に「聖王」と「人民」の関係をめぐって展開されてきた。まさに我々が先に指摘してきたように、人々が、最高の「道」が「万物」の「自然」に習わないといけない、ということを想像できないゆえんは、老子哲学の中では、「道」は形而上の最高の実体であり、それは万物を生む根源であることによる。それがどうして「万物の」自然に習い、遵守せねばならないのか。しかし、これこそがまさに老子哲学の奥義と知慮が存するところである。

確かに老子哲学においては、形而上の「道」は「万物」を生む根源であり、この点に関しては、原則的な相違は見られないため、我々は多くを述べる必要はないだろう。これについては、『老子』第四十二章の「道生一、一生二、二生三、三生万物」、および第五十一章の「道生之」から見出すことができるし、また『老子』が「道」でもって「天地之母」とみなしている点（第二十五章）、および「万物之奥」（第六十二章。帛書本では「奥」を「注」、すなわち「主」としている）からも窺うことができる。老子の考えでは、「道」は、「万物」を産出するのみならず、万物が存在し、統一し得るための基礎と保証でもあった。これはつまり老子の「道」が生成論、および本体論の意義において語られるゆえんである。『老子』第三十四章曰く、

大道汜兮、其可左右。万物恃之以生而不辞、功成而不有。衣養万物而不為主、可名於小。万物帰焉而不為主、可名為大。是以聖人終不為大、故能成其大。

老子はこの中で「道」が万物の生存を支える根本であり、「道」が「万物」を育む、ということを我々に伝えている。万物の生存における道のこの偉大な役割は、『老子』第四十一章の中で「善貸且成」といわれている。『老子』では、「道」は、万物の根源であり、また万物を判断、評価する際の最高レベルの基準と尺度になっていた。この視点からいうと、「万物」のあらゆる活動と行為は道に背くことは許されず、「道」を拠りどころとして「道」に従い、「道」に学ばなければならなかった。それは『老子』第二十三章の「故従事於道者、道者同於道……同於道者、道亦楽得之。」や第五十一章の「万物莫不尊道而貴徳」に見ることができる。「道法自然」の前には、さらに「人法地、地法天、天法道」とあり、そこでも万物の一部分としての「人」（あるいは「王」）や「天」と「地」もまた「道」に学ばなければならない、ということが示されている。「万物」の異化を抑制し克服するために、『老子』は「道」が元に戻っていく「帰根」に対して次のように主張するのであった。

夫物芸芸、各復帰其根。帰根曰静、是謂復命。復命曰常、知常曰明。不知常、妄作凶。

しかしもう一方においては、あるいはさらに重要な側面においては、『老子』では万物の母としての「道」は、万物を各々の本性（「徳」）に従って自由に発展させた。万物の本性の根源を与えたのは、道だったにもかかわらずである。万物に対して、「道」——この最も偉大な母親は、決してその功労によって尊大にならず、ただ与えるのみで占有はしない。道は終始、万物の賛助者であり、慈善家のような役割を演じている。万物は、異なる種類として、それぞれ自らの特性を持っている。また個体として、それぞれ自らの特性に基づいて自己を実現し、完成させなければならない。

同じように道の最高の美徳は、「道」が自ら生んだ万物に対して干渉やコントロールを全くせず、それぞれ自ら自由に変化し表現させることにあった。例えば『老子』第五十一章には、このように記されている。「生而不有、為而不恃、長而不宰」。「道」のこのような本性を老子は「無為」と称した。「無為」とは、「道」がいかなる活動も作為も行わないことを指すのではなく、道の活動様式というのは、コントロールをしたり干渉したりしない、ということを意味しているのである。その目的は、万物に自ら活動させ、自ら事柄を処理させることにある。道はこのようにした結果、万物を作り上げることができた（「道常無為而無不為」）。

「道常無為」について、王弼は、「順自然」と解釈している。具体的にいうと、万物の自然に従う、ということである。これは、「道」が万物のために手助けしたり、見守ったりすることと矛盾しない。道は万物のすべてを引き受けることはできないので、万物はやはり自らの力で成長し変化する必要があった。このような意味からいうと、万物はまた自主的であり主動的である。道の「無為」は、つまり万物の自主性と主体性を保証しなければならなかった。このような道と万物の関係をまとめると、次のようになる。

道 ↓ 無為
← ←
万物 ↓ 自然

「無為」は「道」の運行と活動のしかたであり、その指令者が「道」である。「道」が「順応」せねばならない「自然」は、「道」によって体現されるものではなく、「万物」によって体現される。「万物」は自らの本性に従って己を変化させ、自ら己を表現する。これこそが老子のいう「自然」なのである。

人間社会は「道」が産出した独特の世界である。宇宙において、「道」と「万物」の関係は政治共同体内に限られており、それはつまり「聖人」と「人民」の関係であった。老子はいかにこの関係を処理したのであろうか。先に見てきた議論に従うと、「聖人」が「無為」であり、「人民」が「自然」である以上、聖人と人民の関係は、すなわち聖人・無為と人民・自然との関係ということになる。

聖人↓無為
←　　←
百姓↓自然

竹簡本『老子』甲組がいう「我無事而民自富、我無為而民自化、我好静而民自正、我欲不欲而民自樸」とは、まさに「我」が「民」と相対している状態である。上述したように、ここでいわれている「我」とは統治者の別称である。治者である「聖人」は、「無事」、「無為」、「好静」、「欲不欲」であり、これに相対している「民」は「自富」、「自化」、「自正」、「欲不欲」であった。この「自富」、「自化」、「自正」等はみな「自然」の類義語である。『老子』において、「聖人」と相対するものは時に「万物」と称される。例えば、次の『老子』竹簡本甲組に記されている「万物」は、「人民」もしくは「万民」のことを指している。

道恒無為也、侯王能守之、而万物将自化。化而欲作、将鎮之以無名之樸。夫亦将知足、知足以静、万物将自定。

為之者敗之、執之者失之。是以聖人亡為、故亡敗。亡執、故亡失。……聖人欲不欲、不貴難得之貨。教不教、復衆之所過。是故、聖人能輔万物之自然而弗敢為。(32)

この二つの段落においては、侯王が「無為而治」を推し進めると、「万物」と「民」は「自化」、「自賓」、「自均安」、「自然」となるのであり、この両者が互いに呼応しあっている関係が非常に明確に示されている。聖人は道に習い、人民は万物の一つである。人間社会での聖人と人民の関係は、「無為」と「自然」の関係である。宇宙における「道」と「万物」の関係もまた、「無為」と「自然」の関係である。したがって、聖人と人民の関係は、道と万物の関係と対応した形になっている。

紀元前五〇〇年前後に、老子は不干渉主義を掲げ、政府は静かに処すべきであり、統制することには反対する、と激しく主張した。老子の有名な言葉として、例えば『老子』第六十章の「治大国若烹小鮮」や、第五十四章の「清静為天下正」を挙げることができる。老子は、社会や政治関連の問題や矛盾というものは、いずれも支配者による関与と占有が招いたものだと断定した。

『老子』には、支配者に対する強い告発と譴責を記したくだりが二箇所ある。その一つは第五十七章にある

「天下多忌諱、而民弥貧。民多利器、国家滋昏。人多伎巧、奇物滋起。法令滋彰、盗賊多有」の一段であり、もう一つは第七十五章にある「民之飢、以其上食税之多、是以飢。民之難治、以其上之有為、是以難治。民之軽死、以其上求生之厚、是以軽死。」の一段である。『老子』五〇〇〇字を貫く核心的な思想は、「小国寡民式」の政治構想にあるのではなく、支配者がいかに最も負担が少なく、かつ最も有効的に広大な国家を統治すべきかを教え導くことにあった。それはつまり支配者の「無為而治」と「百姓」（人々――訳注）の「自然自治」であった。これは、老子の宇宙観が彼の政治哲学の中で発展したものであり、両者の間にはその構造が非常によく似ていた。

宇宙体系においては、「無為」である「道」は、「万物の自然」に従う。一方、人間社会においては、「無為」である「聖人」は、「人々の自然」に従う。戦国時代中期以降から発展してきた黄老学もまた、老子の宇宙観と政治哲学のこのような構造の類似性を裏付けている。当然ながらそれは新たな内容が付加されていた。例えば黄老学の傾向が見られる『荘子』「天地」篇においては、直接治者の「無為」と万物の「変化」および百姓（人々）の「安定」を呼応させている。

玄古之君天下、無為也、天徳而已矣。……古之畜天下者、無欲而天下足、無為而万物化、淵静而百姓定。『記』曰、通於一而万事畢、無心得而鬼神服。

また『文子』においては、聖人の「無為」は、「道」を根源とする「無為」だとしている。「守弱」篇曰く、

「是以聖人以道鎮之、執一無為」。「道徳」篇では平王が文子にいかに道によって天下を治めるべきかを問うている（「古之王者、以道莅天下、為之奈何」）。そこで文子は平王に、天下の統一と無為をともに掌握し、天地の変化に従うべきと答えた（「執一無為、因天地与之変化」）。

黄老学は老子の宇宙観と政治哲学をさらに発展させていった。それは以下の三点にまとめられる。

まず一点目として、黄老学が「道」の「一」としての意義を強化した点が挙げられる。道が産出した万物は非常に多い。その多く存在する万物が、いかに秩序と統一を保持するか、これについて黄老学は「一」によって説明した。「一」は「統一された法則」――「自然法」と解釈できる。「一」は万物を普遍的に規範に適応するようにし、万物は「一」のもとで活動し、道は干渉やコントロールをしない。これが「道」の「無為」である。逆にまた、「道」の「無為」は、「万物」が「一」のもとで、「自然」に「自発」的に活動させるのである。

次に二点目として、黄老学が政治の分野に普遍的な「法律」の規範を取り入れたことが挙げられる。政治の世界における共同体では、人民の統一と秩序を保証するために、やはり普遍的な規範と法則が必要とされる。これが人間社会の「法律」としての「一」である。黄老学から見れば、人間社会における法律の「一」は最も高度な道法および自然法としての「一」に基づいていた。黄老学は、普遍的な「法律」の規範を取り入れることによって、聖人の「無為而治」というものを具体的に転化させて、聖人が道法の産物である道によって統治するようにした。これが、黄老学が「無為」に対して示した新しい解釈方法である。老子の「無為而治」は、ただ干渉やコントロールをしないことを強調しているのみである。しかし、いかに干渉せず、コントロールもせずして、統一と秩序を保証することができるのか、老子は具体的なことを示していない。黄老学は、普遍的な「法律」の規範を取り入れることによって、秩序を構築することを可能にし、さらに「聖人」が確実に「無為」を行うようにさせた。普遍的な法律はすべての人々の言行に対して行動の基準と尺度を提示するため、人民はただ法律のもとで活動していればよかった。明主や明君は、何ら特別な事を行う必要はなかった。彼らは、最高の監護者として静かで清らかであり、無為であった。

そして三点目として、黄老学が、「因循」の概念を提示し、君主が従わなければならない人民の「自然」を具体的に「人情」とした点が挙げられる。黄老学においては、「人情」は、人が自己の利益を選択し追求する（利を追い害を避ける）自然な傾向であり、それはすなわち「自為」であった。君主の「無為」も、それに応じて、まさしく人民の「自為」の心に従うものであった。黄老学が中心となっている、高度で総合的な哲学の著書である『呂氏春秋』および『淮南子』においては、「因循」とは基本的な政治哲学の観念でもあった。例えば、『淮南子』「泰族訓」では次のように記されている。

聖人之治天下、非易民性也、拊循其所有而滌蕩之、故因則大、化則細矣。禹鑿龍門、辟伊闕、決江濬河、東注之海、因水之流也。後稷墾草発葘、糞土樹穀、使五種各得其宜、因地之勢也。湯、武革車三百乗、甲卒三千人、討暴乱、制夏、商、因民之欲也。故能因、則無敵於天下矣。夫物有以自然、而後人事有治也。

黄老学が強調するには、君主は法律を通して人々の自然に従うことができる。なぜならば、非人格性的な最高の意志である法律（主に奨励と懲罰を示すもの）は、利を求め害を避ける人情（もしくは人性）に符合するからである。法律の規範は支配者を無為にさせ、さらに人々を自然にさせることができた。黄老学の統治方法では、儒家が説く個人の道徳および賢人の知恵はいずれも重要ではなかった。アリストテレスが、法律は「知性」を用いる必要のないものと述べても不思議ではない。『荘子』「天道」篇にも、これと似たようなことが書かれている。

故古之王天下者、知雖落天地、不自慮也。辯雖彫万物、不自説也。能雖窮海内、不自為也。天不産而万物化、地不長而万物育、帝王無為而天下功。

もし黄老学も「反知性」というのであれば、それは統治者が客観的な「法律」を頼りにせず、個人の知識にすがろうとすることに反対であるということだが、個人の知識もまた非常に限られたものなのである。

以上の検討により、黄老学が老子の宇宙観および政治哲学を広く発展させるにあたり、やはり老子の道、聖人の「無為」および万物と人民の「自然」という、基本的な原理をめぐってその発展が繰り広げられてきたということがいえる。

注

(1) 唐李約『道徳真経新注』は、奇をてらっている感があり、原書の一章に出てくる「四大之法」という表現を完全に誤った意味で解釈し（「王〔人〕法地地、法天天、法道道、法自然」）、さらに「後世の学者は誤謬をそのまま引き継いでいる」と述べている。しかし、簡本と伝世本が一致しているため、李約の誤りは明らかである。高亨氏は李約の説を受け入れ、古い版本にも「王法地地」と書かれているとしている。しかし李の書写に対しては疑問も呈し、「李の読み方はよいが、この段の原文は『王法地、法天、法道、法自然』であるはずであり、地天道の字が重複しているのは、後世の人間が加えたものだ」と述べた（高亨『老子正詁』、中国書店、一九八八年、六一—六二頁を参照）。簡本に拠れば、高亨の読み方も誤りであることが分かる。

(2) しかし、通行本、帛書本で「道」を描写する時、「状」という語を使っているが、この「状」の字は伝世本では「物」と書かれている。これは老子の「道」を新たに理解する上で、一つの新しい可能性を示している。

(3) 一九九四年、河南省の鹿邑で開催された老子の会議で、筆者は主に王弼の解釈に依拠し、河上公の解釈と現在それが受け継がれていることに対して疑問を呈した。

(4) 蔣錫昌『老子校詁』（成都：成都古籍書店、一九八八年）、池田知久「中国思想史における『自然』の誕生」（『中国——社会と文化』第八号、一九九三年）、王博「老子『自然』観念的初歩研究」（『中国哲学史』一九九五年三・四期合刊）を参照。

(5) 馮友蘭「中国哲学史新編試稿」『三松堂全集』第七巻、河南人民出版社、二〇〇〇年、二五四頁。

(6) 張岱年『中国古典哲学概念範疇要論』（中国社会科学出版社、一九八九年、七九頁）を参照した。

(7) 任継愈『老子繹読』、北京図書館出版社、二〇〇六年、五六頁。

(8) 童書業『先秦七子思想研究』、斉魯書社、一九八二年、一一三頁。

(9) 陳鼓応『老子今注今訳』、商務印書館、二〇〇七年、一七三—一七四頁。

(10) 陳鼓応『老子今注今訳』、商務印書館、二〇〇七年、三五九頁。

(11) 許抗生『帛書老子注訳及研究』、浙江人民出版社、一九八五年、一一四頁。

(12) 劉笑敢『老子古今：五種対勘与析評引論』上巻（中国社会科学出版社、二〇〇六年、二八八—二九一頁）を参照した。

(13) これまでの『老子』注釈の主要な著作については、陳鼓応氏の『老子注訳及評介』（付録三）、中華書局、一九八四年版を参照した。丁魏氏等は長い年月をかけて、『老子典籍考』（未刊）をしたため、古代から現在に至る中国国内外の『老子』関連の版本と思想研究の著作を収集した。その中で中国人の研究は二〇〇〇あまりにのぼる。

(14) 今に伝わる厳遵の『老子指帰』には、この一段の解釈は見られない。唐強思斉『道徳真経玄徳纂疏』は「有物混成篇」注を引いて、「功徳同也」の一言を記すのみである。王徳有点校『老子指帰』（中華書局、一九九四年、一四一頁）を参照。

(15) 厳復「『老子』評語」、『厳復集』第四冊、中華書局、一九八三年、一〇八五頁。

(16) 王弼「老子道徳経注」（楼宇烈『王弼集校釈』上冊、中華書局、一九八〇年、六五頁）。王弼のいう「道不違自然」は、「道がすべて己の自然のままに任せる」、「道自身がこのような状態である」、という意味ではなく、「すべて万物の自然に任せる」、「万物自身がこのような状態である」、ということを指す。

(17) 盧育三の解釈は、得難い例外である。王弼の注「道法自然」を引用して、次のように解説する。「ここの『自然』は、自然界を指すのではなく、自身がこのような状態である、という意味である。道自身は、作為的なところがなく、万物の自然に順応し、万物のなるように、道もまたなる。まさにこのようであるために、道は万物を育成することができるのである。」（『老子釈義』、天津：天津古籍出版社、一九八七年、一二九頁）

(18) 蔣錫昌が解説していうには、「第三十二章の『民莫之令而自均』と『夫莫之令而常自然』の文意は近い。『莫之命』はすなわち『莫之令』であり、『自然』はつまり『自均』である。これに拠り、『命』を『爵』の字と見るのは、古い版本の書き方ではないということが分かる。意味の上からも通じない。」（『老子校詁』、『民国叢書』第五編五、上海書店、一九九六年、三一七頁）

(19) 蔣錫昌『老子校詁』、成都古籍書店、一九八八年、一五六頁。

(20) 同右、三六頁。

(21) 任継愈『老子繹読』（北京図書館出版社、二〇〇六年、一一二頁）と許抗生『帛書老子注訳与研究』（浙江人民出版社、一九八五年、二五頁）を参照。

(22) 蔣錫昌『老子校詁』（成都古籍書店、一九八八年、三一六頁）、陳鼓応『老子今注今訳』（商務印書館、二〇〇七年、二六二頁）を参照。

(23) 蔣錫昌『老子校詁』、成都古籍書店、一九八八年、三一六頁。

(24) この他、「自知」、「自愛」は広範な意味を持ち、よい意味合いがある。一方で、「自是」、「自貴」、「自見」、「自伐」、「自矜」等は貶義である。

(25) 通行本『老子』第五十七章の順序と文字はこれとやや異なるが、意味は同じである。「故聖人云、我無為、而民自化。我好静、而民自正。我無事、而民自富。我無欲、而民自樸。」

(26)『管子』「内業」篇には、次のような一段がある。「勿煩勿乱、和乃自成」。『荘子』「在宥」篇には、次のような一段が見られる。「無視無聴、抱神以静、形将自正。……慎守女身、物将自壮。」

(27)この他、『荘子』「田子方」篇に次のような一段がある。「老耼曰、不然。夫水之於汋也、無為而才自然矣。至人之於徳也、不修而物不能離焉。若天之自高、地之自厚、日月之自明、夫何修焉」。ここでは、「水」の活動のしかたが「自然である」ことをいう。

(28)『淮南子』でも「万物」の「自然」として使われている例は多い。例えば、「原道訓」には次のような一段がある。「各生所急、以備燥湿。各因所処、以御寒暑。並得其宜、物便其所。由此観之、万物固以自然、聖人又何事焉」。『淮南子』「泰族訓」には、次のような表現が見られる。「天致其高、地致其厚、月照其夜、日照其昼、陰陽化、列星朗、非其道而物自然。」

(29)道家の無為と自然の関係については、池田知久氏の『道家思想的新研究――以「荘子」為中心』(中州古籍出版社、二〇〇九年、五二七―五九八頁。『道家思想の新研究――「荘子」を中心として』汲古書院、二〇〇九年)を参照。

(30)通行本『老子』第四十一章にも「道隠無名」とあるが、帛書本には見られない。

(31)『論語』「衛霊公」で見られる用例は、舜や「治者」に対して使われている。これは孔子の政治思想が老子の政治思想の影響を受けていることを示す一つの証拠である。「子曰、無為而治者、其舜也与、夫何為哉、恭己正南面而已矣。」

(32)この一段は、簡本丙にも見られる。「為之者敗之、執之者失之。聖人無為、故無敗也。無執、故無失也。……是以聖人欲不欲、不貴難得之貨。学不学、復衆之所過。是以能輔万物自然、而弗敢為」。両者は文字上若干の違いが見られる。例えば丙で使われている字は、「無」、「学」である。この一段は丙本でも見られ、文字上の違いが確認できることは、『老子』初期の版本が広まっていく過程で生じた変化がどのようなものであったかという重要な情報を我々に提示している。

第二章

『太一生水』における宇宙生成モデルと天道観

人類の初期の思想において、宇宙創生に関するモデルには、おおかた次の三種類が見られる。一つは「神話式」で、[1]ある英雄的な人物が宇宙と天地万物を創造したという想像によるものである。もう一つは、「宗教式」で、最高至上の神が宇宙と世界を創生した、という形である。さらにもう一つは、「哲学式」で、宇宙と世界は根源的な実体が生み出したものである、という形である。

この三種類の異なる宇宙創生論と思考のスタイルは、程度の差こそあれ、それぞれ中国初期の思想と伝統の想像の世界に存在している。しかしそれらが誕生した時空の座標を確定することは困難である。周、秦の諸子の文献よりさらに早い時期の伝世文献（例えば『書』、『詩』、『国語』、『左伝』等）には、宇宙や世界創生の「具体的な過程」を説明したモデルは見られない。確認できるものは「天生民而立君」、「天生烝民、有物有則」や「天生五材」等の一対一の生む、生まれる、という生成関係だけである。

宇宙創生の意識に比べて、超越した「神意」や「天道」によって宇宙の万物や自然、社会秩序を解釈しようとする意識のほうがかなり強い。かつて我々が見てきた宇宙の起源や創生過程を解釈した最初のモデルは、よく知られている『老子』の「道生一、一生二、二生三、三生万物」という非常に簡明なモデルである。『太一生水』というこの新たに発掘された楚簡文献は、[2]新しい宇宙生成のモデルを示すものであった。それは三組の簡本『老子』と同じように地下に埋葬されていて、形制が丙組と全く同じであったため、その文章化と竹簡『老子』の成書には時期的にどちらが先でどちらが後かという問題が出てきたのである。もし竹簡『老子』が最も早い時期の老子の版本、もしくは形成過程にある最初の『老子』であるというのであれば、『太一生水』の年代は、竹簡『老子』と同時期であるか、それとも竹簡『老子』より早い時期であるか、この二つの可能性がある。この二つの可能性の中では、『太一生水』が竹簡『老子』の影響を受けたとは到底いうことができないし（『太一生水』も老子の作品であると考えるのであれば、なおさらこのような問題は出てこない）、逆に、竹簡『老子』が『太一生水』の影響を受けたという可能性はある。その上、竹簡本『老子』には「道生一、一生二、二生三、三生万物」という表現は見られない。竹簡本『老子』が『老子』のテキストであるとは考えられない。重複した章があるのが最も有力な根拠である。

そこで推測されるのが、竹簡『老子』はテキスト五〇〇〇字の『老子』の「部陪本」ではないか、ということである。[(3)]周、秦の諸子が広汎に『老子』を引用しているという事実から考えると、それはもっと早い時代に起源があるはずで、『太一生水』はその影響を受けて生まれたものとみなせる。しかしその宇宙創生のモデルは時期的には『老子』の宇宙観と最も近く、さらに明らかに自身の特色と構造を持っている。例えば、「道」の観念は『太一生水』においては明らかに『老子』ほど突出しておらず、『太一生水』には『老子』では非常に重要としている「徳」の概念、および重要とされている「気」の観念がまだ見られない。おそらく残欠のため、『太一生水』は不完全な状態である。しかしそれは既に宇宙の起源と創生を解釈した主題を提示しており、これは同時期の『恒先』と類似しているのである。『太一生水』をめぐっては、国内外の学術界で既に多くの検討がなされている。[(4)]本論では先行研究を踏まえて、さらに『太一生水』への認識と理解をより深く、より広いものにしていきたい。

一　宇宙の原初状態――「太一」と「一」

宇宙もしくは世界は創生されたものであるとみなすのであれば、それは宇宙もしくは世界がはじまりや起源を持つものであると認めたことになる。これは過去の宇宙における時間と空間は「無限」である（はじめも終わりもない、際限も果てもない）という観念とは相容れない。しかし現代の天文学と物理学の宇宙観とは相一致するのである。『尸子』、『墨経』そして『淮南子』「斉俗訓」の表現に拠ると、時間とは「宙」であり、古今（さらに未来も含むであろう）におけるあらゆる時間を包括する総称であるが、それらは時間が「無限」であるとは断言していない。これとは異なり、『荘子』「庚桑楚」と張衡の『霊憲』では、「時間」は無限である（「はじまりも終わりもない」）とみなしている。中国古代の宇宙観は一般的にいうと「生成論」であり、それは宇宙の「はじまり」を設定するだけでなく、宇宙生成の過程をも設定した。

宇宙が誕生して以降、宇宙は時間的には極めて遠く、空間的には非常に広大であった。中国古代の宇宙観では、宇宙には終わりがあるとは明確には述べておらず、ただはじまりがあるのである。それは宇宙の生命がたとえどれほど長くとも必ず終わりがあることを意味している。興味深いことに、中国の宇宙論者が通常注目するのは宇宙の生成と過程であり、宇宙の最後の帰結については考えない。彼らは宇宙の「末世論者」ではなく、ましてや終末論者ではない。人々が提起する宇宙の問題は、宇宙にははじまりがあるのか否か、いつから始まるのか、またどのように始まるのか、に集中するのである。

同様に、『太一生水』もまた宇宙と世界の終わりを追究していない。『太一生水』はただ宇宙の創生と起源について述べているだけで、これがつまりは「太一」であった。「太一」とは『太一生水』の宇宙創生モデルの起点であり、それは「太一神」であり、神霊的な「造物主」と似たものだったという見方もある。「太一」の観念が変化し発展していく中で、確かに「神」としての意義が生まれてきたのである。

まとめると、「太一」の観念には主に哲学における終極的な根源、宗教的な神、天文学上の星の名称等の意味が含まれている。[5] 問題はこの三種類の意味が同時に発生することは不可能であり、必ずおおよその前後関係が存在するはずだ、という点である。李学勤氏は比較的早くに、『荘子』「天下」篇に老子と関尹子の思想を概括した「建之以常無有、主之以太一」の一文と『太一生水』の関連性に着目し、『太一生水』はおそらく関尹子派が残した説であると推測した。[6]

『太一生水』の「太一」はさらに「星宮」や「天神」という意味において、「太一」の思想的な背景を持っている可能性が高い。「大」は「太」に通じる。「大」の字は、『説文』では「人の形のようである」と解釈され、甲骨文の「大」の字は、人が立っている姿に見えることから、原義は「成人」であり、そこから派生して「小」に相対する「大」を意味するようになり、程度が深く範囲が広いという意味を持つようになった。[7]「一」とはつまりは甲骨文の数字一、二、三、四の「一」である。初期の中国語の語彙形成の特徴に基づけば、「太一」は、「大」と「一」が出現した後、それを基礎として、「一」の前に修飾的な意味合いのある「大」字が付け加えられ形作られたものであって、先に「太一」が存在した後、分化して「大」と「一」になったとは考えられない。『説文』では「一」について次のような解説がなされている。

惟初太始、道立於一、造分天地、化成万物。

ここでいう「一」とは、既に高度に哲学化された後の「一」である。最小の整数としての数字の性質を持つ「一」がなぜ「終極的」な意味合いを持つ最大の「一」になったのであろうか。それについて推測できることは、それがすべての数のはじまりであり、さらには事物の数量のはじまりだからであろう。「号物之数謂之万」とは事物の数量が多いことを指し、「一物」とは「物量」が少ないことを指す。これが「一」と「多」の関係を形作ったのである。「万」の「多」は「少」の「一」が積み重ねられたものであるため、「一」の「少」がなければ「万」の「多」もない。そして数量的に最少の「一」は、逆に「多」である「万」の基礎と根源になるのである。『老子』第二十二章、第三十九章の王弼の注釈をそれぞれ見てみると、「一、少之極也」、「一、数之始而物之極也。」となっている。『棋経』「論局」篇に見られる次の一文も一つの解釈を示している。「夫万物之数、従一而起。……一者、生数之主、据其極而運四方也。」

普通の数字の「一」から哲学の「一」に向かっていくのは、自然な流れである。「一」は「多」に相対する数字の「はじめ」から「一様」、「一致」、「同様」等の「同一」という意味に派生した。『左伝』には尭が亡くなった後、「天下如一、同心戴舜、以為天子」と記されているが、この「如一」の「一」は、つまり「一致」、「同様」

を意味する。『国語』「斉語」にある「制地、分民如一」と『晋語』にある「民生於三、事之如一」の「一」はともにこの意味で使われている。

『周易』「繋辞伝」には孔子の話として、「天下何思何慮。天下同帰而殊途、一致而百慮。」と記されている。「同帰」と「一致」は「殊途」と「百慮」の「多」に相対する。「同」と「一」には「共同」、「同様」の意味がある。孔子は非常に博識であったが、孔子が弟子に学問の道を伝授する時、自分の学問の道は「一」を用いることによって貫かれている（一以貫之）と再三強調した。これは、孔子の博学は統一されたもので貫かれていることを意味する。孔子の「以一貫之」の「一」について、曾子は「忠恕」と解している。もしその通りであれば、孔子の学問は「忠恕」によって貫かれていることになる。張岱年氏は、孔子の「一以貫之」は「多学而識」と比較していっていているものであり、一つの総合的な原則で「多学而識」の内容を貫いていることを指す、と指摘している。[8] 孔子の「一」が具体的に何を指すにせよ、それが「多数、多いこと」を「貫通」するものとして使われている以上、それには抽象的で、一般的な「根本性」と「統一性」の意識が含まれているのである。

「一」が明らかに一つの哲学の観念になったのは、老子からである。張岱年氏は、老子が「一」に宇宙論と「統一性」すなわち「自我同一」の意味を賦与したと主張している。[9] 老子の「一」の宇宙論的な意義は、伝世本の『老子』第四十二章の「道生一、一生二」の「一」、第十四章の「混而為一」と第三十九章の「天得一以清」から確認することができる。しかしこの三箇所に見られる「一」と「道」の関係はそれぞれ異なる。「道生一」の表現に従えば、「一」は「道」に隷属し、「道」よりも一段階低いレベルに位置する。[10] しかし「混而為一」の「一」、「天得一」の「一」は、おそらく「道」を指し、「道」の「別名」であろう。『老子』第十四章には次のように記されている。

視之不見、名曰夷。聴之不聞、名曰希。摶之不得、名曰微。此三者不可致詰、故混而為一。其上不皦、其下不昧。縄縄兮不可名、復帰於無物。是謂無状之状、無物之象、是謂惚恍。迎之不見其首、随之不見其後。執古之道、以御今之有。能知古始、是謂道紀。

傅奕本と帛書本『老子』は、「混而為一」の後ろに「一者」という二文字が見られ、次の文においてまた「一」について解釈し、さらに「道」も出てくる。このため、ここに見られる「一」が「道」として使われていることは確かであろう。張岱年氏の考えでは、『老子』第十章にある「載営魄抱一」や第二十二章の「是以聖人抱一為天下式」の「抱一」の「一」、第三十九章の「昔之得一者、天得一以清、地得一以寧、神得一以霊、谷得一以盈、万物得一以生、侯王得一以為天下貞。」の「一」は、いずれも事物自身が、それぞれ「統一的」な性質、つまりは「自我同一」を保持することを指すととらえ、これが老子の「一」に見られるもう一つの意義と考えた(11)しかし老子の「抱一」の「一」が「道」とも解釈でき、一般的にはこのように解釈されてきた。「抱一」と「得一」は、すなわち「抱道」と「抱道」である。

このように、「得一」と「抱一」の「一」は、「事物自身」が「統一性」や「自我同一」を保つということだけに限定できない点から考えると、それが指すのは事物の「根源」や普遍的な「統一性」ということになる。つまり、事物はすべて「一」から自己の本性を獲得し、さらに「一」と「統一」を保っている、あるいは「一」に

「統一」される、ということである。

『太一生水』の「太一」は、『老子』の「一」の影響のもと生まれたものにちがいない。[12] 老子がまず最初に「一」に賦与した根源的、統一的な宇宙観と世界観の意義がなければ、『太一生水』の「太一」の「一」も存在するのが難しい。「太一」は合成語であるが、「太」と「一」は並列関係ではなく、「太」は「一」の根源でもない。それは「一」を修飾し、形容するものである。「太一」は「最高の一」、もしくは「至高の一」という意味である。老子の後、「一」自体もさらに「哲学的」になり、さらに「太一」と根本的な差異はなくなった。したがって、「名は異なる」がその「意味」の多くは一致しているといえる。[13]

我々がよくいうギリシアの哲学者プロティノスの「太一」は、実際は通常よく使われている「one」（ギリシア語ではhen）である（哲学における「太一」と「一」の関係については後述する）。研究者によって既に指摘されているが、「太一」というものは、宇宙生成における老子の「道」の位置付けに相当するものであり、「太一」の「太」も老子の「大」と関係がある。「太」の字は古くは「大」に通じ、『駢雅訓纂五』の「釈名称」による大の説明では、「古代の人たちは太の字に点を付けなかったことが多い。例えば、大極、大初、大素、大室、大廟、大学の類である。後世の人たちは点を加えて、大小の大の字と区別し、やがては二つの字に分かれていったのである。」とある。

「太」はまた「泰」にも通じ、『正字通』の解釈では、「『説文』では泰の字は、古文では「夳」と記され、篆文では「〓」と記されている。そして簡略して「太」と記され、それは「大」と同じである」とされている。ただし范曄は『後漢書』を著した時、家諱を避けるために太の字に改めた。『集韻』では「太」、「大」、「泰」の字を使っており、これらの音義は相通じ、大小の大の意味と特に違いはない。「太」、「大」と「泰」は古代の音義では相通じており、『荘子』に見られる「泰初有無」の「泰」はつまり「太」のことである。

しかし意味の成り立ちを考えると、「太」は「大」から生まれたものである。老子はこの世には「四大」があるといい、「道大、天大、地大、人亦大」と述べ、「大」でもって「道」や「天」、「地」、「人」等の範囲や程度が深遠で幅広いことを述べた。そしてさらに老子は「大」をより多く使うことによって、超越的な「超凡性」をい い表している。例えば、「大道」、「大象」、「大器」、「大智」等である。特に老子は「大」によって「道」についていい表し、「吾不知其名、字之曰道、強為之名曰大。」と述べている（『老子』第二十五章）。老子においては、肯定的な意味での事物の超越性であろうが、否定的な意味での事物の程度が甚だしいということであろうが、いずれも「大」によって説明がなされている。「大」は事物が最高の限度まで達していることであり、これはまさに「大」の字が作られた原義に合致するのである。

「大」が「太」に通じ、いわゆる「太」が程度と範囲のレベルが非常に高いことを指しているのであるが、この字形と意味はいずれも「大」の字に起源を持つ。老子は「大」の字に対して強い思い入れがあり、広汎に「大」の字を用いて、肯定・否定両方の意味において範囲と程度が最大で最高のレベルであることを説明している。これがおそらく『太一生水』にも影響を与え、「大」と「一」の結合を促した。このような結合は『荘子』「徐無鬼」篇で非常に明確に記されている。

知大一、知大陰、知大目、知大均、知大方、知大信、知大定、至矣。大一通之、大陰解之、大目視之、大均縁之、大方体之、大信稽之、大定持之。

ここの「大一」の「大」の字は、「大」の発音どおりに読み、後にある「大」の字からなる一連の語の発音も同様に「大」の発音となるが、「大」と「太」の意味は同じである。『荘子』「天下」篇の「至大無外、謂之大一」の一文が、それを表している一例である。成玄英の注釈では、「嚢括無外、謂之大也。」と記されている。『荘子』「天下」篇の「太一」の解釈として、成玄英は疏の中で「太者広大之名、一以不二為称。言大道曠蕩、無不制囲、括嚢万有、通而為一、故謂之太一也。」と指摘している。

孫希旦は『礼記』「礼運」篇の「太一」の「大」の字を解釈して次のように述べている。

大者、極至之名、一者不貳之義。大一者、上天之載、純一不貳、而為理之至極也。[14]

顧炎武は「太一之名、不知始於何時」と述べている。[15] 顧炎武がいう「太一」とは主に「神名」と「星名」を指しているため、これらがいつから「太一」と呼ばれるようになったかは分からない、ということであろう。顧頡剛氏は、戦国時代より前には「太一」という名称は見られないので、哲学的な意味合いを持つ「太一」と、天の神という意味合いを持つ「太一」は、どちらのほうが早く形成されたものであるかは、「確定するのが難しい」と指摘する。[16] 銭宝琮氏の説に拠ると、「太一」はもともと哲学の概念であり、星の名の北極星という意味で「太一」を崇拝するようになったのは、漢代になってからであった。[17] 我々も、哲学の意味での「太一」がまずは先に現れ、その他の意味としての「太一」は借用か転用であると考えたい。

さらに具体的にいうと、もし『太一生水』の「太一」が老子の「一」と「大」が変化してできたものであるならば、「太一」という術語は、『太一生水』に起源を持つことになる。『礼記』、『荘子』、『楚辞』、『文子』、『鶡冠子』、『呂氏春秋』等の文献の中では、すべて「太一」が使われている。しかし、『礼記』、『荘子』、『文子』と『呂氏春秋』の「太一」は哲学的なものであり、『楚辞』と『鶡冠子』の「太一」は「太一神」を指す。『荘子』「天下」篇では、老子と関尹子が「主之以太一」と述べていることが言及されている。関尹子は老子の弟子でもあったため、老子と関尹子がいう「太一」は、『礼記』や『荘子』よりも早い時期のものであるといえる。それはおそらく『太一生水』で保たれ体現されたのであろう。

『太一生水』で確認できるのは、「太一」が宇宙創生の起点と根源である、ということである。しかし『太一生水』には「太一」について述べられていない。老子とそのほかの宇宙創生モデルにはいずれも、それぞれが想定している宇宙の起源と原初の状態についての説明がなされている。例えば老子は「惟恍惟惚、其中有象、其精甚真」と述べている。『淮南子』「詮言訓」では「太一」について次のように記されている。

洞同天地、渾沌為樸、未造而成物、謂之太一。

これによると、「太一」の状態というのは天地の別がなく、混沌としており、質朴でまだ物を創り出していなかったという。『淮南子』の「太一」もまた「一」であり、「一」は「多」と相対し、「多」は「一」から生まれた。しかし「活動内容が異なる」ため、「多」はそれぞれ異なる事物と現象になった。

同出於一、所為各異、有鳥、有魚、有獣、謂之分物。方以類別、物以群分、性命不同、皆形於有。隔而不通、分而為万物、莫能及宗、故動而謂之生、死而謂之窮。皆為物矣、非不物而物物者也、物物者亡乎万物之中。稽古太初、人生於無、形於有、有形而制於物。能反其所生、故未有形、謂之真人。真人者、未始分於太一者也。

この一段に見られる「一」、「太初」と「太一」は、それぞれ同じ意味である。儒家にとって、「礼」は人間社会が創り出した一種の礼儀や儀式のみを指すのではない。それは超越的な根源を有するものであり、一般的には「天」から生まれるものと考えられている。『礼記』「礼運」では「礼」がその根本が「天」にあると考えられているだけでなく、「礼」は「天」よりもさらに根源的な、究極的な性質を持つ「太一」にその根源があると考えられている。

是故夫礼必本於大一、分而為天地、転而為陰陽、変而為四時、列而為鬼神、其降曰命、其官於天也。夫礼必本於天、動而之地、列而之事、変而従時、協於分芸。

「太一」は分化して「天地」となり、「太一」は転化して「陰陽」となり、形を変えて「四時」へと変わり、

「鬼神」や「命」になる、という点から見ると、「太一」は確かに終極的な根源であった。しかしながら「礼運」には「太一」がどのような状態であり形状であるかという説明がない。孔穎達の『礼記正義』には「太一とは、天地がまだ分かれていない、混沌とした元気を指す」と記されている。道家の形而上学における変化発展の中で、宇宙の原初状態と根源が「混沌之気」となるという重要な立場から、「太一」は「混沌之元気」であるというのは、漢民族の「元気論」の特色が感じられる。

「礼運」における「太一」が「混沌之元気」であるかどうかというのは、ここでは論じないとして、問題は『太一生水』の「太一」が気と関係あるか否かということにある。一般的に老子の「道生一」は一種の「気」であると考えられており、老子も「万物負陰而抱陽、冲気以為和」と述べている。これは老子の宇宙観のモデルには「気」の位置付けが示されていることを意味する。『恒先』における宇宙創生のモデルにおいては、「気」も一つの重要な部分である。『荘子』の宇宙観ではさらに「気化論」と表現されている。『太一生水』はこれらと異なり、「気」に言及していない。道家、ひいては中国全体の形而上学から見ると、これは「主流ではないもの」である。その代わりといえるかもしれないが、『太一生水』は「水」を選び出し、「水」でもって宇宙創生過程の重要な部分とするという新機軸を打ち出した（「水」の問題については後で詳述する）。「礼運」の考え方と全く同様に、『呂氏春秋』「大楽」では音楽の起源に遡っていて、そこでは「太一」まで遡り、「（音）楽之所由来者遠矣、生於度量、本於太一。」と記されている。ここでの「太一」は同様に宇宙の究極的な根源を意味しており、それが宇宙、天地、そして万物を創生したのである。

太一出両儀、両儀出陰陽。陰陽変化、一上一下、合而成章。渾渾沌沌、離則復合、合則復離、是謂天常。天地車輪、終則復始、極則復反、莫不威当。日月星辰、或疾或徐、日月不同、以尽其行。四時代興、或暑或寒、或短或長、或柔或剛。万物所出、造於太一、化於陰陽。萌芽始震、凝寒以形。形体有処、莫不有声。声出於和、和出於適。

『呂氏春秋』のこの「太一」の創生モデルは、「繋辞伝」に見られる「太極是生両儀、両儀生四象」のモデルを作り変え、修正した形であるといえるであろう。このモデルの中には「気」というものが位置付けられておらず、さらに「太一」の本性が「気」であるということはできない。これは『太一生水』と共通する点である。しかしながら『呂氏春秋』は「道」を「太一」とみなしていた。この考え方もやはり、「太楽」篇を拠りどころとするものだ。

道也者、視之不見、聴之不聞、不可為状。有知不見之見、不聞之聞、無状之状者、則幾於知之矣。道也者、至精也、不可為形、不可為名、強為之〔名〕、謂之太一。

『文子』、そして『文子』と継承関係にある『淮南子』においても、[18]「道」と「太一」を相互に区別する関係があると想定した。『文子』「下徳」は次のように記している。

帝者体太一、王者法陰陽、覇者則四時、君者用六律。体太一者、明於天地之情、通於道徳之論、聡明照於日月、精神通於万物、動静調於陰陽、喜怒和於四時、覆露皆道、溥洽而無私、蜎飛蠕動、莫不依徳而生、徳流方外、名声伝於後世。

以下の文に拠ると、「体太一」の「太一」はすなわち『文子』のいう「道」である。『淮南子』「本経訓」は『文子』のこの一節を踏襲し、さらに言葉を補っているが、その「太一」は『文子』と似ていて、互いに対応し合っているのが「道」である。

晩世学者、不知道之所一体、徳之所総要、取成之跡、相与危座而説之、鼓歌而舞之、故博学多聞、而不免於惑。『詩』云、不敢暴虎、不敢馮河。人知其一、不知其他。此之謂也。帝者体太一、王者法陰陽、覇者則四時、君者用六律。秉太一者、牢籠天地、弾圧山川、含吐陰陽、伸曳四時、紀綱八極、経緯六合、覆露照導、普汜無私。蠉飛蠕動、莫不仰徳而生。

この点は、『淮南子』「要略」篇が「原動」の思想的な核心部分について概括しているところから、より明確に見て取れる。

『原道』者、盧牟六合、混沌万物、象太一之容、測窈冥之深、以翔虚無之軫、託小以苞大、守約以治広、使人知先後之禍富、動静之利害。誠通其志、浩然可以大観矣。

これに拠り、『太一生水』の「太一」が老子の「道」もしくは道家の一般的な意義においての「道」と似ているということが指摘できるかもしれない。しかし、『太一生水』においては、「太一」が「道」に相当するといえる、直接の文字的根拠はない。「道」という字は、『老子』の中で使われているように、目立ったもの、重要なものではない。

これは大きな議論を呼ぶ問題であり、裘錫圭氏と李零氏の意見は、二つの異なる考えを代表するものであった。『太一生水』が「道」に言及している箇所は全部で三つある。一つは、「天道貴弱」の「道」であり、二つ目は、「道亦其字也」の「道」で、三つ目は、「以道従事者、必託其名」の「道」である。この三箇所に見られる「道」をそれぞれ個別に見ると、老子の「道」に似ているともいえるし、さらに「太一」に相当する意味として理解することも可能である。しかし『太一生水』における言語環境において、この三箇所に見られる「道」が老子の「道」と似ているものなのか、そしてまた「太一」に相当する意味から考えることが可能であるか否か、についてては詳細に考察していく必要がある。李零氏が整理した『太一生水』に拠ると、この三箇所の「道」は「天」と「地」が討論されている時に提起されている。『太一生水』は次のように記す。

下、土也、而謂之地。上、気也、而謂之天。道亦其字也、請問其名。以道従事者、必託其名、故事成而身長。

ここで重要な点は、「道亦其字也、請問其名」の一句にある二つの「其」の字をどのように理解するか、「其」は何を指しているか、ということにある。裘氏は「其」は「道」を指し、「道」と「太一」の関係について述べたものだと考えている。李零氏は、二つの「其」はいずれも「天地」を指していて、「道」と「天地」の関係を述べたものだと考える。裘氏と李氏の両者の考えの主たる相違点は、「普遍的な道」がどうして「天地」に限られているのかにある。『老子』では、「字之曰道」の「之」の字は確かに天地万物の「終極的な根源」（「天地母」）を指す。『老子』では次のように記されている。

有物混成、先天地生。寂兮寥兮、独立而不改、周行而不殆、可以為天地母。吾不知其名、字之曰道。

『太一生水』の「道亦其字也」の「其」の字はこのような直接的な対応関係がないため、前後の文に拠ってそれが「天地」を指すといえなくもない。しかし形而上学における「道」の字は、例えばまさに「天道」がただ「天之道」というように理解してはならないように、「天地」の字に限られるものではなく、李零氏は「道」の字の広義的な性質を認識し、さらに「亦」の字の難解さについても認識している。竹簡の原釈文「請問其名」について、李零氏はその次の文に回答が示されていないのは、非常に疑問だとしている。夏徳安教授はかつて李零氏に「青昏其名」の「青昏」は「天地」の名を指すと指摘し、李零氏はその考えを受け入れて、やはり「青昏」と読んだ[19]。「青」は「清」と読むことができ、すなわち老子の「天得一以清」の「清」である。「昏」は「昏暗」や曖昧という意味があり、「清昏」は「天地」の状態と性質を述べたものである。

分からないのは、『老子』における「道」は既に十分に抽象的で、非常に普遍的で絶対的な概念であり、本来ならば『太一生水』は「太一」に相当するレベルにおいて「道」をいうべきであるのに、そうではなく、むしろ「道」は「天地」の字を表わしたものといったのはなぜか、ということだ。これでは「道」のレベルを下げることになる。

ここで示すことのできる解釈は、『太一生水』の主題は宇宙創生の過程についてであり、その概念は「太一」であり、その宇宙創生のモデルは老子よりも具体的で、多くの段階を持つということである。「天地」は宇宙創生のモデルの中では大抵は最も重要な段階に属し、それは万物や人と最も密接な関係を持っていた。それは『太一生水』でも見られ、『太一生水』は主に「天地」について論じており、「道」を特に天地と関連付け、「天地」が宇宙創生の過程と活動においていかに重要であるかを強調しているのである。しかし「道」の字はただ「天地」の字に限定されるべきではなく、それは宇宙と万物のすべてを表しているのである。実際、『太一生水』は我々に、これに関する重要な情報を提示しており、それは「道其字也」と述べているのではなく、「道亦其字也」と述べている。この「亦」が示しているのは、「道」は「天地」の字でもあり、言外の意味として、「道」は「天地」の字であるだけでなく、その他の事物の「字」でもあり、つまりあらゆる事物の「字」である、ということがいえる。『荘子』「知北遊」篇には次のような表現が見られる。

東郭子問於荘子曰、所謂道、悪乎在。荘子曰、無所不在。

万物にはそれぞれ「道」があり、「道」はあらゆるところに存在し、「道」はいかなる事物の「字」にもなることができ、これはもちろん「天地」に限られるものではない。

「太一」という術語が現れてから、「太一」と「一」はともに形而上学の概念として存在し使われた。そしてさらに「太一」と「一」はともに転化し互いにつながり合う関係であることが明らかになった。しかし、「一」は「太一」よりもさらに普遍的に使われており、『荘子』、『管子』、『孟子』、『黄帝四経』、『荀子』、『呂氏春秋』、『淮南子』等では、いずれも多くの「一」の用例が見られ、「一」は「太一」よりも広義な意味を持つ。「太一」は宇宙が生成するその根源の意味により重点がおかれ、原初の状態である混沌とした「統一体」を指す。「一」はそれと似たような意味があるのと同時に、往々にして万物の「統一性」の原理として使われた。それは自然の秩序と万物の統一性であり、例えば『荘子』のいう「故万物一也」は、世の政治や生活における統治秩序の「統一性」をよく意味している。孟子は梁襄王に天下は「定於一」になるであろうことを述べている。

孟子見梁襄王。出、語人曰、望之不似人君、就之而不見所畏焉。卒然問曰、天下悪乎定。吾対曰、定於一。孰能一之。対曰、不嗜殺人者能一之。(『孟子』「梁恵王上」)

『孟子』「離婁上」では次のように記されている。

地之相去也、千有余里、世之相後也、千有余歳、得志行乎中国、若合符節。先聖後聖、其揆一也。

『荘子』「天下」篇では次のような表現が見られる。

聖有所生、王有所成、皆原於一。

『孟子』「梁恵王」では「一」を統治における最高の原理とし、道家の一つの通念となっている。これに関する例は多く、例えば『管子』「内業」では、次のような表現が見られる。

一物能化謂之神、一事能変謂之智。化不易気、変不易智、惟執一之君子能為此乎。執一不失、能君万物。君子使物、不為物使、得一之理。

『文子』「下徳」では「故聖王執一、以理物之情性。夫一者、至貴無適於天下。聖王託於無適、故為天下命。」と記されている。『荘子』「天地」篇では「天地雖大、其化均也。万物雖多、其治一也。記曰、通於一而万事畢、無心得而鬼神服。」と記されている。これは「太一」と「一」が大きく異なる点である。「太一」の用例の中には、このような側面における意味というのは見られないか、もしくは少なくともはっきりと出てこない。

しかし、いくつかの点において、「太一」と「一」は共通点がある。まず一つ目の共通点として、宇宙の起源と創生過程の原点、および根源の意味を持つことが挙げられる。『荘子』「天地」篇の「泰初有無、無有無名。一之所起、有一而未形。」の一文にその共通点が見られる。第二の共通点として、「太一」と「一」がいずれも

「道」とみなされていた形跡があり、特に「一」にはその傾向が強い。例えば、「道無形無声、故聖人強為之形、以一字為名、天地之道。」(『文子』「精誠」)の一文からそれが分かる。さらに第三の共通点として、「太一」と「一」には、いずれも体認される、境界、という意味がある。『荘子』「庚桑楚」篇には「衛生之経、能抱一乎。」という表現があり、『呂氏春秋』「勿躬」には「是故聖王之徳、融乎若月之始出、極燭六合而無所窮屈。昭乎若日之光、変化万物而無所不行。神合乎太一、生無所屈、而意不可障。精通乎鬼神、深微玄妙、而莫見其形。」という一文が見られる。そして『荘子』「在宥」篇では「我守其一以処其和。」と述べられている。

二　「主輔」の生成メカニズム――「水」から「天」と「地」に至るまで

通常いわれる「五行」が金木水火土等の五種類の元素と働きによって構成されている中で、「水」はその中の一つでしかない。その「水」の特性は、「潤下」と認識されている。「水」に関する文化的、哲学的な記号としての意義については、艾蘭氏が研究している。[20]『太一生水』が現れたことにより、「水」の哲学における変化が改めて注目されるようになった。老子による「水」の徳性と能力についての説明は、老子哲学全体における「貴柔」と「尚弱」の性格と結び付いている。

老子の考えでは、「水」は最も「道」の本質に近いもので(「幾於道」)、表面的には静かな水がひとたび集まって威力を発揮すると、その威力で攻略できないものはなかった。水は常に低い地位にあり、万物に対して常に有利に働き、何も奪い取らない。すべての生命の現象と存在は水から離れられないことは、我々も知っている。「水」は生命の源であり、すべての生命を育てはぐくむのである。しかし、老子の考えでは、「水」はただ生命にとってのみ有益なだけでなく、万物すべてに対して有益なものであった。老子はそれとなく暗示しているのではなく、はっきりと「水」は滋養力があり、何をも占有しない高尚性があると伝えている。ただ、老子の宇宙創生の過程において、一般的に「気」が中心的な位置にあり、「水」はギリシアのタレスがいうように万物のはじまりでもなく、いかなる段階にも身を置かず、それ自身が創生されてできた卓越した万物の一つであった。

これとは異なり、『太一生水』における宇宙創生のモデルにおいては、「水」は終極的な「太一」と「天」の間に位置する、一つの「補助的な」創生能力を有する存在だと認識されていた。これにより、「五行」の中の「水」が独立し、その「水」には「独立した」創生能力が与えられ、同時に、老子思想の「水」は宇宙創生過程のレベルにまで引き上げられた。研究者の多くが、『太一生水』の「水」の転用はおそらく老子の「水論」に関するものから啓示を受けたものと考えていて、この可能性は排除できない。老子の「水論」によって、「水」についてさらに高い次元で想像することができるようになったし、ましてや「水」は私たちの生活において「気」のように重要である。

タレスはなぜ水を万物の基質とするのか。それを解釈する上で、これまでアリストテレスの言葉が重要視されてきた。ヘーゲルが引用していうには「アリストテレスはかつて一つの推論を提起した。『タレスがこのような思想を創出したのは、おそらく一切のものが湿潤であり、湿度そのものもこのような湿潤のものから生成されており、生物はみな湿潤でもってその命を維持している、ということに着目したからではないだろうか。しかしすべての事物のために生み出されたものは、すなわちすべての事物の原則である。このため、同時にすべての種子はすべて湿潤であるという本性を持っており、水もまた一切の湿潤の根源である。したがってタレスはこのような思想を獲得するにいたったのである。』と」[21]。タレスの認識では、「水」は基質および最初の根源であり、それは「一」と生み出された万物の「多」として、「一」と「多」の関係を作り上げた。『太一生水』の「水」は最後の基質ではなく、それは「天」の根源であり、それはまた「天」とともに作用を発揮する「地」の根源でもあった。

初期の中国哲学において、「水」に生成の意義を与えたのは、『管子』の「水地」篇である。「水地」篇は「水」と「地」がいずれも万物の根源であると提起し、いわゆる二元論の特色を持っていた。そこには「水者万物之本原也、諸生之宗室也。」と記されている。さらに、「地者、万物之本原也、諸生之根菀也」とも記されている。「水地」篇がいう根源とは最高の根源ではなく、そこで述べられているように「水」は「金石から生まれる」のであった。

集於天地、而蔵於万物、産於金石、集於諸生、故曰水神。

ここで、「水地」篇は「天」に言及し、「水」は天地に集まっているという。また「水地」篇では「水」は「地之血気」であるとも記されている。ここから、「水地」篇では、「水」は天地の間に存在しているのであり、天地を超えたさらに高いところに存在しているのではないことが分かる。

天地の間では、「水」は「万物」に対して根本的な意味を持っている。人間は水の産物であるばかりではなく、万物はみな水に頼って生まれるのである（「万物莫不以生」）。しかしここで、「水地」では宇宙や天地の根源についてさらに問いかけたり答えたりしておらず、一つの宇宙論のモデルとはみなせない。「水地」篇では主に「水性」と「水徳」について論じており、ここには『老子』の影響が見てとれる。例えば『老子』がいうには、水は「処衆人之所悪、故幾於道」であるが、「水地」篇も次のように述べている。

人皆赴高、己独赴下、卑也。卑也者、道之室、王者之器也、而水以為都居。

さらに『老子』は、「水善利万物」というが、「水地」篇でも「万物莫不以生」と述べられている。黄剣氏は「水地」篇の「斉晋之水」の「斉」は「参」とすべきではないかと疑問を呈している。「参家分晋」（晋が三つの国に分かれた――訳者注）は紀元前三七六年からであるため、「水地」篇の成立が、それより遅いということはない。許抗生氏は『史記』「晋世家」に基づき、晋幽公の時（紀元前四三七～四二〇）に「参晋」という言葉が存在したとしている。「水地」篇は「越之水」に言及し、当時の越の国はまだ滅んでいないと説明している。越の国が滅んだのは紀元前三五五年である。このため、「水地」篇が創作された時期の上限はさらに早く、『太一生水』は戦国時代中期より後にできたものであろう。[22]

しかしながら、『太一生水』のこの時期の設定は、埋葬された時を指していて、それが実際に創作された時期ということはできない。このため、「水地」は『太一生水』よりも早く成立したといい切るのは難しいだろう。そこで両者とも、『老子』の「水論」の影響を受け、「水地」は「水」を天地における「万物」が依拠するものとみなし、『太一生水』は「水」のレベルを引き上げて、「天地」と天地が生み出すのに必要な基本的な条件とみなしている、ということができるだろう。

『太一生水』における宇宙生成のモデルでは、まず「太一」は「水」を創り出す。そして引き続き、本来的にいえば、「水」がまた「ある種の存在」を作り出し、それは『老子』がいう「一生二」あるいはその他のモデルのように、前後の因果関係は、生成と被生成という直接的な関係のはずだが、『太一生水』では実際にはそのように記されていない。そこでは、「水」は補助的な働きをしており、独立した創生能力はない。『太一生水』には「水反輔太一、是以成天。天反輔太一、是以成地。」と記されている。「水」は直接「天」を創生するのではなく、逆に「太一」を補助して「天」を完成させるのである。龐樸氏は『太一生水』における「反輔」の概念を非常に重視し、次のように述べている。

反輔の説というのは、この宇宙論の最も大きな特色である。……現在我々が幸運にも目にすることのできるこの『太一生水』は、宇宙の根源が世界を創生した時に、これにより生まれた物の反輔を受けていると断言し、その作用と同時に反作用があることを認めている。これは、理論的には、疑いもなく一つの徹底した運動観であり、宇宙を有機体とみなしている非常に貴重な思想である。(23)

龐樸氏の説に拠れば、「反輔」の概念は宇宙創生過程における作用と反作用、ならびに宇宙有機体という重要な思想を含んでいた。「反輔」の概念は周秦の諸子学やその他の典籍には見当たらない。それはおそらく『太一生水』独自の一つの術語であろう。「反」は「返」に通じ、それは『老子』が強調する、運動に関わる重要な術語であり、それは主に、事物が自身に返ってくるという運動を意味し、これは「道」の根本的な法則で（「反者道之動」）、この意味においての「反」は『老子』のもう一つの術語である「復」と似ており、「反」は事物の「復帰」に重きを置き、それは近代に生まれた線形時間の観念とそこから生まれた進歩観とは異なる。「輔」はもともと車輪の負荷能力を強化するために車輪の外に備えた二本の真っすぐな木のことを意味し、それから派生して「補助」や「助け合う」という意味になったのである。

「太一」は最大の創生者であり、それは直接「水」を生み出すが、「水」には直接創生する能力を与えず、また「水」に対して自己から離れて自己を異化することもしなかった。「水」は再度「太一」のところへ戻ってきて、「太一」を助けて「天」を創出するのであった。

「天」から始まり、宇宙が創生し変化する過程は「成」である。「成」が意味するのは、宇宙が進化する中で異なる力が互いに作用を起こして「促成」し「生成する」という特徴のことである。「太一」と「水」の関係は確かに複雑なもので、「水」は「太一」を助けて「天」が現れるのを促した後、「水」は宇宙の変化の過程から退く。「天」は逆に「水」による地の生成を助けるのではなく、「水」を超えて「太一」を助け「地」の生成を促す。これに拠れば、「天」と「地」は根本的にいうといずれも「太一」から創り出されたものである。『太一生水』には「天地者、太一之所生也。」と記されている。ここでは、「水」の作用は見当たらない。しかし『太一生水』にはまた「是故太一蔵於水、行於時」とも記されている。これは「太一」が「水」から離れていないということでもあり、「水」は「太一」が身を隠している場所であることを示している。「水」を生成する「太一」はなぜまた「水」に身を隠すのか、これは難しい問題である。

中国の宇宙創生のモデルと自然哲学において、「天」と「地」の二つが、最も強い「仲介」力と作用力を有する。「天」は宗教における信仰の記号として、広義の自然として「大地」を包み込むが、しかし宇宙が創生する過程において、自然の運行のメカニズムの中で、両者は一般的には時をともにしており、さらに共同で作用を生み出していた。例えば、

天地相合、以降甘露。（『老子』第三十二章）

天地雖大、其化均也。（『荘子』「天地」）

則天地固有常矣、日月固有明矣、星辰固有列矣、禽獣固有群矣、樹木固有立矣。（『荘子』「天道」）

天地者、万物之父母也。合則成体、散則成始。形精不虧、是謂能移。（『荘子』「達生」）

天地者、生之始也。（『荀子』「王制」）

天地以合、日月以明、四時以序、星辰以行、江河以流、万物以昌。（『荀子』「礼論」）

天地合而万物生、陰陽接而変化起。（『荀子』「礼論」）

しかし『太一生水』の宇宙創生のモデルに従えば、「天」と「地」は前後に生成されたものである。まず先に

「天」が生成され、その後に「地」ができた。つまり先に「水」が「太一」に対して作用を起こして「天」が生まれ、「天」が再度「太一」に対して作用を起こして「地」が生み出されたのである。これと類似点が見られるのが、『淮南子』「天文訓」に記されている「天先成而地後定」の一句であり、その理由として「気有涯垠、清陽者薄靡而為天、重濁者凝滞而為地。清妙之合専易、重濁之凝竭難。」と記されている。つまり「水」から「天」に至り、そして再び「地」に至って「太一」は「天地」を創生する過程を完成させたのである。

「天地」を創生した後、『太一生水』は相対して同時に存在するという形で「天地」を説明し、「天と地の名前は並立する」と述べている。これは当然、「天」と「地」が生まれた後の現象でしかない。『太一生水』における「天地」の地位は突出しており、『太一生水』はもっぱら「天地」の自然形態について具体的な説明を行っているのである。

ここで注意すべきいくつかの点を挙げると、まず一つ目は、『太一生水』では、「天」と「地」は異なる空間に位置すると考えられていた。つまり、「天」は「上」にあり、「地」は「下」にあると。これは中国の「時空観」における「天地」に対しての一般的な認識である。

二つ目は、『太一生水』では、「天地」の材料が異なると考えられていた。「地」の質料は「土」で、「天」の質料は「気」であった。「気」は軽く、「土」は重い。これは人々の「天」と「地」という二つの自然現象に対する直観に符合しており、そしてまた天が上に存在し、地が下に存在する原因でもあった。『列子』「天瑞」には「天、積気耳、亡処亡気。地、積塊耳、亡処亡塊。」と記されている。ここでいう「塊」は「土塊」からくるものと理解せねばならない。『太一生水』は「天」を「気」となし、「地」を「土」となす。これは『恒先』の表現とは明らかに異なる。『恒先』では、「天」と「地」はいずれも気から構成されたものだった。[24]両者の違いは、「天」を構成するのは「清気」であり、「地」を構成するのは「濁気」であった、という点にある。これも漢代の「天地観」の（例えば『淮南子』が述べている）常態であった。この意味からいうと、『太一生水』の宇宙観はさらに素朴でもっと直観的である。

三つ目は、『太一生水』では、「天地」がいずれも「不足」であると認識されていたことが挙げられる。『太一生水』には、「天不足於西北……地不足於東南」と記されている。『太一生水』では「天地」は空間上では異なる自然形態を持っていると考えられており、このような見方に関しては、『史記』と『淮南子』「天文訓」でも似たような例を確認することができる。『史記』「日者列伝」には、「天不足西北、星辰西北移。地不足東南、以海為池。」と記されている。これは司馬季主が、宋忠と賈誼が占師に対して疑問を呈したことに対して自らの意見を述べた言葉である。その中の「星辰西北移」と「以海為池」は、「天不足西北」と「地不足東南」の結果だといえるし、逆にまた「天不足西北」と「地不足東南」の原因ともいえる。

『淮南子』は「神話の形式」で我々に「天地」のこのような自然形態を伝えた。それには次のように記されている。

昔者共工与顓頊争為帝、怒而触不周之山。天柱折、地維絶。天傾西北、故日月星辰移焉。地不満東南、故水潦塵埃帰焉。[25]

『淮南子』に見られる「天地」に現れたこの自然の状態に対する解釈というのも、もちろん神話である。『太一生水』の表現は何に依拠したものか、知るよしもない。おそらくやはり「天地」に対する「直観的」な観察に拠るものではなかろうか。

『太一生水』には次のような表現が見られる。

天地名字並立、故過其方、不思相尚。(26)

これを理解するのはかなりの困難を伴う。「天地名字」は何を指しているのか。「過其方」と「不思相尚」はどういう意味か。それらと「天地名字並立」および「天地」の「陥落」はどのような関係があるのか。「名」と「字」は相対しており、姜声燦氏と李零氏はともに「土」と「気」はそれぞれ「地」と「天」の「名」であり、「地」と「天」はそれらの「字」であるとしている。(27)「方」は位置する場所と方角を意味し、さらに「宜」と「義」の意味もある。裘錫圭氏が「正」と訓じたのは、有用な指摘である。(28)「過」は「超える」と理解することができる。「不思相尚」の「思」と「尚」については、劉信芳氏はそれぞれ「使」と「当」と訓じ、(29)裘錫圭氏もその説に従った。全体的な意味はおそらく「天と地はそれぞれに名と字を持って相対していた。両者は自らの正しい位置を超越していたため、本来の自らの地位と自身とを、一致させられなかった」ということだろう。「天不足於西北、地不足於東南」というのはつまり、その「一致させられなかった」ことを具体的に述べたものである。この点に関しては、後述する『太一生水』の「天道観」の中で改めて考察していきたい。

三　「相輔」の生成機能――「神明」から「歳」に至るまで

「天地」が創生された後、『太一生水』の創生のモデルに一つの変化が現れた。この変化とは、「創生」のメカニズムと機能が「反輔」からさらに「相輔」する関係に変わったことを指す。

作用の生じ方から見ると、「反輔」は一種の「主導者」と「輔助者」の関係を意味し、さらに「相輔」的になるとは、二つの「並行する力」が互いに補助する関係になることである。このような関係はまず「天地」から始まった。「太一」が「天地」を創生する過程は前後に分かれているが、天地が創生された後、両者はともに相対しながら存在し、そしてまた互いにつながり合い一対の統一体になるのであった。「天地」が循環しながら互いに助け合い、作用を起こすメカニズムを通して、一対の新しい統一体「神明」がともに出現することを促し、「神明」は同様のメカニズムを通して「陰陽」の出現を促す。

ここで議論となる一つの問題は、『太一生水』がいう「神明」とは一体何を指すのか、ということである。「神明」がそれぞれ「神」と「明」を指すことは、誰もが認めている。それは二種類の事物で、「陰陽」のようなものである。「神」と「明」が意味するものは、一つ目は「日」と「月」で、これは王博氏により論証されている(30)。このほか、二つ目として、主に変化の神秘性や天地の精神という側面からの解釈である。王博氏の説は、十分説得力があるように思われる。李零氏も王氏の説に対して、『太一生水』の「神明」を「日月」と解釈するのは一つの理にかなった考えであると、これを肯定的にとらえている。しかし、李零氏は同時に「神明」という術語は広義の意味で使われることが多く、それは「神霊」とほぼ同じであると指摘する。[31] そして、この見解と異なり、龐樸氏は「神明」は「天地」の「功能」であると考えた。[32] これに類似して、郭沂氏は「神明」は「天地」に属すと指摘しているが、これはただ「神」を「天神」、「明」を「地祇」としたに過ぎない。[33] しかし、彼らは、「神明」が「天地」に隷属することについて、伝世文献を活用した論証は行っていない。

周秦の時代、「神明」という概念には確かにいくつか異なる意味があった。例えば、人の高明な知識や精神的な境地を指すこともあり、『国語』「楚語上」には、「若武丁之神明也、其聖之睿広也、其智之不疚也、猶自謂未乂、故三年黙以思道。」と記されている。[34] その「神明」は武の知恵と精神の境地を指している。

また他には、「鬼神」の特性を指しており、『墨子』には、

公孟子謂子墨子曰、有義不義、無祥不祥。子墨子曰、古聖王皆以鬼神為神明、而為禍福執有祥不祥、是以政治而国安也。自桀紂以下、皆以鬼神為不神明、不能為禍福、執無祥不祥、是以政乱而国危也。

と記されている。しかし「日」と「明」が明確に示されているとはいい難い。「繫辞伝」には「法象莫大乎天地、変通莫大乎四時、県象著明莫大乎日月。」と記されており、さらに「日月相推而明生矣。」とも述べられている。

この二例も、ただ「日月」の「明」を述べているだけであり、日月が「神明」であるとは述べていない。実際、初期の文献の中では、通常「日月」の「明」と記されており、「日月」の「神明」とは述べていない。例えば『荘子』「田子方」には「若天之自高、地之自厚、日月之自明、夫何修焉。」という一文が見られる。『荀子』「礼論」にもこれと似た表現が見られるが、「明」から「日月」といっているに過ぎない。それは次のように記されている。

天地以合、日月以明。四時以序、星辰以行。江河以流、万物以昌。好悪以節、喜怒以当。以為下則順、以為上則明。万物変而不乱、弍之則喪也。

『太一生水』の「神明」は、人間の非凡な知恵と精神的な境地を指すのではなく、また「鬼神」の徳性を指すのでもないことは確かである。しかし、「日月」と「天地精神」を指すのか否かについては、さらに考察を深める必要がある。『太一生水』の「神明」が「日」と「月」の特性を指しているとはいい難く、「天地」の特質を指しているという可能性の方が一段と高い。『礼記』「表記」には「三代皆以卜筮事神明。」と記されているが、そこには「神明」が「天地」に属するか否か、具体的な言及はない。しかし『礼記』「表記」にはもう一つの事例として、「神明」を「天地」の所有するものと明確に示している箇所がある。それは次の表現である。

昔三代明王皆事天地之神明、無非卜筮之用。（「表記」）

これが唯一の例ではなく、『礼記』ではこの用法として、さらに二つの事例を挙げることができる。

礼楽天地之情、達神明之徳、降興上下之神、而凝是精粗之体、領父子君臣之節。（「楽記」）

孔子曰、天地不合、万物不生。大昏、万世之嗣也、君何謂已重焉。孔子遂言曰、内以治宗廟之礼、足以配天地之神明。出以治直言之礼、足以立上下之敬。（「哀公問」）

『周易』「繋辞下」には「以体天地之撰、以通神明之徳。」と記されている。そしてまた「仰則観象於天、俯則観法於地、以通神明之徳、以類万物之情。」という一文も見られる。この二つの「神明」はいずれも「天地」と互いに対応し合っている。『説卦』には「幽賛於神明而生蓍」と記されており、荀爽が注釈で「神者在天、明者在地。神以夜光、明以昼照。」と記している。「神者在天、明者在地」と述べ、「神明」は「天地」の一部でそれに属するといっているのである。(35)

『文子』「精誠」に見られる「神明」の例は、何に属する「神明」を指すのか判断が難しい。なぜならば、それは天地、日月、列星等に言及しているからである。それは次のように記されている。

天致其高、地致其厚、日月照、列星朗、陰陽和、非有為焉、正其道而物自然。陰陽四時、非生万物也。雨露時降、非養草木也。神明接、陰陽和、万物生矣。

しかしながら、『文子』「精誠」の別の一段に見られる「神明」は、「天」に属することが分かる。それは次の通りである。

天設日月、列星辰、張四時、調陰陽。日以暴之、夜以息之、風以乾之、雨露以濡之。其生物也、莫見其所養而万物長。其殺物也、莫見其所喪而万物亡、此謂神明。

『文子』「九守」に出てくる「神明」は「天地」に属する。それは次のように述べられている。

天地未形、窈窈冥冥、渾而為一、寂然清澄、重濁為地、精微為天、離而為四時、分而為陰陽、精気為人、粗気為虫、剛柔相成、万物乃生。……天静以清、地定以寧、万物逆之者死、順之者生。故静黙者、神明之宅。虚無者、道之所居。

この用法は『荘子』でも見られる。例えば、『荘子』「天下」篇の「配神明、醇天地」や「備於天地之美、称神明之容」、「天道」篇の「天尊地卑、神明之位也」等、これらはみな「天地」と「神明」をともに取り上げているのである。天地と神明がともに取り上げられているのであるから、「神」は「天」の神秘性を表しており、「明」は「地」が「明るく、鮮明な様子」であることを意味しているのである。

ここで問題なのは、『太一生水』の「神」と「明」が別々に分かれている二種類のものであり、もし「神明」

が「天地」に属するというのであれば、「神」は「天」に属し、「明」は「地」に属するといえるのかどうか、ということである。おそらくそのようにはいえず、「陰陽」、「四時」、「冷熱」、「湿燥」がともに「天地」に属しているように、「神明」もまた「天地」と共通する性質のものである。「神」は天地の霊妙な本性を意味し、「明」は天地が明確に示す秩序を指しているのである。

「神明」は「日月」を指すのではないというのは、やはり「神明」が明らかに「実体」ではないからである。「神明」は『太一生水』に出てくる「陰陽」、「四時」、「冷熱」、「湿燥」、「歳」と同じである。「四時」、「冷熱」、「湿燥」、「歳」はいずれも「実体性」のある事物ではなく、事物の秩序と性質を指す。「四時」と「歳」は暦数の秩序で、どちらも「実体性」のある事物ではない。「冷熱」と「湿燥」は二つの相反する「性質」と「機能」である。『太一生水』の「神明」と「陰陽」は同様に非実体性のものである。許抗生氏は「神明」を「精気」およびその作用と解釈し、「精気」から「陰」と「陽」の二つの気が生まれ、これが「神明」を実体化したものだと考えた。「神明」の用例の中では、「神明」を「精気」としている例はまだ見当たらない。非実体性のものとして、「神明」と「四時」、「歳」等は似たものである。

ポイントは、「陰陽」が「気」の実体であるか否か、という点である。周秦の諸子学では、「陰陽」を「陰気」と「陽気」として使っている例もあれば、事物が正反対の方向で互いに作用する力として使っている例もある。張岱年氏はこれを「二種類の性質」と呼んだ(36)。

統一という視点から見ると、「神明」から「歳」まで、「天と地が互いに相輔する」ことによって創出されたものはすべて、おそらく実体性のあるものではなく、天地における性質とその関係性を示すものであろう。「天地」

は二つの実体性のあるもので、『太一生水』に拠ると、「天」は気によって構成され、「地」は土から構成されるものであり、それらが生み出す必要があったものは、事物の秩序を定め、また相互に影響しあうような変化や法則であった。実体性のない天地が包含する属性として、「神明」とは天地がもつ不思議な変化およびその秩序であるといえるし、もしくは、それは「天地」の「法則」であるともいえる。『黄帝四経』「名理」に見られる「神明」の解釈は、このことを大変的確に説明したものである。

道者、神明之原也。神明者、処於度之内而見於度之外者也。処於度之（内）者、不言而信。見於度之外者、言而不可易也。処於度之内者、静而不可移也。見於度之外者、動而不可化也。静而不移、動而不化、故曰神。神明者、見知之稽也。

『管子』では、「陰陽」は「天地」の「大理」であり、「四時」と「大経」は事物が変化する法則と常則について述べたものだとしている。『太一生水』の「神明」もこのように理解できるであろう。「神明」が互いに作用する中で、「陰陽」という二つの作用が生まれる。陰陽による互いの働きは「四時」の秩序を生み、「歳」は自ずとそれに続いて現れる。しかしながら、『太一生水』では直接「四時」から「歳」に変化していない。その間にはさらに「四時」が相互作用により「冷熱」を生み出すのと、その「冷熱」が相互作用により「湿燥」を生み出すという、二つの段階がある。「歳」は「湿燥」の互いの働きのもと生まれたものであるとしている。

『太一生水』では、「四時」から「歳」に至るまでには、さらに「冷熱」と「湿燥」の過程があると考えられていた。このことは、『太一生水』では「歳」が「四時」の簡単で機械的な時節が加えられたものではなく、複雑な「仲介」の助けを借りて「歳」の「秩序」を実現させる必要があると述べていることを意味する。龐樸氏は「歳」について非常に啓発に富んだ見解を提起し、「歳」とは古代では農作物の収穫を意味し、農事を意味したと指摘している。(37) 自然の秩序から見ると、「歳」はおそらく、農作物の生長によい順調な天候の周期を指していて、「四季」それぞれの働きが正常に交替し変化していることをいうのであろう。『韓詩外伝』の表現を使うと、まさに「天不変経、地不易形、日月昭明、列宿有常。天施地化、陰陽和合。動以雷電、潤以風雨、節以山川、均其寒暑、万民育生、各得其所、而制国用。」となる。

四　原理としての「太一」と「天道観」

宇宙観の内容は、宇宙の生成およびその過程に関するものもあれば、宇宙の運行、法則および秩序関連のものもある。ギリシアの自然哲学者にとって、宇宙は生成されたものであるというだけでなく、目的にかなった調和のとれた運動でもあった。道家の宇宙観は大抵宇宙の生成と宇宙の秩序の二つの部分を含み、前者は宇宙がいかに生まれたかについての説明と解釈になっており、後者は宇宙の運行の秩序と原理を説明したものになっている。老子の「道」のように、同時にこの二つの方面の内容を包含する形になっており、道は、宇宙創生の根源と原動力であり、また宇宙の秩序と万物が統一された原理であり、老子の道もまた老子がいう「天之道」に限らない「天道」の意味がある。同様に、『太一生水』には宇宙生成のモデルがあり、さらに宇宙の法則、原理、および天道観に関する内容をも含んでいた。

『太一生水』において、宇宙の法則と原理もまた「太一」であった。これに関しては、『太一生水』には次のように記されている。

故太一蔵於水、行於時。周而又始、以己為万物母。一欠一盈、以己為万物経。此天之所不能殺、地之所不能厘、陰陽之所不能成。

「太一」や「行於時」は「太一」が必ずしも時間を超越した存在ではなく、「太一」は時間の中で運行していたことを表している。李学勤氏は「太一行九宮」の数術を用いて「行於時」を解釈している。これは当然ながら「太一」は星辰の神であるという前提がある。しかし、先に議論したように『太一生水』の「太一」は、宇宙の根源に対して理性的に抽象化したものであって（老子が理性でもって抽象化した自然の「道」のように）、具体的な天文術数と天神から解釈をすることはできないのである。宇宙の運行の法則としての「太一」は、『太一生水』のいう「周而又始」と「一欠一盈」である。

『老子』の「道」は「周行而不殆」であり、『太一生水』では「太一」の運行は「周而又始」であると述べられている。「周行」と「周而又始」はいずれも宇宙の運動方式が「循環」の繰り返しであることを示している。

この循環の繰り返しには、次の二つの意味がある。一つ目は、「太一」が宇宙を創生し始めてから宇宙が最後に滅亡するに至るまでが一つの循環する過程である、ということである。神話や宗教の世界で、また異なる宇宙の創生消滅の循環論を目にしたことがあるかもしれないが、これは宇宙の「大循環」といえる。これは宇宙の「大循環」と称することができる。二つ目は、宇宙の「万物」はみな「太一」の循環法則に従って循環を繰り返しているということである。まさに『呂氏春秋』「大楽」が次のように記すごとくである。

陰陽変化、一上一下、合而成章。混混沌沌、離則復合、合則復離、是謂天常。天地車輪、終則復始、極則復反、莫不咸当。

『太一生水』には、おそらく宇宙の大循環論の思想はない。「太一」の循環が繰り返される法則は、宇宙万物の運動が順守する法則を当然指すものであり、これは『太一生水』の「太一」を万物の根源（「母」）としているという意味でもあった。

『太一生水』においては、「太一」はさらに「一欠一盈」の法則がある。「欠」は不足を意味し、「盈」は満ち足りていることを意味する。「一欠一盈」は事物が成長していく過程で「不足」と「充満」との間で互いに作用し転化していくことを指す。『太一生水』にとって、事物は誕生し、不十分な状態から、成熟し、十分になるまで、すべて一つの絶え間ない転化と循環の過程であった。

『易伝』には「一陰一陽之謂道」という表現がある。言葉の組み合わせの点では、『太一生水』の「一欠一盈」

と『易伝』の「一陰一陽」は似ている。ただ、中国の自然哲学においては、「陰陽」は、抽象化されて、相反しまた相成ることを表すようになった一組の普遍的概念であり、「欠盈」はまだこのような抽象化されたレベルに達していない。老子は、事物は一旦変化して非常に勢いのある状態にまでになると転化をする、と考える。事物が己の恒久性を保持したければ、不足と欠陥を受け入れる必要があった。それは『老子』のいう「大成若欠」のようなものである。ただ「太一」の「一欠一盈」の法則から考えると、『太一生水』には「守欠避盈」の傾向があるということはできない。『太一生水』は「欠盈」を万物が変化する常道（「経」）とみなしていたのである。

しかし、「天道観」として、『太一生水』は明確に「天道貴弱」という概念を提起した。これが人々の注目を集め、それは『太一生水』と『老子』思想が密接に関わり合っている有力な証拠であった。強弱、剛柔、前後等、一系列の相反する関係の中で、「貴弱」、「尚柔」、「取後」等は、『老子』思想の際立った特徴となった。『老子』第三十四章には、「大道氾兮、其可左右。万物恃之以生而不辞、功成而不有。衣養万物而不為主、可名於小。万物帰焉而不為主、可名為大。是以聖人終不為大、故能成其大。」と記されている。

『老子』の中で、「貴弱」、「尚柔」、「取後」等で表現される「謙虚」や「謙譲」の精神は、思考方式と価値観であり、また天道の自然の法則であった。『太一生水』では「天道」は「弱」に偏り、つまり「謙虚」や「謙譲」に偏っていると考えられ、まずはこれでもって自然の法則とした。「天道貴弱」は「剛強」を抑え、勢いのある大きな事物を削り落とすことによって弱小なものを助ける。それはつまり「削成者以益生者、伐於強、責於「剛」」である。趙建偉氏が「盛」と「弱小」から「成」と「生」を理解したのは妥当な解釈である。「責於」の後に一字欠字があっては句が成り立たない。そこで趙建偉氏は「盈」を補充し、[38]「剛」も補足できるとした。老子には「柔弱勝剛強」の説がある。「柔弱」と「剛強」は相対しながら一つの言葉となり、これもまさに「天道貴弱」の趣旨に合致する。先に論じた『太一生水』における「天地」自然の形態についての描写は、つまりは「天不足於西北」と「地不足於東南」の表現である。しかしもともとは上にある天がゆらぐ（不足する）と、「下」にある「地」が「高」と「強」の優位を示すことを意味し、また一方で、下にある地が崩壊する（不足する）と、上にある「天」が別の優位を示してくるという意味であった。『太一生水』には「天不足於西北、其下高以強。地不足於東南、其上□以□。」と記されているが、文中には二文字の欠字がある。その箇所について李零氏は「空」でありさらに「曠」である、と推測し、趙建偉氏は「厚」でありさらに「広」である、と推測し、しかしまた「大」でありさらに「剛」である、とすることも可能であるとした。

このように、「天」に比して述べると、「地」が「高以強」という優位性を備えているように、「地」に比して述べると、「天」は「大以剛」という優位性を備えていた。これは『太一生水』の「天道貴弱」と「伐於強、責於剛」の主張と矛盾しない。「天」と「地」はそれぞれ「不足」があるために、相手が優勢になってしまうのであり、片方が一方的にその「強大さ」や「剛強さ」を追求しているわけではない。『太一生水』には次のように記されている。

不足於上者、有余於下。不足於下者、有余於上。

「天」の「不足」によって「地」は「有余」となり、「地」の「不足」によって「天」が「有余」となり、これも同様に「天地」が互いに一方の「不足」によって他方が「有余」になる、と述べているのである。「不足」と「有余」の関係は、事物の「得失」の関係と似ている。事物が何か失うと何かを得て、何かを得ると何かを失う、というように「得失」が互いに補い合っているのである。『老子』には「天之道、損有余而補不足」という表現がある。自然の法則は事物の間の均等と均衡を保つ。それは、一つの事物を満たして「多余」にし、その他の事物を「不足」の状態まで減らすといった状況にしない、ということである。ここから『太一生水』の「天地並立」を見ると、これは天地が互いに補い合いバランスをとるという一つの主張になっている。「天地」のそれぞれの「不足」は、それらがバランスをとってお互い補うことができるという前提であり、これは「天道貴弱」の法則と合致する。

『老子』では、「道」は、人類が行動する上での最高の指導者であった。道に従い、道に合わせて行動することが人類にとって最もよい選択であった。『太一生水』にとっては、「道」に従って行動することは、事業を成功させる拠りどころでもあった。すなわち「以道従事者、必託其名、故事成而身長。聖人之従事也、亦託其名、故功成而身不傷」。ここに記されている「以道従事」とはつまりは、道に従って活動することである。「必託其名」についていては、一般的な解釈としては、必ず道の「名」に託し、依拠しなければならないということである。しかしながら裘錫圭氏は、「道をその本来のものではない名に托す」べきであるとしている。

この二つの解釈には大きな違いがある。裘氏が強調しているのは、人は道のために、道本来のものではない「名」を探し当て、それを「道」の託しどころとしなければならない、ということであった。ここで述べられているることは依然として「道」と「名」の関係に関する問題であった。しかしながら、人間が「道」の名に託すということは、人間が「道」の名に合わせて行動をとるということであり、それはまた、人間と道の名の関係について述べているのであった。『老子』から見れば、「道」は「無名」であり、「道常無名」、「道隠無名」と記されているように、それに一つの名称を与えたのが「道」となり、『太一生水』でもそれを「道」と呼んでいる（例えば「道亦其字也」と述べているように）。しかし文字記号としての「道」は、依然として「名」であり、「名」でもってその中身を示しているのである。ただそれは、一般的な、普通の「名」ではなく、「無名」の「名」である。一般的に、『老子』と『荘子』においては、「名」は「樸」と相対し、「実」の「賓」（「実」に附属するもの）とされ、しばしば疑問を投げかけられたり、制限を受けたりした。しかし『太一生水』では、人間が「道」に従事するには、自らの行為が「道」の「名」に適合し、道を掲げねばならず、これはたとえ聖人であってもそうであると提起している。

このようなやり方は道家の思想には合わなかったが、儒教の思想には合致した。ここには、『太一生水』と『老子』および『荘子』が、どのように「名」を扱っているかという点において、違いがあることが映し出されているであろう。『太一生水』の立場も『黄帝四経』に近い。『黄帝四経』は「循名」と「守名」を強調し、「執道者」は「名理」を掌握する必要があると考え、「天下有事、必審其名。……審察名理冬（終）始、是胃（謂）廐（究）理。唯公無私、見知不惑、乃知奮起。故執道者之観於天下也、見正道循理、能与（挙）曲直、能与（挙）冬（終）始。故能循名廐（究）理。」（「名理」）と記されている。

また、人間の行動が「循名」であれば、物事は容易に成功するとして、「姓争」には「居則有法、動作循名、其事若易成。」と記されている。『黄帝四経』の主張と結び付いた『太一生水』の「託名」とは、より正確にいえば、「道」の名に依拠し、従うこと、つまり道に従った原則的な行為のことであるにちがいなかった。

注

(1) 艾蘭氏の『亀之謎——商代神話、祭祀、芸術和宇宙観研究』(成都：四川人民出版社、一九九二年)を参照。一般的に中国の「神話式思惟」はかなり欠落したところがあり、いくつかの著名な神話は比較的後の文献に現れる。しかしながら湖南省長沙市の子弾庫で発見された戦国時代の楚帛書に拠ると、神話の「創世説」はそれほど遅い時期に現れたものではない。

(2) 本論での『太一生水』についての議論は、主に『郭店楚墓竹簡』の釈文を基にし、さらに李零氏の校訂と解読を参照した(『郭店楚簡校読記』、北京大学出版社、二〇〇二年)。

(3) この問題に関しては、学界では複雑な議論がされている。主要な見解の中には「摘抄本」という見方もある。しかし筆者はこの可能性は小さいと考える。筆者の「郭店竹簡『老子』略説」(『中国哲学』第二十輯、瀋陽：遼寧教育出版社、一九九九年)を参照。

〔訳注〕「部陪本」：副葬品として象徴的な形として埋葬された一部のこと。一冊の書の体裁を有しているものではない。

(4) 主な研究成果として以下のものが挙げられる。
李学勤「荊門郭店楚簡的見関尹遺説」(『中国哲学』第二十輯〔郭店楚簡研究〕特集号所収)、瀋陽：遼寧教育出版社、一九九九年)、邢文「論郭店『老子』与今本『老子』不属一系——楚簡『太一生水』及其意義」(同所収)。
李学勤「太一生水的数術解釈」(『道家文化研究』第十七輯〔郭店楚簡〕特集号、北京：三聯書店、一九九九年)、龐樸「一種有機的宇宙生成図式——介紹楚簡『太一生水』」(同)、許生「初読『太一生水』」(同)、李零「読郭店楚簡『太一生水』」(同)、賀碧来「論『太一生水』」(同)、戴卡琳「『太一生水』初探」(同)、強昱「『太一生水』与古代的太一観」（同）、趙建偉「郭店楚墓竹簡『太一生水』疏証」（同）、陳鼓応「『太一生水』与『性自命出』発微」（同）。龐樸「〝太一生水〟説」（『中国哲学』第二十一輯、瀋陽：遼寧教育出版社、二〇〇〇年）、葉海煙「『太一生水』与荘子的宇宙観」（同所収）、邢文「『太一生水』与『淮南子』――『乾鑿度』再認識」（同）。艾蘭「太一・水・郭店『老子』」（『郭店楚簡国際学術研討会論文集』所収、武漢：湖北人民出版社、二〇〇〇年）、熊鉄基「対〝神明〟的歴史考察――兼論『太一生水』的道家性質」（同）、彭浩「一種新的宇宙生成理念――読『太一生水』」（同）、陳松長「『太一生水』考論」（同）、張思斉「太一生水与道教玄武神格」（同）、顔世安「道与自然知識――談『太一生水』在道家思想史上的地位」（同）、陳偉「『太一生水』校読並論与『老子』的関係」（同）。裘錫圭「『太一生水』〝名字〟章解釈――兼論『太一生水』的分章問題」（裘錫圭『中国出土古文献十講』、上海：復旦大学出版社、二〇〇四年を参照）。王博「『太一生水』研究」（『中国哲学与易学――朱伯崑先生八十寿慶紀念文集』、北京：北京大学出版社、二〇〇四年所収）等。

(5) これに関しては、『辞源』の「太一」の解釈を参照。李零「読郭店楚簡『太一生水』」（『道家文化研究』第十七輯〔「郭店楚簡」特集号〕、北京：三聯書店、一九九九年）を参照。

(6) 李学勤「荊門郭店楚簡的見関尹遺説」（『中国哲学』第二十輯〔「郭店楚簡研究」〕、瀋陽：遼寧教育出版社、一九九九年所収）を参照。

(7) 徐中舒主編『甲骨文字典』（成都：四川辞書出版社、一九九三年、一一三九―一一四一頁）を参照。

(8) 張岱年『中国古典哲学概念範疇概論』（北京：中国社会科学出版社、一九八九年、五五頁）を参照。

(9) 同右著書、五五―五七頁を参照。

(10) 王弼は「以無為道」とし、また「以一為無」とした。したがって、王弼にとって、「一」はすなわち「道」であった。

(11) 張岱年『中国古典哲学概念範疇概論』（北京：中国社会科学出版社、一九八九年、五六頁）を参照。

(12) シュウォルツ氏はかつて「〝太一〟というこの名詞は道家の神秘的な意味合いを持つ〝一〟に淵源があるのではないか」と推測した（史華慈『古代中国的思想世界』、程鋼訳、南京：江蘇人民出版社、二〇〇四年、三八五頁）。

(13) 張岱年氏は『荘子』「天下」篇の「主之以太一」の「太一」について、二つの解釈を示した。張氏は「太」はすなわち「道」であり、「一」はすなわち「道生一」の「一」であると考えている（張岱年『中国哲学大綱』、北京：中国社会科学出版社、一九八二年、一七頁、二九頁を参照）。一説としてここに挙げておく。

(14) 孫希旦『礼記集解』(中)、北京：中華書局、一九八九年、六一六頁。

(15) 顧炎武『日知録』(中) 巻三十「太一」、上海：上海古籍出版社、一九八五年、八七〇頁。顧炎武がいう「太一」は主に「星宮」の意味における「太一」であり、哲学の「太一」には着目していない。我々の考えによれば、「星宮」の意味における「太一」は、哲学上の意味の「太一」の一種の転用である。

(16) 『顧頡剛古史論文集』第三冊（北京：中華書局、一九九六年、五五―五七頁）を参照。

(17) 銭宝琮氏「太一考」(『燕京学報』、一九三二年十二月号）を参照。

(18) 以前、『文子』は『淮南子』を踏襲していると一般的に考えられていたが、新たに出土した『文子』の残簡により、『淮南子』が『文子』を踏襲していることが明らかになった。

(19) 李零『郭店楚簡校読記』（北京：北京大学出版社、二〇〇二年、三九頁）を参照。

(20) 艾蘭氏の『水之道与徳之端――中国早期哲学思想的本喩』（上海：上海人民出版社、二〇〇二年）を参照。

(21) 黒格爾 (Hegel, Georg Wilhelm Friedrich)『哲学史講演録』(第一巻)、北京：商務印書館、一九九三年、一八二―一八三頁。

(22) 許抗生「初読〈太一生水〉」を参照。『道家文化研究』第十七輯「郭店楚簡」特集号、北京：三聯書店、一九九九年。

(23) 龐樸「一種有機的宇宙生成図式」『道家文化研究』第十七輯「郭店楚簡」特集号、北京：三聯書店、一九九九年、三〇三頁。

(24) 『礼記』「楽記」には、「地気上斉、天気下降、陰陽相摩、天地相蕩、鼓之以雷霆、奮之以風雨、動之以四時、暖之以日月、而百化興焉。」と記されている。

(25) 『列子』「湯問」では宇宙の無限性について問われる場面で、天地の次のような自然な状態にも言及している。「故大小相含、無窮極也。含万物者亦如含天地。含万物也故不窮、含天地也故無極。朕亦焉知天地之表不有大天地者乎。亦吾所不知也。然則天地亦物也。物有不足、故昔者女媧氏煉五色石以補其闕。断鼇之足以立四極。其後共工氏与顓頊為帝、怒而触不周之山、折天柱、絶地維、故天傾西北、日月星辰就焉。地不満東南、故百川水潦帰焉。」

(26) 王博「『太一生水』研究」、『中国哲学与易学――朱伯崑先生八十寿慶紀念文集』(北京：北京大学出版社、二〇〇四年、二八一頁）所収。

(27) 池田知久監修『郭店楚簡の研究』(一)（大東文化大学大学院事務室、一九九九年、五三―六一頁）、李零『郭店楚簡校読記』（北京：北京大学出版社、二〇〇二年、三八頁）を参照。

(28) 裘錫圭「『太一生水』〝名字〟章解釈——兼論『太一生水』的分章問題」（裘錫圭『中国出土古文献十講』、上海：復旦大学出版社、二〇〇四年、二五二頁）を参照。

(29) 劉信芳「楚帛諸論綱」（『華学』第二輯、一九九六年）、「『太一生水』与『曾子天円』的宇宙論問題」（簡帛研究網、二〇〇一年四月九日）を参照。

(30) 王博「『太一生水』研究」（『中国哲学与易学——朱伯崑先生八十寿慶紀念文集』、北京：北京大学出版社、二〇〇四年、二七三—二七六頁）を参照。

(31) 李零『郭店楚簡校読記』、北京：北京大学出版社、二〇〇二年、三六—三八頁を参照。

(32) 龐樸「〝太一生水〟説」（『中国哲学』第二十一輯、瀋陽：遼寧教育出版社、二〇〇〇年、一九六頁）を参照。

(33) 郭沂『郭店竹簡与先秦学術思想』（上海：上海教育出版社、二〇〇一年、一三八頁）を参照。

(34) 『韓非子』「内儲説上」でもこの意味で使われている。「周主曰、吾之吏之不事事也。求簪、三日不得之、吾令人求之、不移日而得之。於是吏皆聳懼、以為君神明也」。『韓非子』「喩老」では、次のような一段がある。「空竅者、神明之戸牖也。耳目竭於声色、精神竭於外貌、故中無主。中無主、則禍福雖如丘山、無従識之。故曰、不出於戸、可以知天下。不窺於牖、可以知天道、此言神明之不離其実也。」

(35) 揚雄は、天地は「神明」であると明確に認識していた。『法言』「問神」には次のように記されている。「或問神。曰、心。請問之。曰、潜天而天、潜地而地。天地、神明而不測者也。」

(36) 張岱年『中国古典哲学概念範疇要論』（北京：中国社会科学出版社、一九八九年、八三—八六頁）を参照。

(37) 龐樸「一種有機的宇宙生成図式」（『道家文化研究』第十七輯「郭店楚簡」特集号、北京：三聯書店、一九九九年、三〇四頁）を参照。

(38) 趙建偉「郭店楚墓竹簡『太一生水』疏証」（『道家文化研究』第十七輯「郭店楚簡」特集号、北京：三聯書店、一九九九年、三八八頁）を参照。

第三章

『恒先』の宇宙観、ならびに人間社会観の構造

馬王堆帛書『黄帝四経』「道原」から郭店楚簡『太一生水』、さらに上博楚簡『恒先』に至るまで、周秦道家の宇宙観、および自然観の豊かさと形態の多様性は、これまでにない展開を見せた。老子の弟子とその伝世文献についていては確認するのが難しく、老子と荘子の間では、[1]道家の哲学の系譜は断層のようにつなげるすべがなかった。『太一生水』と『恒先』のおおよその時代区分に基づくと、この二つの出土文献に見られる道家哲学は、老子と荘子の間に位置し、したがって、欠如とはいえないにしても曖昧とした状態である、この両者の間を補うことができるかもしれない。『太一生水』と『恒先』は、いずれも短い作品ではあるが、非常に貴重なものであり、その主な内容はおしなべて宇宙生成論関係であり、しかしこの二つが提起している宇宙生成論はそれぞれ特色があり、おまけにそれらに共通する思想的背景になっている老子の宇宙観と比べて、いずれも独創性があり、そこから幸いにも老子から荘子に至る道家の宇宙観の変遷を見ることができる。

「道」は老子の宇宙観の核心的な概念であるが、『太一生水』と『恒先』の宇宙観ではそうではなかった。たとえ「太一」および「恒先」と老子の「道」は比較することができるが、少なくとも形の上では、『太一生水』と『恒先』はいずれも「道」を宇宙生成の根源としているのではなく、『太一生水』は「太一」を宇宙生成の根源とみなし、『恒先』は「恒先」を宇宙生成の根源とみなしているのである。特に『恒先』のように、整理者が釈した「天道既載」に見られる唯一の「道」の字は、「地」の字ではないかと疑問が呈されている。[2]『黄帝四経』「十大経・観」には「天道已既、地物乃備」の表現が見られ、「既載」と「已既」は意味が近いかもしれないが、「天道」を「天地」と改めるのは適していないであろう。

「天道」に関して述べると、これは『恒先』で見られる唯一の「道」の字であった。このことは注目に値する。どうして『恒先』は「道」を避けたのであろうか。なぜ『太一生水』で「道」は宇宙生成の根源としての役割を明確に示さなかったのか。これは、『荘子』、『管子』、『黄帝四経』、『文子』および『淮南子』等が「道」を宇宙生成の根源もしくは哲学の最も基本的な概念としていることと際立って対照的である。『恒先』に関しては、これまで多くの研究や議論がなされてきた。これらの議論は考察の出発点になったと同時に、少なからず疑問点や問題点を残してきた。その全体的な思想の内容と学説については、さらに認識を深め提起し、そこに展開される道家の形而上学と天人関係の新しい側面をしっかりと把握していく必要があるだろう。(3)

一　「恒先」――宇宙の「原初」およびその「状態」

『恒先』の宇宙観を検討していく際の基本的な作業として、まずは該当部分の主な内容を見ていきたい。(4)

恒先無有、樸、静、虚。樸、大樸。静、大静。虚、大虚。自厭不自忍、或（域）作。有或（域）焉有気、有気焉有有、有有焉有始、有始焉有往者。未有天地、未（簡一）有作、行、出、生、虚静為一、若寂寂夢夢、静同而未或明、(5)未或滋生。気是自生、恒莫生気。気是自生、自作。恒気之（簡二）生、不独有与也。或（域）、恒焉。生或（域）者同焉。昏昏不寧、求其所生。異生異、畏生畏、韋生韋、非生非、哀生哀。求欲自復、復、（簡三）生之生行。濁気生地、清気生天。気信神哉、雲雲相生。信盈天地、同出而異生、因生其所欲。察察天地、紛紛而（簡四）多采。物先者有善、有治無乱。有人焉有不善、乱出於人。先有中、焉有外。先有小、焉有大。先有柔、焉（簡八）有剛。先有円、焉有方。先有晦、焉有明。先有短、焉有長。天道既載、唯一以猶一、唯復以猶復。恒気之生、因（簡九）復其所欲。明明天行、唯復以不廃、知幾而亡思不天(6)。有出於或（域）、生出於有、音出於生、言出於音、名出於（簡五）言、事出於名。或（域）非或（域）、無謂或（域）。有非有、無謂有。生非生、無謂生。音非音、無謂音。言非言、無謂言。名非（簡六）名、無謂名。事非事、無謂事。

『恒先』の宇宙観の最も基本的な概念は「恒先」であり、研究者は大概「恒先」を「道」とみなしていた(7)。しかしながら、既に指摘したように、『恒先』はおそらく意識的に「道」を回避し、別の新しい名称を打ち立てて宇宙の根源とした。『黄帝四経』「道原」は「恒無」という言葉を使っているが、しかし「道原」篇では、「道」は根本的な概念であり、この点は『恒先』とは異なっていた。もし「恒先」を「道」とするならば、かえって『恒先』の宇宙観に見られる独自性を妨げることになる。「恒先」の「恒」については、裘錫圭氏が疑問を呈し、それを「極」と読むべきだと考え、多方面から論証した(8)。

そこで主に取り上げられたのが、「亘」は「亟」と読むことができ、「亟」は「極」に通じるということである。楚簡で用いられている文字は、「亘」は大体において「極」と読むことができる。『説文』では「極」は「棟」と訓じている。「棟」は家屋の棟木である。「派生して、非常に高くて遠いことをみな極という」（段玉裁

注)。また派生して「中」や「法度」という意味にもなった。そのほか、「亘先」は宇宙の最初、およびすべてのはじまりを指し、「恒先」より「極先」と読む方がより理にかなっている。「亘気」も同様である。『黄帝四経』「道原」の「恒無之初」の「無」は「先」と読むことができる以上、その「恒先」も当然ながら「極先」と読まなければならない。帛書『易伝』に記されている「易有大恒」は「太極」と記されていない。これは誤記によるものであろう。「太極」の「極」とすべきである。つまり、文字の面からいうと、「亘」は「恒」と読むことができ、「亟」は確かに「極」に通じる。同時に、「亘先」はまた宇宙の最初を意味し、「極先」と読めばより文意が通ることになる。

しかしながら、筆者の観点は少々異なる。第一に、「亘」を「恒」とみなすのは、さらにいえば、先秦哲学では頻繁に行われており、帛書『老子』と竹簡『老子』は「恒」と読むことが多く、通行本『老子』では「常」の字が使われているのは、漢文帝「劉恒」の諱を避けて改められたのである。「亘」を「恒」とし、「亘」もまた、『黄帝四経』の重要な概念であった。それに比べて、「亘」を「極」と読む例は少ない。そこで、帛書『易経』の「易有大恒」の「恒」は誤記である、という見方は根拠がないと考え、饒宗頤氏等はもともと「恒」字と読むことを肯定し、「極」の字の誤りではないとしたのである[9]。

第二に、『黄帝四経』「道原」の「恒無之初」の「無」は、「亘先」の例に従って「先」と読む必要はない。「無」と読むのが文意の上でも非常に適切であるし、それはまさに道家の宇宙の根源である「無名」、「無形」の特徴を体現していた。例えば「道原」に記されている「故無有形、大迥無名」のようにである。

第三として、「道原」の「恒無之初、迵同太虚」の一文のあとに、「虚同為一、恒一而止」という一文がある。

この「恒一」は、「恒道」や「恒徳」の「恒」と同じような意味であり、もし「恒先」に従って「極一」と読めば、異なる意味になってしまい、意味も通じないであろう。『亘先』の「亘気」は「恒気」と読むべきで、意味は「恒常の気」となる。『恒先』における宇宙のモデルでは、「恒気」は宇宙における一番最初のものではないため、「極気」と読むのは適していない。「無忤亘」の「亘」は「恒」と読めば、「常」という意味からはずれることなく、文意が通る。第四として、「恒」の基本的な意味は「久しい」と「常」である。『易経』「恒・彖」では次のように記されている。

恒、久也。……久於其道也。天地之道恒久而不已也。利有攸往、終則有始也。日月得天而能久照、四時変化而能久成、聖人久於其道而天下化成。観其所恒、而天下万物之情可見矣。

ここでいう「恒」は、すなわち「恒久」、「恒常」のことである。「恒」と「先」はいずれも時間の概念であり、「恒先」の「先」は一般的な意味での「先」ではない。「久遠之先」、「原先」であり、宇宙の最も初めの、最初という意味である。龐樸氏は「極先」と釈し、「恒先」は「全体的な先で、最初の最初であり、屈原「天問」がいう「逐古之初」と似ている、と述べている。(10) これも「時間」における「原点」に立脚して「恒先」を解釈しているのである。宇宙の最初や原初のことを称する「恒先」は、『太一生水』の「太一」、『黄帝四経』「道原」のいう「恒無之先」および『荘子』「天地」がいう「泰初」等と似ている。宇宙の時間における「原初」は同時にまた宇宙の「状態」においては「無有」(「無形」、「無名」)である。

構成論に基づけば、万物は最も基本的な元素から構成されていた。この元素も万物の終極的な原因と原理であった。しかし生成論から見ると、万物は宇宙の根源が変化して生まれ出たものである。中国哲学においては、このような根源は往々にして「道」や「気」（「精気」、「元気」）に帰結する。宇宙が生成された以上、それは、宇宙は「生生者」や「生成者」を必要とし、また「生生者によって生み出されたもの」、「生成者によって生成されたもの」を必要とすることを意味し、それはまさに『列子』「天瑞」で次のように述べられているようなものである。

有生不生、有化不化。不生者能生生、不化者能化化。生者不能不生、化者不能不化、故常生常化。

『恒先』においては、根源的な「自本自根」である「恒常的な状態」というのが、「生成」と「生生」という作用を起こすのである。変化して生み出されたすべてのものに比べて、「生生者」と「生成者」は時間の上では「最も先」であり、「原初」であった。人類は自身に対する好奇心から自身の源を追究する。一方で、自然に対する好奇心から、万物の起源を追究する。これは人類特有の強い「根源意識」と「帰属感」である。[11] 人類の根源意識と帰属感は、宗教においては、祖先崇拝や神の信仰として表現される。哲学においては、様々な「本体論」と「本根論」として表現される。それはまさに、レオ・シュトラウス（Leo Strauss）が次のように述べている通りである。

原初の事物への哲学の探求は、原初の事物の存在を想定しているばかりでなく、原初の事物とは終始一貫したもので、終始一貫していて損なわれるはずのない事物はそうでない事物と比べると、一段と偽りのない物であるとも想定している。これらの想定が、すべてのものにはその原因がある、もしくは「初めに、混沌が生成された」（つまり原初の事物は、何もないところから生まれたものだ）という基本的な前提から出てきているというのは、根拠のないものではない[12]。

ここでは屈原の「天問」を想起させられる。屈原は「天問」で、自然と人類に対する始源、自然の奥深さ、神秘さに対する一連の追究をしている。例えば、「遂古之初、誰伝導之」、「陰陽三合、何本何化」等である。『列子』「湯問」では、商の湯が夏革に大昔の原始の時には物は存在したのかを問う。それに対して夏革は反問する形で次のように答えている。

殷湯問於夏革曰、古実有物乎。夏革曰、古初無物、今悪得物。後之人将謂今之無物可乎。

『荘子』「斉物論」は絶えず逆の方向に遡っていくことによって、宇宙のはじまりを探究している。

有始也者、有未始有始也者、有未始有夫未始有始也者。有有也者、有無也者、有未始有無也者、有未始有夫未始有無也者。

『恒先』では宇宙の始原と根源が「恒先」であると信じられているが、このことと、老子がそれを「道」とみなし、『太一生水』が「太一」とみなし、『荘子』は「泰初」とし、『列子』が「太易」としている（ここでいう「太初」と「太始」はいずれも「太易」の後に位置している）こと等は、類似性があるといえる。

もし恒先が宇宙の原初、原先を意味するのであれば、それがどのような原先や原初であるのか説明する必要がある。『恒先』では、それは「無有」で、「樸」であり、「静」で「虚」であると記されている。字面から見ると、「無有」は「有が存在しない」ことであるが、それは「無」であるともいっている。道家の形而上学の「有無之辨」に従えば、「有」とは通常「有形」を意味し、すなわち様々で、いろいろな形態を持つ具体的な事物であり、「器」であるともいえる。そして「無」とは通常「無形」を指し、すなわち未分化の「無象」、「無名」の原始の状態であり、混沌であった[13]。『恒先』は宇宙の原初状態が「無」であると考えており、その「無」は、無形、無象、無名の「無」を意味すると思われるが、「絶対的な」何一つない「無」と理解することはできない。なぜならば、このような「無」は「有形」で、「有名」である「有」を生み出すすべがないからである。王弼がいう「以無為本」の「無」は、当然ながらこのような意味での「無」ではない。宇宙の始原である老子の「道」は、「形器」の物に対して、無形で、無象、無名の「無」であるのであって、絶対的な「無」ではない。

老子は「道」は「物」であるというが、この「物」にも「象」があり（通常の「象」とは異なる「大象」）、さらにその「象」は極めて真なるものであった。『荘子』「天地」には「泰初有無、無有無名」という一文がある。「泰初」が所有する「無」とは、形もなく、名もない「無」であった。これは『恒先』のいう「原初」は「無有」であるというのと一致する。ただ表現方法が異なるだけである。『荘子』「至楽」篇には、「察其始而本無生、非徒無生也、而本無形」という表現があり、ここでいう「始」は「始源」と「原初」を指している。そして「本無形」とは原初状態では「形」と「象」は存在しないことをいっているのである。『恒先』では「原初」の状態は実在する「無」と考えられており、それはまた「樸」であり、「静」で「虚」であった。しかしながらそれらは通常の有形な事物の「樸」や「静」、「虚」ではなく、『恒先』はそれを「太樸」、「太静」、「太虚」と呼んだ。

文字に関して比較的大きな議論となるのはここの「樸」の字であり、李零氏はそれを「質」と読むと解したが、しかし文意から「樸」という字そのものについて疑問を呈した。[14] 李学勤氏は「全」と釈し、そうすると「大樸」ではなく「大全」になるとした。[15]「大全」は『荘子』「田子方」に記されており、「吾不知天地之大全」の一文に見られる言葉である。この「大全」は宇宙の原始状態を説明するために使われている言葉ではなく、「天地」の広大さと天地の森羅万象を説明しているのである。『荘子』「達生」には「天地之大、万物之多」という表現があり、『中庸』には「天地之大也、人猶有所憾」と記されている。古代の人々は大概「天地」は有形の中で最も大きいものであると考えており、「大全」は宇宙と天地の森羅万象について説明するものであった。したがって「樸」と「太樸」とするのが最も適切だと考えられる。

釈文における「静」の読みに関しても異なる解釈があり、李学勤氏は「清」といい、廖名春氏は「太静」と読むよりは「太清」と読むのがよいとしている。[16] しかしここは「太静」と読むのがより適していると考えられる。「樸」、「静」や「虚」というのは、老子、ならびにそれ以後の道家哲学の重要な概念であった（老子では、「清」に比べて「静」を多く使っている）。老子においては、「樸」、「静」、「虚」は「道」の状態と属性であり、また「道」の境界と完美さを表現したものであり、具体的な有形の事物はいずれも「道」の樸と静、虚を手本としていた。

「道」の「樸」と「静」、「虚」は当然ながら最高レベルの「樸」と「静」、「虚」であったが、老子には「太樸」、「太静」および「太虚」という表現は見当たらない。『恒先』では、原初の状態である「樸」や「静」、「虚」の最高レベルを明確に説明するために、「太樸」、「太静」および「太虚」の三つの言葉を作ったのである。もし「太」を「他に比べるものがないほど高い」という「至」と解釈することが可能であれば、「太樸」や「太静」、および「太虚」はつまりは「至樸」や「至静」および「至虚」となる。これは『恒先』の次の一文で、宇宙の原始の状態について説明していることと一致する。「未有天地、未有作、行、出、生、虚静為一、若寂夢夢、静同而未或明、未或滋生」。この一文は、宇宙の原初の状態が不変、不動、不明の「恒常状態」であることをより具体的に説明しており、道家学派が宇宙の原初状態についてどのように考えているのかを表すものだった。宇宙の原初の状態に関しては、『文子』「道原」でこのように描写されている。

有物混成、先天地生、惟象無形、窈窈冥冥、寂寥淡漠、不聞其声。

この表現に比べて、『恒先』のほうがより『黄帝四経』「道原」の表現に近い。

迥同太虚。虚同為一、恒一而止。湿湿夢夢、未有明晦。神微周盈、精静不熙。(17)

「恒先」は根本からなる宇宙の原始状態である以上、それは自ずと「自足」であり、『恒先』はそれを「自厭」と称した。しかしながら、それはまたこの状態に停留することなく、根源で始源であるからには「生」と「育」を必要とし、『恒先』はその状態を「不自忍」と称した。「不自忍」について李零氏が推測するには、自己を抑えない、そして教化することを拒まない、ということを意味した。老子は、万物が「自己」から生まれる行為であることに賛成し、よしと認めていた。それは例えば、「自然」、「自化」、「自均」、「自正」、「自賓」、「自知」、「自勝」、「自樸」および「自富」等である。そして老子は根源的なものが万物を生み出した後、万物に対して制御したり干渉したりしないと考えていた。それはすなわち、「生而不有、為而不恃、長而不宰」（『老子』第五十一章）であり、「不自是」「不自見」、「不自伐」、「不自矜」、「不自生」および「不自貴」等である。

老子の「道」は「尚柔」、「尚弱」、「尚静」、「尚樸」、「尚虚」、「尚無為」と「尚不争」の性質を大変色濃く帯びている。『恒先』には、例えば「自為」、「自作」、「自生」および「自復」のように、「自X」から成る術語だけでなく、さらに、「不自X」という形の語彙があり、それには「不自忍」のほかに、「不自若」というものがある。「不自忍」と「不自若」は、「恒先」が耐えることはしない、抑制をしないという否定表現の中で肯定の意味合いを持つ活動様式を表している語彙なのである。忍耐、抑制、自制というのは儒家が常に主張していることであり、道家は一般的に万物が自然に任せ、抑制や束縛を加えないことを主張する。「恒先」は宇宙の原初の「常態」として、それ自身が「自足」であり、同時にまた「自然に任せている」（「不自忍」）とするのである。

二 「域」から「気」に至るまで——宇宙の進化と天地の生成

一般的に述べると、道家の形而上学は本体論であり、また宇宙生成論でもあり、両者は合わせて一体となっていた。ただそれぞれの思想家がそれぞれ異なる面に重きを置いていただけである。老子は、道は宇宙の万物を生成するすべての根源であるとし、さらに一方では道は万物のすべての根源とすべての原理であるとし、万物の終極的な本質であると考えた。道家の形而上学を比較すると、『黄帝四経』の「道原」、『管子』の「心術上下」、『荘子』の「大宗師」、『文子』の「道原」、および明らかにこの『文子』の「道原」の影響を受けている『淮南子』の「原道」において提示されている「道論」は、いずれも「道」を「万物」の根拠と原理であるとすることに重きが置かれ、万物はすべて「道」に頼り、「道」を通して本性と合理性を獲得するのであった。『黄帝四経』「道原」の「道」を例として見てみると、その「道」は宇宙の万物を生成した根源とその過程を意味しているのではなく、主に万物の根拠と本質を指していることが明らかである。

古未有以、万物莫以。古（故）無有刑（形）、太迥無名。天弗能復（覆）、地弗能載。小以成小、大以成大。盈四海之内、又包其外。在陰不腐、在陽不焦。一度不変、能適規（蚑）僥（蟯）。鳥得而蜚（飛）、魚得而流

（游）、獣得而走。万物得之以生、百事得之以成。人皆以之、莫知其名。人皆用之、莫見其刑（形）。一者其号也、虚其舍也、無為其素也、和其用也。是故上道高而不可察也、深而不可則（測）也。顕明弗能為名、広大弗能為刑（形）、独立不偶、万物莫之能令。天地陰陽、［四］時日月、星辰雲気、規（蚑）行僥（蟯）重（動）、戴根之徒、皆取生、道弗為益少。皆反焉、道弗為益多。堅強而不撌、柔弱而不可化。精微之所不能至、稽極之所不能過。(18)

ここでは「道」が本体としての終極的な本質と無限性であり、万物がいかに道にとって有益であり、そしていかに存在しているかについて、様々な視点から説明がなされているが、「道」がどのようにして宇宙の万物を生成したかについては述べられていない。これと対照的なものが、『恒先』、『太一生水』、『列子』「天瑞」、『淮南子』の「精神訓」および「天文訓」、張衡の『霊憲』等であり、それらは宇宙と自然の奥深さや神秘について追求と探究をし、いずれも宇宙の万物がいかに生まれ、生成されたかを提示することに重きを置いている。

全体的に述べると、『恒先』の形而上学は一種の宇宙生成論であり、本体論ではない。しかしその生成論は、『老子』と『太一生水』等の生成論と比べて違いがある。老子は「道」から「万物」に至るまでのそれぞれの段階で相生まれる連続的な「生成」の過程を次のように説明した。

道生一、一生二、二生三、三生万物。（『老子』第四十二章）

『太一生水』は、「太一」から「歳」に至るまでのさらに多くの段階の生成の過程を説明した。宇宙の生成過程における「生」は、『太一生水』では「反輔」、「復相輔」と称している。[19] 宇宙の生成過程は、『恒先』の宇宙生成モデルに従って、宇宙の原初の状態から始まり、「或」→「気」→「有」→「始」→「往」という順序を経ていくのである。

或作。有或焉有気、有気焉有有、有有焉有始、有始焉有往者。

『恒先』が描く宇宙は、「無」から「有」の過程であり、それが「生」の過程であるとは直接述べていない。見たところ、一つの「演変」、「演化」であって、順々に「現れる」過程であった。この五つの段階で変化発展していく過程の中で、やや分かりにくいのが「或」の段階である。「或」は何を指すのか。李零氏は推測して次のように述べている。「文意から考えると、純無（道）と実有（気、有）の「有」（「或」は有と解釈できる）の間に位置するように思える。もしくは分化していく動き（「或」には蓋然性を表す意味がある）がその中に潜在的にある[20]」

恒先は純無ではない。当然ながら「実有」（気）と相対するということはできない。「或」とは、原初の無形な状態に位置し、同様に無形な気の間にある一種の存在であり、このような存在はつまりは「空間」といえるであろう。「或」は、もともとは、武装防衛している領土を指した。蔡枢衡氏の指摘によると、「域」は、古代では「或」と記し、土偏はのちに加えられたものであった。『説文解字』は「或」の解釈について、「従口、戈以守其一。一、地也」と記し、「或」は武装防衛の領域を意味すると説明してある。のちに城壁が出てきたので、「或」

の字に「□」を付け加えて、国という字になった[21]。龐樸氏はこれを「ある区域」と解釈したが[22]、これは「或」の元来の意味を示したものである。通行本『老子』には「域中有四大」と記されているが、郭店竹簡本と帛書『老子』にはいずれも「国中有四大」と記されており、ここから「域」はもともと「国」であったことが窺える。李学勤氏は『淮南子』「天文訓」と『老子』に見られる「域」に基づいて、「或」は「宇宙」に相当するものだと考えた[23]。

しかし直観的にいえば、「或」はただ「宇」に相当するだけである。『墨経』にはその証拠となる非常によい表現が見られる。つまり、「久」に相当するのは、「弥異時」であり、「宇」は「弥異所」（同上）であった[24]。『淮南子』「天文訓」の表現に照らし合わせると、「道」は「虚霩」に始まり（「霩」は「廓」に通じ、「虚霩」はすなわち「空虚」のことである）、「虚霩」は「宇宙」を生み出し、「宇宙」はまた「気」を生み出した。そして想像するのが非常に難しいことであるが、「虚霩」は時間と空間を生み出すことができ、空間と時間はさらに「気」を生み出すことができた。伝統的な宇宙観では、大抵は空間と時間は物質が存在する形式であると考えられており、それら自体は実体的なものではなかった。もし「時空」が非実体的なものとみなされるのであれば、もしくはカントがいうように「時空」は人間が「自然のために立法する」主観的な「直観の形式」であるならば、「時空」が事物を創造することは到底理解できない。しかし、新物理学は、「空間」が宇宙の爆発で最も簡単な「原初」の状態もしくは特異点から生まれたものであるという。空間だけでなく、時間も大爆発から生まれ出たものであった[25]。

こうした点からいえば、『恒先』が「域」の創出について提起したことは、理解できるだけでなく、非常に驚くべきことでもあった。時空は分けることができないという思想に従えば、『恒先』は「空間」の誕生を主張しているが、理論的には「時間」もそれに伴って誕生したといえるであろう。ただ、『恒先』は明確に提起していないが、『淮南子』は「宇」と「宙」が同時に生まれたことを主張している。

「時間」としての「宙」と「空間」としての「宇」は、中国の哲学者から見れば、いずれも実在するものであった。「宇」はあらゆる場所を包括し、自ずとあらゆる場所のあらゆる事物をも包括する。これはみな宇宙が変化発展し生成する過程で展開し、実行していく必要があった。王弼は老子の「域」について解釈する時に述べた「無称不可得而名日域」の「域」は、すなわちその中の一つの段階である。『恒先』において、「域」は「恒」とみなされていた。「恒先」から「域」に至るこの過程では、「域」は「恒先」から生まれ、「恒先」から進化してできたものであった。すなわち「自厭不自忍、或（域）作。」であった。しかし『恒先』では「域」は「自生」であると強調され、「生或者同焉」といい、「気」が「自生」しているのと同じであった。

道家の自然主義に従えば、『恒先』の「自生」とはどういうことかというと、第一として、宇宙が変化発展して生成するのはみな自身の終極的な原因である、ということである。それは、いわゆる「神意」の力に依るものではなかった。そして第二として、宇宙が変化発展し、生成する過程の各段階は、互いの関係性の影響と作用を受けているが（まさに「恒気之生、不独有与也」という表現のように）、主に「自身」の内なる衝動を通して実現したものであった。『恒先』では「昏昏不寧、求其所生。」と記されているが、宇宙は蒙昧で絶えず変化発展して化生し、すべてのものが自身の生存の衝動から生まれ出てきたものであった。

このような衝動は、『恒先』では「欲求」でもあった。つまり「因生其所欲」である。ここから考えると、『恒先』の「宇宙生成論」はまた一つの「自生論」でもあった。これは、『恒先』の宇宙観の構造の特徴の一つであるといえる。それは宇宙における活動の中で事物が互いに影響し作用を及ぼしていることと衝突することはなく、同時に宇宙が変化発展し、生成していく過程の中にある「内在性」と「自身性」を提示している。つまり宇宙の生成には上帝による働きは不用であり、自身で己に働きかけることができたのである。「気」の後に続いて宇宙が変化発展していく各段階が現れ、さらに「有」、「始」と「往」が存在した。「気」、「域」および「恒先」はすべてが「無形」の「虚無」であり、ここに存在する「有」は、当然ながら「虚無無形」に相対する「有形」の「有」であった。しかしそれが具体的に何を指すかについては、まだ解釈がなされていない。推測できるのは、「天地」を指すのではないか、ということである。『恒先』においては、「天地」は「気」から生まれたものであり、「天地」はまた「有形」の最も大きなものであった。『荘子』「至楽」篇には次のように記されている。

雑乎芒芴之間、変而有気、気変而有形、形変而有生。

「形」は「無形」の気が変化してできたものであり、その「形」とは「天地」を意味する。『列子』「天瑞」には次のように記されている。

一者、形変之始也。清軽者上為天、濁重者下為地、冲和気者為人。故天地含精、万物化生。

これにより、『恒先』がいう「有」とは、「有形的天地」の「あり」のことにちがいない。

ここで「気」が「天地」を生み出した問題について、詳しく見ていく必要がある。『老子』の「道生一、一生二、二生三」の「一」、「二」そして「三」は、一般的には異なる「気」として解釈されている。老子には「万物負陰而抱陽、冲気以為和」（『老子』第四十二章）という表現が見られる。その「陰」と「陽」は「陰気」、「陽気」ということもできる。「気」および「気」の「陰陽」でもって自然現象と事物の変化を解釈するのは、当然ながら老子に始まったのではない。『左伝』「昭公元年」には「六気之説」（「六気曰陰、陽、風、雨、晦、明也」）があり、「陰陽」はその中の二気となっている。『国語』「周語上」に出てくる「天地之気」は「気」を「陰陽」の二気に限定している。伯陽父はまさに「天地之気」を用いて、つまり陰陽の気の秩序が乱れたことに基づいて、西周の時代に「三川」で発生した大地震について解釈した。『恒先』では「気」を「陰」と「陽」に分けていない。しかし「気」を「清」と「濁」に明確に分けている。

この点は特に注意を要する。『列子』「天瑞」篇が先秦に書かれたものであるなら、伝世の先秦の文献には既に「気」を「清」と「濁」に分ける二分法が見られるといえるだろう。「天瑞」篇には、「清軽者上為天、濁重者下為地。」とあり、さらに、「精神者、天之分、骨骸者、地之分。属天清而散、属地濁而聚。」という一文もある。[26] もし『列子』「天瑞」篇が先秦よりも遅い時期のものであれば、「気」を「清」と「濁」に分ける二分法は、『恒先』に始まったことになる。周秦哲学において、「気」を「陰」と「陽」に分け、それによって天地の自然およびその現象の変化を説明するのは、基本的な様式であった。『荘子』の例は非常に代表的なもので、例えば「大宗師」篇の「陰陽之気有沴」や「秋水」篇の「自以比形於天地、而受気於陰陽」、「則陽」篇の「陰陽者、気之大者也」等である。漢代の「気」は、多くは「元気」と称されていた。その「元気論」は、先秦における「気」を「陰陽」に分けるという観念を受け入れながら、一方で、「気」を「清」と「濁」に分け、上に漂っている「天」は軽やかな「清気」から生まれたものであり、万物を載せて下に位置する「気」は重い「濁気」から生まれたものであるとしている。このことは『淮南子』「天文訓」の「清陽者薄靡而為天、重濁者凝滞而為地」、および張衡の『霊憲』の「於是元気剖判、剛柔始分、清濁異位」等の表現から[27]、はっきりと見て取れる。『説文』の解釈は「元気初分、清軽陽為天、重濁陰為地、万物所陳列也。」となっている。実際、ここで気の「清濁」を用いて「天地」が生まれることを説明している[28]。

「気」を「清」と「濁」に分けることから天地の誕生を解釈することは、漢代ではよくとられた方法であった。しかし、先秦では通常「気」を「清」と「濁」に分けないが、『恒先』ではこのような分け方が見られる。このことは、「気」を「清濁」二つに分けるのが、先秦には既に見られたことを説明している。「清」と「濁」は、もともとは「水質」の状況を指していた。水は純潔であれば「清」となり、水が混じり合うと「濁」になる。のちに「清濁」は音楽の中に取り込まれ、「音」を「清」と「濁」に分ける方法ができた。『老子』第十五章の「混兮其若濁。孰能濁以静之徐清」が述べているのは、依然として「水」の「清濁」についてである。『老子』第三十九章にはさらに「天得一以清、地得一以寧」という表現が見られるが、その「清」も「気清」とはいわない。儒家は「清濁」を人事と政治上に用い、善悪と良し悪しでもって「清濁」を論じた。例えば『孟子』「離婁上」には次のように記されている。

有孺子歌曰、滄浪之水清兮、可以濯我纓。滄浪之水濁兮、可以濯我足。孔子曰、小子聴之、清斯濯纓。濁斯濯足矣。自取之也。夫人必自侮、然後人侮之。家必自毀、而後人毀之。国必自伐、而後人伐之(29)。

おそらく天は上にあり、地は下にあり、天は虚で地は実、そして天は分散していて地は凝縮しているという直感に拠って、『恒先』の作者は「気」を「清」と「濁」に分けたのだろう。これは初めて「気」には「清濁」の二つの異なる性質があると考えたものであり、また初めて「天」と「地」が別々に「清気」と「濁気」から生成されたと提起されたものにちがいない。つまり「濁気生地、清気生天」である。『老子』の「道生一、一生二、二生三、三生万物」のモデルでは、「天地」がどこの段階に属するのか見出すことができない。『老子』第六章では、「谷神不死、是謂玄牝。玄牝之門、是謂天地根。」と述べられており、第二十五章でも「有物混成、先天地生。寂兮寥兮、独立而不改、周行而不殆、可以為天地母。」と述べられている。これに基づけば、「天地」はまた「道」が直接生み出したもののようでもあり、そして宇宙では特殊な位置を占めており、「域」における「四大」の中の「二大」である。しかし、老子の宇宙生成モデルは、必ずしも「天地」のこの段階について直接的に示していない。

これとは異なり、『太一生水』と『恒先』の宇宙のモデルにおいて、いずれも「天地」のこの段階が存在し、当然ながら両者の表現も同じというわけではない。『太一生水』では、「太一」が「水」の状態から変化して「天」を生み、その後に、「天」の状態から変化して「地」を生み出した。一方で、『恒先』は「気」の「清気」と「濁気」でもって同時に「有形」である「天地」の「有」を生み出した。宇宙は、「恒先」から「域」を経て変化、発展して「有」すなわち「天地」に至り、続いて「始」すなわち「万物」が誕生する。これは『恒先』で述べられている「有出於或（域）、生出於有」の意味するところかもしれない。[30] ただここでは「有」と「域」の間の「気」が省かれているだけである。

三 「始」と「往」――「万物」の生成、存在、および活動

「有形」である「天地」の「有」から、『恒先』の宇宙生成モデルにおいてその後続けて現れる「始」と「往」を見てみると、「始」はおそらくそれぞれの具体的な事物が生まれる「始」を指し、「往」は「万物」が循環して往復する運動と変化を指すものと思われる。「始」と「往」が何を指しているのか、これは『恒先』の難しい問題の一つであるが、ここで、ふさわしいと思われる解釈を試みてみたいと思う。

『荀子』の「王制」篇には、「天地者、生之始也」があり、「勧学」篇には「物類之起、必有所始」等の表現が見られる。『老子』第一章に見られる「無名天地之始、有名万物之母」は、「天地」と「万物」でもって相対し、「無」と「有」でもって相対している。通行本『老子』第四十章にある「天下万物生於有、有生於無」に拠ると、「無」は「有」に比べてさらに根本的であり、「無」が「有」を生み出した、とある。[31] これと結び付けて考えると、「無名天地之始」の「無」は、「天地」よりもさらに根本的であり、それは「天地」の始源であった。「有

名万物之母」の「有」は、「天地」を指すのであり、それは万物を生む「母体」であった。中国哲学における宇宙の生成論においては、一般的に「天地」が「万物」の「生成者」であり、「万物」はまた天地の間に生存していると考えられていた。

『周易』「繫辞下」に拠れば、「天地」の本性はつまりは「化生万物」(「天地之大徳曰生」)であった。『周易』「序卦」には「有天地、然後万物生焉。」という一文があり、『荀子』「富国」にも「夫天地之生万物也」という一文がある。天地が万物を生み出すことができるのは、天地の二つが、互いに交感作用を発生できる巨大な力であったからである。『周易』の「咸」と「帰妹」の二つの卦の「彖伝」は「天地感而万物化生」、「天地不交而万物不興」と述べている。『荘子』では、天地はいずれも「無為」でもって作用を発揮し、両者が結び付くと自ずから万物が生まれると考えていた。「至楽」篇では、次のように述べている。

天無為以之清、地無為以之寧。故両無為相合、万物皆化生。(32)

ここから、私たちは容易に『恒先』が述べる「生出於有」を理解することができる。この「有」はすなわちこれまで何度も強調してきた「天地」の「有」であり、この「生」はすなわち天地が生んだ「万物之生」、すなわち「万物之始」であった。「気」は天地の間に満ちており、「天地」が「万物」を生むのは、実際には天地の「気」の作用であった。

『恒先』では次のように記されている。

気信神哉、雲雲相生。信盈天地、同出而異生、因生其所欲。察察天地、紛紛而多采。

ここでは、「気」が非常に神妙で、神妙な気の作用と活動のもと、多くの事柄が生まれたと述べられている。万物はすべて天地に充満している気から生まれたが、それぞれ異なる。これは万物がそれぞれ自己を成就させたいという欲望を持っているからである。極めて目立つ存在である天地において、豊かで多彩な、様々な形の多様性を見せているのである。

しかし『恒先』では、万物の誕生は必ずしも異なる種類の、特に異なる個体がともに誕生したことを意味していない。種類は増えることも減ることもでき、個体はさらに生まれて死んで、変化して、循環し続けている。これは「始」の過程であり、また「往」の過程でもあった。『創世記』に拠ると、上帝が万物を創造したのは天を分けて行ったのである。これと同様に、『恒先』では、「自然」の生成と進化も順を追って徐々に進められていった。それは一度限りで創造しおおせるものではなかった。『恒先』における宇宙の進化および生成についてのもう一つのモデルは次のように記されている。

有出於或（域）、生出於有、音出於生、言出於音、名出於言、事出於名。(33)

先にも述べたが、ここに記されている「域」は「恒先」の後と「気」の前の、この両者の間にある「域作」の「域」のことであり、「有」とは「気」の後と「始」の前の、この両者の段階の間にある「有」であり、つまり

「天地」の「有」である。この一文に見られる「生出於有」の「生」とは、「生命」の「生」（「生」と「性」は通じるが、「性」とは読まない）を指す。「天地」は万物を造化し、「生命」はただその中の一つでしかない。「生」以下から「名」と「事」に至るまで、『恒先』がいう「出於」が意味している関係は、ただ万物が相生まれる関係にある中での一つの「系列」に過ぎない。『恒先』は特にこの一系列を列挙しているが、これは、生命、人、言語が自然の変化、発展の中で最も不思議なものであるためかもしれない。このような系列的な生成モデルとは異なり、『恒先』にはさらに「両両」が相対する生成観が見られる。

先有中、焉有外。先有小、焉有大。先有柔、焉有剛。先有円、焉有方。先有晦、焉有明。先有短、焉有長。

事物の平面的で、横並びの関係、あるいは弁証法、中と外、小と大、柔と剛、円形と四角形、暗と明、短と長、というような関係等に基づくと、いずれも双方相対した、相互に依頼して転化する関係にあり、どちらが先でどちらが後か、また、どちらがどちらを生み出したか、ということを述べるのは困難である。例えば、老子では、類似したこのような関係は互いに依存し、互いに転化した関係にある。『老子』第二章では「有無相生、難易相成、長短相形、高下相盈、音声相和、前後相随。」と述べられている。当然ながら、互いに相対したこれらの関係の中で、老子には、一方に偏り、さらに一方に立脚することでもう一方を得られると信じている傾向があった。それはまるで、『老子』第二十二章に「曲則全、枉則直、窪則盈、敝則新、少則得」と述べられている通りである。こうした例は多く見られ、これは老子の逆方向の思考方式の特徴である。

『恒先』では、何に基づいて「中と外」、「小と大」等これら相対的な関係が時間の流れの中で生まれ、生み出されたと考えられていたのか、ただちに詳細に説明するのは難しい。直観的に見ると、「中」、「小」、「柔」、「円」、「晦」、「短」に比べて、「外」、「大」、「剛」、「方」、「明」、「長」はいずれも目立つ存在であり、さらに「勢い」を表すことができる。老子が片一方を偏重していることと、『老子』第六十四章に見られる「合抱之木、生於毫末。九層之台、起於累土。千里之行、始於足下」に見られる「徐々に蓄積される」というロジックから考えると、顕著で強大なものは、微小で、不明朗なものを通して絶えず蓄積していってこそ、生成され、出現することができるのであった。

万物はいずれも自己の本性と特質を持っている。これは万物が互いに相違点を持っている根拠となっており、事物の「多様性」の表れでもある。このため、事物の間における互いに生み出す関係は、まさに「異生異、畏生畏、韋生韋、非生非、哀生哀」のように、「以類相生」であり、一種の「AがAを生む」という構造である。しかしここでのそれぞれの「A」の項目が何を指すのかは、まだ適当な解釈が見当たらない。李零氏はそれぞれのAにあたる項目をまとめて人の異なる情感と情緒、つまり、翼、畏、韋、悲、哀であると理解した。研究者たちは、李零氏の解釈に基づいて考察を続けたり、その他の説を提起したりしたが[34]、いずれにせよ難解である。人間の感情において、喜怒哀楽というのは、「楽しみ極まって悲しみ生ず」というように、互いに転化するものであるといえる。しかしながら、通常の思考では、楽しみが楽しみを生じ、哀れみが哀れみを生じ、悲しみが悲しみを生じるとはいわないであろう。そこで、これらの「項目」はおそらく異なる植物ではないかと推測できる。事物が生じ、変化するのは、一つには互いに転化して、甲から乙に変わるのである。例えば、「五行」が相生じて

「有無相生」となる、といったものである。そしてもう一つは、「同類相生」、「以類相生」が挙げられる。『国語』「晋語」には「如草木之産也、各以其物。」と記されている。ここの「物」は「類」を意味し、『荀子』「勧学」には、

草木疇生、禽獣群焉、物各従其類也。(35)

と記されており、『礼記』「楽記」にも、次のような表現が見られる。

而万物之理、各以其類相動也。

俗語にも「瓜を植えれば瓜がとれ、豆を植えれば豆がとれる」(種瓜得瓜、種豆得豆)といういい方があろう。このほか、文字の面からいうと、「異」、「畏」、「韋」と「非」はそれぞれ「莫」、「葨」、「葦」と「菲」に通じる。「莫」は、『説文』では、「芓」、「従艸、異声」と解されており、「芓」とは大麻の雌株のことである。「葨」は、『玉篇』では草の一種と解釈されており、『広韻』では「山草」すなわち「茜草」であるとも解されている。「葦」は、蘆葦、大葭である。「菲」は『説文』では「芴」と解されている。「芴」は一つ目の意味として野菜の蕙菜を指し、二つ目の意味として土瓜を指す。「哀」の字は「衣」に従う。「衣」は「殷」に通じるので、この字はおそらく草冠と「殷」の字に属する文字で、『集韻』ではこの字を野菜の名称としている。

以上の検討をもとに、「五つの項目」をすべて植物と解釈するのが一つの適切な推測ではないかと考えられる。このように、『恒先』のAがAを生じるという具体的な生成関係は、つまりは「蓂生蓂」、「蒐が蒐を生ずる」、「葦が葦を生ずる」、「菲が菲を生ずる」、「蔎が蔎を生ずる」の関係である。『恒先』が強調するのは「同類相生」である。各種類の植物には自分の本性があり、ある種の植物が生み出すものは、自然とその種類の植物になるのである。『恒先』がいう「求欲自復、復、生之生行」から見ると、ある種類の生物が改めてその種類の生物を生み出すのは、すべてが生物自身に内在する「再生」本能である。これは一方では、生物は循環と繰り返しの中で、確実に自身の遺伝子を残して広げていくということを示すものであり、また一方では、生物が一つの方向に向かって進化しているということを示している。

もしある種類の事物が生み出したものがその種類の事物ではないのであれば、それは事物の本性に背いた「怪異」であり、現代の術語でいうと「異化」である。これはまさに『恒先』がいう「或（域）非或（域）、無謂或（域）。有非有、無謂有。生非生、無謂生。音非音、無謂音。言非言、無謂言」と一致する。伝統的なロジックから述べると、AがAならば、Aは必ずAであるということである。一方、『恒先』における叙述の形は、AがAでなければ、AはそれをAとはいえない、である。逆にいえば、AがAであれば、すなわちAはそれをAと称することができる、となり、これは伝統的な論理に合致するものであった。

事物の本性から見れば、もしある種の事物がその本性に合っていなければ、あるいはその種類の事物でないのであれば、それはその種類の事物であるとはいえない。アリストテレスの観点によると、事物の自然は、事物の本性であり、事物自身が発展していく目的でもあり、各種の事物がみな自己の本性を追究し、目的の変化に合わせる。[36] ヘーゲルは、最もよい事物とは、その事物とその事物に対する概念の規定が合致している、と考えていた。例えば我々はよく真の友という。いわゆる真の友とは、その友人の言行が友誼の概念と一致することを意味する。同様に、我々はよく真の芸術品ともいう。この意義のもとでは、本物でない、というのはよくないものに相当する、もしくはそれがそれ自身の基準に適合していない、ということができる。よくない政府は真の政府ではない。一般的に、よくないと真ではないは、いずれも一つの対象の規定、もしくは概念とその実際の存在の間に矛盾があることである。[37]

ヘーゲルはプラトンと同様に、理念と絶対の観念は最も完全なる美であり、現実の有限な存在は完全なる美に到底およぶことはできず、消滅を免れないと信じていた。ヘーゲルは「理性と合致するものはすべて現実であり、現実のものはすべて理性と合致している[38]」と述べたが、名実の関係から見ると、そこでいう一つの事物が、実際はその事物でなければ、それはその事物であるとはいえないのであった。『恒先』で述べられている「或（域）非或（域）、無謂或（域）。有非有、無謂有。生非生、無謂生。音非音、無謂音。言非言、無謂言」は、主に「名と実」、「理想と現実」の間の関係を説明し、事物はすべて自身の本性に従って存在し活動している、ということを強調していた。具体的な「生成」の意義から見ると、事物の本性（ある物の種が持つ本性のように）は自身の成長を推し進めていく中で、もし自身の本性に合ったスタイルで発展していく必要があれば、それ相応の成長の条件が必要とされる。その事物が成長していく条件がよければよいほど、最良の状態へと成長し、生存できるようになる、あるいは理想的な生存が実現できるのである、といえるであろう。

上述したように、『恒先』における宇宙の生成と進化の全体的なモデルの中での「往」は、主に天地が万物を生み出した後に万物が生存し、活動していく段階を指している。複雑で活力に満ちて休むことのない、絶えず変化し動いている天地において、事物の「同類相生」という状態を表す「往」の他に、さらに事物の間には「相互に転化する」状態を表す「往」が普遍的に存在する。老子はそれを「反（返）」といい、「反」は「道」が活動していることを示すものであると述べた。

老子も「復」によって事物の活動と変化を説明する。「復」と「返」は互いにいい換えられる語彙であり、それらは事物の本性が実現するために発生する変化を意味し、さらに最終的には、終極的な「道」の本性を体現させるために起こる変化を指すのである。『老子』第十六章には、「致虚極、守静篤、万物並作、吾以観復。夫物芸芸、各復帰其根。帰根曰静、是謂復命。」と記されている。「変化の予兆を示す」荘子は、「気化」でもってその活動と変化する思想を展開し、荘子がいう「万物皆種也、以不同形相禅、始卒若環、莫得其倫、是謂天均」（『荘子』「寓言」）と「万物以形相生」（『荘子』「知北遊」）に見られる転化思想は、胡適がいうには、一種の進化論であり[(39)]、さらに正確にいうならば、それは一種の循環相生論であった。『荘子』「至楽」がいう「種有幾」して発生した「生」は、いずれも一つの物が別の一物に向かって転化していく「生」であり、それは自身の統一性を保つ「生」ではなく、自身の統一性から別の一物の「統一性」に向かって変化していく生であり、さらに、全体的には「万物皆出於幾、皆入於幾」というように循環している生であった。そして荘子は老子のように、「復帰」の思想を深め、「無以人滅天、無以故滅命」（『荘子』「秋水」）を堅持し、ただ「原始の社会」形態に向かう復帰を経て初めて人類の退化と異化を抑制し、そこから脱却できると信じていた。
まとめると、老子と荘子の「往復」、「反復」の思想は、二つの側面を含んでいる。一つは、それが万物の間における互いの転化、つまり個体における生と死である、ということである。そしてもう一つは、事物の変化とは、その本性を「復回」する活動であり、つまりは「根本に立ち返る」過程である、ということで、それはアリストテレスの言葉でいえば、「目的に合った」生成である。『恒先』では「往」は「復」とも記されており、二つを合わせると「往復」である。『恒先』では次のように記されている。

天道既載、唯一以猶一、唯復以猶復。恒気之生、因復其所欲。明明天行、唯復以不廃、知幾而亡思不天。

「天道既載」の「道」の字は、龐樸氏は「地」ではないかと疑問を呈しているが、根拠は示していない。[40]『黄帝四経』には「天地既成」と「天地既定」という表現が見られ、「載」は「成」である。『恒先』の「天道既載」の「道」は「地」であろう。天地は既に生成され、形作られ、ただ「一」と「復」のみが依然として、必然的に影響を及ぼしているのである。「一」は事物の「統一性」、および共通の本質と理解することができる。「復」とはつまり、先に述べた事物が自身を保ち、本性に戻る活動であり、「復」は天地自然の運行（「天行」）に恒久的に相従っていくのである。

四　「天下之事」と人間社会における行動の尺度

『恒先』の後半部分は、主に社会における人間や出来事に関する内容となっている。

恙（詳）宜（義）、利巧[41]、采物出於作、作焉有事。不作無事。挙天［下］之事、自作為事、庸以不可更也。凡（簡七）言名先者有疑、荒言之後者校比焉。挙天下之名、虚樹、習以不可改也。挙天下之作強者、果天下（簡十）之大作、其冥蒙不自若[42]、作、庸有果与不果、両者不廃。挙天下之為也、無夜（舍）也、無与也、而能自為也。（簡十一）挙天下之生、同也、其事無不復。［挙］天下之作也、無忤恒[43]、無非其所。挙天下之作也、無不得其恒而果述（遂）。庸或（簡十二）得之、庸或失之。挙天下之名、無有廃者。与（挙）天下之明王、明君、明士、庸有求而不慮。（簡十三）

『恒先』の紙幅に限りのある内容の中で、繰り返し使われている「挙天下之……」の文は、非常に注目されるものであり、それは全体の中で相当な字数を占める。龐樸氏はこの文の形式を用いて、竹簡の補正を行った。それは非常に説得力を持つものであった[44]。この一文から成っているこの話は、『恒先』における人間社会の見方を理解する上で、非常に重要である。人類は自然の一部分であるということからいうと、「人間社会観」も当然ながら自然観の一部分であるが、しかしながら人間を自然と相対させる立場に立てば、人間社会観は、人間はどのように自然と一つになり、また分かれるのか、ということを注視する必要がある。道家、とりわけ老子と荘子はともに「自然を貴び」、「無為を貴ぶ」傾向にあり、人間と大いなる樸、純真な天、そして道が合わさって一つとなることを求め、人為的な干渉と強制を拒否し、礼楽と文飾、名教による形式化と形骸化を取り除こうとした。『恒先』はどうであろうか。『恒先』にはこのような傾向が見られるのであろうか。これについては次のいくつかの面から述べていきたい。もし理解に誤りがなければ、『恒先』には荘子のような、強烈に「名」を拒否するやり方は見られない。ひいては「名」のための正当性を追究し、「名」は排除してはならないと信じている。これは『恒先』が老子、特に荘子と異なる部分である。

『恒先』が「名」について論じているのは、「挙天下之……」の形で述べられている「挙天下之名、虚樹、習以不可改也」と「挙天下之名、無有廃者」のほか、さらに「凡言名先者有疑、荒言之後者校比焉」、「名出於言、事出於名」、「言非言、無謂言。名非名、無謂名」がある。[45] これらの表現は『恒先』の「名言観」を形作っている。そこで示されている意義としては、まず第一点として、「名」は「言説」から生まれたものであり、これが「名」の由来であるということ。第二点として、社会においてやらなければならないことは「名」によって提起され、もしくは名に拠って物事が行われ、「事出於名」と類似しており、「名」は行動を正当化するということ。第三点としては、「名」は「名」にふさわしくないため、「名」と称することはできないということである。これはつまり、「名」は、「名」の内容と規範に合う必要があることを意味する。第四点としては、「名」は一旦形作られると、保持され、抽象的で具体的な事物ではない「虚名」であって、人々がそれに慣れたとしても、変えるのが難しいということである。これは「名」の安定性を指す。ここから、『恒先』は原則的に名とその作用を否定しないことが分かる。これは、黄老学の「形成観」でさらに明確に見て取れる点である。

『恒先』は、人々の「自然」から始まり、人々を「自為」とさせるような政治的な理性を持っている。これは老子が「自為」、「自化」、「自然」、「自均」の思想を主張していることと一致している。[46]『恒先』では次のように述べられている。

挙天下之為也、無夜（舎）也、無与也、而能自為也。

ここでは、明王は、天下の行為に対して「無夜（舎）」「無与」、すなわち「不施」「不与」であるべきで、そうすることで人々が「自行其事」（「自為」）できるようにする、ということが述べられている。『黄帝四経』「道法」には、「凡事無小大、物自為舎。」と述べられている。『恒先』も「事」には反対しないが、しかしその「事」というのは人々が「自為」する「為」と同様で、「自作」する「事」であり、これは、恒常の道が変更を加えることができない「事」であるため、「挙天［下］之事、自作為事、庸以不可更也。」と述べられているのである。明王は人々の「自為」と「自作」を遵守すれば、「強」になることができ、それはつまり天下の「大作」であった。『恒先』では次のように記されている。

挙天下之作、強者果天下之大作、其冥蒙不自若。

この文では、真の強者は真の大作があり、しかしその強者は賢そうには見えず、自らを立派とも思っていない、ということが述べられている。『老子』第三十章には次のように記されている。

善者果而已、不敢以取強。果而勿矜、果而勿伐、果而勿驕。果而不得已、果而勿強。

ここではやむをえない戦争のことが述べられている。「強弱」、「輸贏」でもって論じられる戦争は、老子の考えでは、最もよい結果になりさえすればよいのであり、決して無駄に「逞強」してはいけないのである。しかし通常の状況では、老子は合理的な方式で「強」を獲得し、合理的な方式でその強さを守ることを主張している。つまり、「不自見」、「不自是」、「不自伐」、「不自為大」、「不自貴」、「不自矜」、「不自生」であり、そしてまた「生而不有、為而不恃、功成而弗居」(『老子』第二章)と述べている。『恒先』では「強」が「大作」であると肯定し、そこで述べられている「冥蒙不自若」とは、控えめな態度でその「強」と「大作」に対応していることを意味しているにちがいない。『恒先』から見れば、理にかなっている、正当な「作」と「為」は、法則と規範を守る行動であった。

[挙]天下之作也、無許(忤)恒、無非其所。

「無忤恒」は、「恒常の道に違わない」ことを意味する。老子には「不失其所者久」（『老子』第三十三章）という表現があるが、「不失其所」とは、存在の根拠となっているものを失ってはいけないということである。さもなければ、行動した結果が不確かなものになってしまう。これはまさに『恒先』が述べる「挙天下之作也、無不得其恒而果述（遂）」と「知幾而亡思不天」の思想と一致する。『恒先』から見れば、世の中における様々なことがうまくいったのは、すべて「恒」に従って実現されたからであった。しかし実際には、人々がみな「恒」を遵守できるのではなく、「得之」ができる人もいれば、「失之」となる人もおり、これは「作、庸有果与不果、両者不廃」の思想と一致するのであった。

「恒」を遵守するということは、万物に向き合う時に、主観的な先入観を排除しなければならないということでもあった。整理者李零氏による釈文で「凡多采物先者有善、有治無乱。有人焉有不善、乱出於人」となっている箇所について、廖名春氏は改めて「凡多采物、先者有善有治、無乱。」というように区切りを入れた[47]。龐樸氏は第四号簡を第八号簡と関連付けて、「察察天地、紛紛而多采。物先者有善、有治無乱。有人焉有不善、乱出於人。」と区切りを入れた[48]。龐樸氏が示した編聯と句の区切りは参照に値する。『恒先』の「采物」は一つの固有名詞とみなせるという指摘もあるかもしれない。つまり、「紛紛而多采」は後ろの「物」の字とつなげて読むべきである、というものである。しかし、「采」と「物」を別々に読んでも通じるし、さらに古代の文献には「采」を単独で使う例も確かに見られる。『左伝』「昭公二十五年」には「六采」という語も見られる。「采」は「彩色」の意味で、「六采」とは六種類の色のことである。「紛紛而多采」とは天地の間にある万物について述べているのであり、つまり万物が多種多様であることを意味しているのである。

『韓非子』「揚権」では「故聖人執一以静、使名自命、令事自定。不見其采、下故素正。」と記されている。「采」と「素」は相対しており、「采」とは文彩のことである。そのほか、後ろの「物」の字と「先」の字をつなげて一緒に読むと、意味の上からも非常に適しており、「物先」と「有人」の相対関係を形成している。しかし、龐樸氏は「物先」について、万物に先立つ状態、物に先立つ状態を指すと指摘しているが、この解釈には無理がある。この万物に先立つ状態、物に先立つ状態の時には、善があり悪はなく、世の中は治められ乱はなかったが、「有人」の状態となって初めて不善が生じた、というのである。[49]「万物之先」、「無人」と「万物之後」、「有人」の対比から善悪を論じるというのは、たとえ荘子の「原始主義」の立場から見ても、過激である。『恒先』の「物先」と「有人」、「有善」と「有不善」、「有治」と「乱」は一つ一つ相対する関係になっている。この相対する関係において、「物先」と「有人」は相対する二種類の異なる「因」であり、「物先」の因があれば、「有善」、「有治」の「果」が存在する。「有人」の因があれば、「有不善」と「乱」の果が存在する。

これについては、老子と黄老学の「自然無為」、「因循」の観念から適切な解釈が導きだせるかもしれない。例えば、『管子』「心術上」で述べられている「毋先物動、以観其則。動則失位、静乃自得。道不遠而難極也」、「其応物也若偶之」、「舎己而以物為法」等や、「白心」の「静身以待之、物至而名自治之」はいずれも「以物為先」を強調している。『韓非子』「解老」では「先物行先理動之謂前識。前識者、無縁而妄意度也。」とも記されている。[50]

これから見ると、「物先」は「以物為先」であろう。つまり、客観的な秩序と法則を守り、主観的な先入観を主とした判断や行動を避け、逆にいえば、「不為物先」(「不在物先」)である。「有人」は、人間の主観性が存在するということ、つまり先入観を持っており、客観的な法則に従わずに行動することである。「物先」と「有人」

は、政治が治まっているか、乱れているか、よいか悪いかの分岐点である。英明な君主は自然の法則に従って行動することができ、主観的な「知慮」を避ける。これは上述した『恒先』の「無許（忤）恒」、「知幾」の主張とも一致する。

老子の政治思想において、「有為」と「無為」は、一反一正の二つの対立する政治的行為であり、老子は統治者による一連の干渉的な行為（「有為」）に反対であり、人々の要求に即した「無為」を主張する。例えば、『老子』第五十三章で統治者の贅沢で派手な気風を批判して、「朝甚除、田甚蕪、倉甚虚。服文采、帯利剣、厭飲食、財貨有余。是為盗夸。非道也哉。」と述べる。『恒先』が、相対する「作」と「不作」、「有事」と「無事」を提起しているのは、「有為」に反対し、「無為」を主張しているのである。ここで具体的に指摘しているのは、「恙（祥）宜（義）」、「利巧」および「采物」における「有為」と「無為」である。『恒先』の最終的に、「無事」、「無作」を堅持している「明王」、「明君」、「明士」は、国を治めるという望みを実現することができる、という結論を出した。

結語

宇宙が生成され変化してから、万物が現れ活動するに至り、さらに人間社会の秩序に至るまで、非常に限りのある紙幅の中で、『恒先』は我々のために一つの広大な宇宙観と人間社会観を打ち立ててくれた。全体的に見ると、この宇宙観と人間社会観は、道家の属性と特質を備えているため、研究者はこれを道家の学派に属するという比較的一致した考えを持っていた。問題は、その初期の道家思想の形成、変化と、その系譜の中で占める位置についてである。本論の冒頭で述べたように、この文献は老子と荘子の間に位置し、そしてまさに『太一生水』とともに発見されたことによって、我々は老子と荘子の間に存在する宇宙観の形態を知り、この段階における道家哲学の曖昧模糊とした状況から抜け出すことができた。

ただし、これは最初の推測である、ということを認識しておく必要がある。李学勤氏が示した説明は簡略であり、ここで議論を展開するつもりはない。『恒先』が『老子』の後のものであると推測するのは、まず第一に、老子が道家の学派の創設者であるという伝統的な立場に基づくものであり、第二に、『老子』（郭店楚簡『老子』は『老子』のテキストではない）より早い時期に出てきたものであるという認識に基づいている。『恒先』には『老子』の二つの主な概念である「道」と「徳」は使われていないが、『老子』のほかのいくつかの重要な概念が踏襲されている。例えば、「恒」（簡本と帛本）、「樸」、「静」、「虚」、「気」、「域」、「一」、「復」、「自生」、「名」等、これは『恒先』が『老子』を継承している部分である。同時に、『恒先』は老子の思想をさらに広く発展させ、いくつかの新しい概念を提起し、使用した。例えば、「恒先」、「太樸」、「太静」、「太虚」、「天行」、「濁気」、「清気」、「恒気」、「自作」、「自為」等であるが、これらの概念はまた『老子』思想の概念を基礎として提起されたものである。「樸」、「静」、「虚」はいずれも『老子』から哲理として使われ始め、『恒先』がこれを「太」の字と結合させて提示した「太樸」、「太静」、「太虚」等の合成語は当然ながらその後に出てきたものである。通行本

『老子』は「常」の字を使っているが、しかし帛本と簡本は「恒」の字を使っている。『老子』第四章と第二十五章では、「道」は「象帝之先」、「先天地生」であると述べられており、いずれも「久遠」の意味としての「先」を使っているのである。『恒先』は、『老子』の「恒」を使い、また『老子』が単独で使っている「恒」を単独で使っている「先」と結合させて、「恒先」という語を作り出し、それによって、宇宙の起点と原初状態を表している。これもまた『恒先』は『老子』の後に現れたことを証明している。

作者に至っては、具体的に誰なのか、定めるのが難しい。李学勤氏は、『荘子』「天下」をもとに、関尹、老聃の学説を「建之以常無有、主之以太一」と概括し、「関尹一派がもたらした説」と推測した。伝説上の老子の弟子も少なくない（例えば、関尹子、文子、亢倉子、列子、楊朱等）。『恒先』は老子のいずれかの弟子が作成したものなのか、それとも弟子のまた弟子によって伝えられ作成されたものなのか、これについては今のところ正確な判断を下すのが難しい。しかし、『恒先』が老子の後に存在したものであるというのは確かであろう。荘子の生没年はおおよそ紀元前三六〇～前二八〇年の間である（銭穆の『先秦諸子系年』では紀元前三六五～前二九〇年の間となっている）。学術界では一般的に上博楚簡の時期も戦国中期と推定しているが、これはかなり遅い時期になっており、これに拠ると、上博楚簡の上限と下限の時期と、荘子の生没年はおおよそ同じ時期となる。『恒先』が実際に書写された時期が大概は埋葬された時期よりも早いことを考え、さらに荘子の思想形成に一定の時間が必要であることを考えるならば、『恒先』は『荘子』（特にそれが代表する荘子思想）よりも早い時期のものであるはずである。

『恒先』は事物の確定性を強調し、「異生異……」や「有非有、無謂有……」等の論述方式を提示した。一方で、荘子は「気化」と転化を推し進めて発展させ、事物とその関係を完全に相対化し（「斉物」）、当時、名家恵施の思想と互いに呼応させた。これは『恒先』思想のアンチテーゼといえるであろう。荘子の関心は、個人の精神と心が超越した境地にあることに向けられており、一方で、『恒先』の関心は、社会における治政にあり、老子の「無為」と「自為」を結び付けるわけだが「法」との結合はない。黄老学は『恒先』の「自為」を発揮し、そしてまた「法」とも結び付いた。このような意義からいうと、『恒先』は『老子』と黄老学（『荘子』の中にも黄老学の要素がある）の間に位置するのである。つまり、『恒先』の出現は比較的早い時期であるにちがいなく、『恒先』と『太一生水』は、道家哲学が老子の後に変化発展していった一つの重要な段階を示すものなのである。両者はともに宇宙が如何に生成されたのか、宇宙の起源は如何なるものなのかを探究している。このため、我々は両者が存在した時期を「宇宙生成論の時期」と呼び、その両者が構築した哲学を「宇宙生成論の哲学」と呼ぶことも可能であろう。

注

(1) 李学勤「孔孟之間与老荘之間」（王中江主編『中国哲学的転化与範式——紀念張岱年先生九十五誕辰暨中国文化綜合創新学術研討会文集』、鄭州：中州古籍出版社、二〇〇六年、四九四—四九六頁）を参照。

(2) 李零氏の『恒先』釈文注釈（馬承源主編『上海博物館蔵戦国楚竹書（三）』、上海：上海古籍出版社、二〇〇三年、二九六頁）、龐樸「『恒先』試読」（姜広輝主編『中国古代思想史研究通訊』第二輯、二〇〇四年六月、二二頁を参

照。『黄帝四経』「大大経」には「天道已既、地物乃備」の表現が見られる。

(3) 『恒先』に関する、特に宇宙観については既に多くの研究がある。以下を参照されたい。李学勤「楚簡『恒先』首章釈義」(『中国哲学史』二〇〇四年第三期)、廖名春「上博蔵楚竹書『恒先』新釈」(同)、李鋭「〝気是自生〟『恒先』独特的宇宙論」(同)、陳麗桂「上博楚簡(三):『恒先』的義理与結構」(簡帛研究網、二〇〇四年一二月一九日)、丁原植「『恒先』与古典哲学的始源問題」〝新出土文献与先秦思想重構国際学術研討会〟論文(台湾大学、二〇〇五年三月)、林義正「論『恒先』的宇宙思維――基於内観功夫的另一個詮釈」(同)、丁四新「楚簡『恒先』章句釈義」(丁四新主編『楚地簡帛思想研究(二)』、武漢:湖北教育出版社、二〇〇五年)、陳静「『淮南子』宇宙生成論的理論前史――『恒先』解読」(『自由与秩序的困惑――『淮南子』研究』、昆明:雲南大学出版社、二〇〇四年)、浅野裕一「『恒先』の道家特色」(浅野裕一編『竹簡が語る古代中国思想――上博楚簡研究』、東京:汲古書院、二〇〇五年)、竹田健二「『恒先』における気の思想」(同)、曹峰「『恒先』政治哲学研究」(『上博楚簡思想研究』、台北:台湾万巻楼図書股份有限公司、二〇〇六年)等。

(4) 『恒先』の編聯と釈読に関しては、我々は李零氏による『恒先』の釈文および注釈に拠った(馬承源主編『上海博物館蔵戦国楚竹書(三)』を参照)。さらに、主に龐樸「『恒先』試読」、曹峰「『恒先』的編聯与分章」(『上博楚簡思想研究』)を参照した。『恒先』佚文は十三本の簡から構成されており、李零の釈文に拠ると、その中の一、二、三、四号簡、五、六、七号簡、八、九号簡、十、十一、十二、十三号簡はそれぞれつながっており、かなりはっきりしていて、別々に分けることはできない。第四号簡は別の簡と編聯になっているはずであることが一つの重要な点である。龐樸氏は第八号簡と編聯になっているとの案を提示した(第九号簡とも自ずとつながっていることになる)。文字と思想の両方の側面から考えると、これは適切で納得できるであろう。この考えに基づけば、後ろの第五号簡(第六、七号簡とつながっている)は第九号簡とつながり、第七号簡と第十号簡(第十一、十二、十三号簡もつながる)がつながっているという順序は、理に適っているといえる。

(5) この句は、これまで「未有天地、未有作行、出生虚静、為一若寂、夢夢静同、而未或明、未或滋生」と読んでいたが、ここでは曹峰氏の説に拠り改めた。曹峰「『恒先』的編聯与分章」(『上博楚簡思想研究』、一一四頁)を参照。

(6) この句はこれまで「知既而荒思不殄」と釈されていたが、意味が非常に分かりにくいため、李鋭氏と曹峰氏の説に拠って改めた。李鋭「『恒先』浅釈」(簡帛研究網、二〇〇四年四月二十三日)、曹峰「『恒先』釈義四題」(『上博楚簡思想研究』、一六〇―一六七頁)を参照。

(7) 例えば、李零氏の『恒先』釈文の注釈については、馬承源主編『上海博物館蔵戦国楚竹書（三）』、二八八頁を参照。

(8) 裘錫圭「是〝恒先〟還是〝極先〟?」（『二〇〇七中国簡帛学国際論壇』、台湾大学、二〇〇八年十一月、一―一六頁）。文字と文意の双方から「恒先」がなぜ「極先」と読むべきなのかを論証してある。確かに部分的には非常に啓発を受けたが、しかしながら「極先」と読む必要はないと考える。改めて議論の機会を待ちたい。

(9) 饒宗頤「帛書『繋辞伝』〝大恒〟説」（『道家文化研究』第三輯、上海：上海古籍出版社、一九九三年、六―一九頁）を参照。「恒」に関しては、中嶋隆蔵「関於先秦時代〝恒〟的思想」（『儒学全球論壇〔二〇〇五〕』、山東大学、二〇〇五年九月、八九―九二頁）を参照。

(10) 龐樸「『恒先』試読」、二二頁。

(11) これと相対するのが、人類が自身と万物、自我と社会を別々にとらえる「自我の意識」である。これは「人物の別」、「人禽の別」、「群己の別」と表現される。

(12) 列奥·施特労斯（Leo Strauss）『自然権利与歴史』（Natural Right and History）、北京：三聯書店、二〇〇三年、九〇頁。

(13) 道家における形而上学の特徴と「有無之辨」については、王中江著『道家形而上学』（上海：上海文化出版社、二〇〇一年、一三一―一六八頁）を参照。

(14) 李零氏の『恒先』釈文の注釈（馬承源主編『上海博物館蔵戦国楚竹書（三）』、二八八頁）を参照。

(15) 李学勤『楚簡「恒先」首章釈義』、八一頁。

(16) 李学勤『楚簡「恒先」首章釈義』、八一頁。廖名春『上博蔵楚竹書「恒先」新釈』、八三―八四頁。

(17) 張衡の表現とも比べて見ることができる。『霊憲』では次のように述べられている。「太素之前、幽清玄静、寂寞冥默、不可為象、厥中惟虚、厥外惟無。如是者永久焉、斯謂溟涬、蓋乃道之根也。」『後漢書』「天文上」（劉昭注補、北京：中華書局、一九八七年、三二一五頁）を参照。

(18) この点に関しては、『荘子』「大宗師」に見られる表現も非常に典型的である。「夫道、有情有信、無為無形。可伝而不可受、可得而不可見。自本自根、未有天地、自古以固存。神鬼神帝、生天生地。在太極之先而不為高、在六極之下而不為深、先天地生而不為久、長於上古而不為老。狶韋氏得之、以挈天地。伏戯氏得之、以襲気母。維斗得之、終古不忒。日月得之、終古不息。勘坏得之、以襲崑崙。馮夷得之、以遊大川。肩吾得之、以処大山。黄帝得之、以登雲天、顓頊得之、以処玄宮。禺強得之、立乎北極。西王母得之、坐乎少広、莫知其始、莫知其終。彭祖得之、上及有

(19) 虞、下及五伯。傅説得之、以相武丁、奄有天下、乗東維、騎箕尾、而比於列星。」『列子』「天瑞」は「太易」をはじまりとみなして、宇宙が化変して生成する過程を説明している。「有太易、有太初、有太始、有太素。太易者、未見気也。太初者、気之始也。太始者、形之始也。太素者、質之始也。気形質具而未相離、故曰渾淪。渾淪者、言万物相渾淪而未相離也。視之不見、聴之不聞、循之不得、故曰易也。易無形埒、易変而為一、一変而為七、七変而為九。九変者、究也、乃復変而為一。一者、形変之始也。清軽者上為天、濁重者下為地、冲和気者為人。故天地含精、万物化生。」

(20) 李零『恒先』釈文注釈を参照。馬承源主編『上海博物館蔵戦国楚竹書（三）』、二八八頁。

(21) 蔡枢衡『中国刑法史』（南寧：広西人民出版社、一九八三年、七頁）を参照。

(22) 龐樸「『恒先』試読」、二一頁を参照。

(23) 李学勤『楚簡「恒先」首章釈義』、八一―八二頁を参照。

(24) 「域」と「宇」の関係については、譚戒甫氏の『墨辯発微』（北京：中華書局、一九六四年、二二七―二二九頁）を参照。

(25) 保羅・戴維斯（Paul Davies）『上帝与新物理学』（長沙：湖南科学技術出版社、一九九五年、一〇―一六頁、五九―六〇頁）を参照。

(26) 「天清」の「清」と「地濁」の「濁」は、当然ながら「気の清濁」と関わりがある。

(27) 『後漢書』「天文上」劉昭注補、三二一五頁。

(28) 許慎『説文解字』、北京：中華書局、一九六三年、二八六頁。

(29) 『荀子』「解蔽」では次のように述べられている。「故人心譬如槃水、正錯而勿動、則湛濁在下而清明在上、則足以見須眉而察膚理矣。微風過之、湛濁動乎下、清明乱於上、則不可以得大形之正也」。「君道」篇では次のように述べられている。「原清則流清、原濁則流濁」。「清濁」が水質の状況から変化して人間のモデルと政治倫理を評するものになっている。

(30) 『恒先』の「生」は、李零氏は「性」と読んでいる。研究者の多くはこの釈読を受け入れているが、しかしもともとは「生」と読むものであったのかもしれない。

(31) しかし簡本の『老子』では、この句は「天下万物生於有、生於無」となっている。これに拠ると、「無」と「有」は並列関係となる。しかしながら『老子』では、「有無」は結局は「対等関係」であるのか、「前後関係」であるのか、

(32) 断言するのは難しい。王弼の理解と解釈に従うのであれば、老子の「無」は「有」よりも根本的な意味を持つ。

(33) 類似の例は、他の文献でも見られる。例えば、『越絶書』「外伝・枕中第十六」には范蠡の話が記されている。「道生気、気生陰、陰生陽、陽生天地。天地立、然後有寒暑、燥湿、日月、星辰、四時、而万物備」。『列子』「天瑞」には次のように述べられている。「故天地含精、万物化生」。『論衡』「物勢」では、「然則人生於天地也、猶魚之於渕、蟣虱之於人也。因気而生、種類相産、万物生天地之間、皆一実也」、「天地合気、物偶自生矣」。『論衡』「非韓」では、「人君治一国、猶天地生万物。」
構造の面においては、『鶡冠子』「環流」がいう「有一而有気、有気而有意、有意而有図、有図而有名、有名而有形、有形而有事、有事而有約」と『恒先』のいう「有或焉有気、有気焉有有、有有焉有始、有始焉有往者」は類似している。意味の面からいうと、それは『恒先』の「有出於或（域）、生出於有、音出於生、言出於音、名出於言、事出於名」と近いものがある。

(34) 趙建功氏の「『恒先』易解（上）」、孔子二〇〇〇網、二〇〇五年一月五日を参照。

(35) 儒家には「以類相感」の思想がある。『周易』「文言」には次のように記されている。「子曰、同声相応、同気相求。水流湿、火就燥、雲従龍、風従虎、聖人作而万物睹。本乎天者親上、本乎地者親下、則各従其類也。」

(36) ヘーゲルが指摘するには、「アリストテレスの主な思想は、自然を清明と理解し、ある物の自然（もしくは本性）をこのような一種の物だと理解している。それ自身は目的であり、自身と統一したものであり、その己の活動の原理であり、別の者に転化しない。それ自身が持つ内容に従って変化を規定することによってそれ自身を適合させる。そして変化の中で自己を保つのである。ここで彼は事物自身の理念に存在する内在的な目的性に着目し、そして必然性をこの種の目的性の外在的な条件とみなしたのである。」（黒格爾『哲学史講演録』第二巻、北京：商務印書館、一九八三年、三〇九―三一〇頁）

(37) 黒格爾『小邏輯』、北京：商務印書館、一九八一年、八六頁。〔訳注〕訳出にあたり、ヘーゲル著、松村一人訳『小論理学』上巻（岩波書店、一九五一年）を参照した。

(38) 黒格爾『小邏輯』、四三頁。

(39) 胡適は、『荘子』の「万物皆種也、以不同形相禅」について、「この十一文字は一篇の「物種由来」を表している」という。胡適「中国哲学史大綱（巻上）」『胡適学術文集・中国哲学史（上）』（北京：中華書局、一九九一年、一七八頁）所収。

(40) 龐樸『「恒先」試読』、一二三頁。

(41) 「詳義利巧」の「巧」は、原釈文では「主」としている。董珊の説により、「巧」に改めた。董珊氏の「楚簡『恒先』〝祥宜利巧〟解釈」（簡帛研究網、二〇〇四年十一月九日）を参照。

(42) 「冥蒙」は廖名春氏の説を取った。「冥蒙」は蒙昧のことであり、「自若」の「若」は「如」とする。廖名春氏の『上博蔵楚竹書「恒先」新釈』、九〇―九一頁を参照。

(43) 「無忤恒」の「忤」は、原釈文では「許」となっているが、意味が解し難いため、丁四新氏の説に拠り「忤」に改めた。丁四新氏の『楚簡「恒先」章句釈義』、一二九頁を参照。

(44) 龐樸『「恒先」試読』、一二二―一二三頁を参照。

(45) この中にある「凡言名先者有疑、荒言之後者校比焉」の一句については、釈文から句の区切り、解釈に至るまで様々な意見がある。どのように解釈すべきなのが、さらに検証が待たれる。ただ見たところ、それは言と名を否定してはいない。

(46) この点に関しては、曹峰氏が特に検討している。曹峰氏の『〈恒先〉政治哲学研究』、一二三―一四八頁を参照。

(47) 廖名春氏の『上博蔵楚竹書「恒先」新釈』、八八頁を参照。

(48) 龐樸氏の『「恒先」試読』、一二二頁を参照。曹峰氏は第十号簡と第八号簡を編聯させて、「天下多采物、先者有善、有治、無乱……」とした。曹峰氏の『上博楚簡思想研究』、一二〇頁を参照。

(49) 龐樸『「恒先」試読』、一二二頁を参照。

(50) 類似の思想は、『淮南子』「原道訓」の「所謂無為者、不先物為也」に見られる。

第四章

『凡物流形』の生成、およびび自然と聖人

——「一」をめぐる考察と帰属学派について

曹錦炎氏が整理した『凡物流形』[1]は、上海博物館が所蔵する楚竹書の中で哲学的な要素がかなり強い一篇の佚文で、もう一篇の佚文は既に世に知られている『恒先』である。『凡物流形』は『恒先』よりもやや長く、「奚」(「なぜ」)のスタイルで問いを提起し、また「聞之曰」(「聞いたところによると」)のスタイルで問題を述べており[2]、これは『恒先』の純粋な論述スタイルとはやや異なる。『凡物流形』が言及している問題も、『恒先』に比べて広範であり、特に前半部分は、多くの自然の事物と現象の起源と原因を追究したものになっている。全体的に『凡物流形』の哲学は、二つの大きな側面から構成されており、一つはその宇宙観と自然観であり、もう一つはその政治哲学(「治道」)である。佚文の重要な術語である「執道」や「執一」、「一心」は、いずれも「聖人の治道」のことを指している。一方、「道」と「一」自体は、まずは宇宙観と自然哲学の範疇に属する。ただ、『凡物流形』では、「道」というこの範疇自体についてはほとんど何も説明がなされておらず、これは『恒先』および『太一生水』の状況と類似している。

『凡物流形』が重きを置いているのは「一」の範疇であり、その宇宙観と自然観は主に「一」を通して構築されてきた。『凡物流形』が多くの自然現象や万物の変化の原因に対して行ってきた一連の追究は、最終的には「一」を通して説明がなされている。これにより、我々はその学派の帰属を推測することができる。実際、この佚文が公開されて以降、学界では佚文の新たな編集や釈文、難解な文字について多くの考察が行われたが、その哲学および思想に関しては、系統的な検討と討論がなされてこなかった。またいくつかの問題に関しては、さらなる議論が必要である。

本論では、これまでの釈文と文字研究を基に、『凡物流形』の「一」――これは『凡物流形』の革新的な哲学の範疇を意味するのであるが、この「一」に関わる宇宙観および自然観、そして政治哲学について総合的な検討を行い、『凡物流形』における哲学の逸文の思想構造と内容について提示する。

一　生成の根源としての「一」

既に知られている道家の宇宙生成論のうち、我々はいくつかのモデルを見てきた。それらのモデルには、伝世文献によく見られるものもあれば、出土簡帛文献において新たに発見されたものもある（例えば郭店楚簡『太一生水』や上博楚簡『恒先』等）。新たに公開された『凡物流形』は、また一つの宇宙生成のモデルを示すものである。このモデルは我々がこれまで見てきた宇宙生成のモデルと一定の関係を持ってはいるものの、以前のモデルに比べて独自の特徴を持っている。『凡物流形』の宇宙生成モデルは、主にテキストの次の一段に集約して体現されている。

聞之曰、一生両、両生参、参生母、母成結。

この話の整理者は、「聞之曰：豸（貌）生亜（悪）、亜（悪）生参、参生吊城（成）結」と解読した(3)。しかしながら沈培氏は、整理者が釈した「貌」の字は、実は「一」の字であることを発見した。[4] しかし「一」の字としては、その書き方は次のように確かに独特であった。「」である（隷書では「鼠」となっている）。郭店楚簡『太一生水』の「一」は、直接「一」と表記されている。この字体の形態構造に対する隷定についてもいろいろと議論がなされてきたが、[5] 多くは「一」と読んでいる。原釈文の「悪」は、実は「両」であったことに関しては、みな異論はない。原釈文の「吊」に関して、沈培氏は「四」と解釈し、李鋭氏もそれに同意した。[6] この解読に従えば、すなわち「参生四、四成結」となる。しかし、復旦読書会は、新たに編纂した釈文では「女」と解釈しており、それは「母」の字の誤りではないかと疑っている。[7] 秦樺林氏は『凡物流形』甲本における「女」の字の書き方を列挙し、この字が「四」と解釈できないことを指摘し、復旦読書会の解読を支持した。そして、さらに「母」と「結」について哲学面における説明を加えた。[8] 筆者も「母」と解読するのが適切ではないかと考えている。

我々がまず注目したいのは、この「一」についてである。確実にいえるのは、『凡物流形』においては「一生両」の「一」およびその他の用例は、いずれも万物の「根源」を指している、ということである。したがって、それは道家および黄老学のテキストに見られる「一」と互いに比較することが可能である。「一」を宇宙生成の根源および起点とみなすのは、老子に始まる。整理者が行った「聞之曰、一生両、両生参、参生母、母成結」についての釈文は問題があるが、しかしそこには『凡物流形』のこの一段と通行本『老子』第四十二章がいう「道生一、一生二、二生三、三生万物」の一段の間には、例えばいずれも三文字から一句が成っている等、類似点があることも考慮されている。さらに、主にいずれも、一つのレベルがもう一つのレベルを生成する（XがYを生む）、という形になっている。ただ『凡物流形』の最後の一句では、「成」の代わりに「生」が使われている。一つの生成モデルとして、『凡物流形』はおそらく『老子』のこの一段の影響を直接受けたのであろう。既に存在するその他の生成モデルとして、いまだ形式の面において『老子』のこのモデルと類似したものは、ない。しかしまさに我々が見ることができるように、『老子』が示した万物生成モデルの中で、「一」は万物の「最初」の根源ではなく、それは「道」から生まれてきたものであり、「一」は、生成過程において、一つ下のレベルに位置するのである。このような意味での「一」は、『荘子』「天地」篇でも確認することができる。

泰初有無、無有無名。一之所起、有一而未形。物得以生謂之徳。

『荘子』のこの生成モデルにおいては、生成の根源は「泰初」であり、その性質は「無」で、「有」はなく、「名」もなかった。成玄英の『荘子疏』では次のようにいう。

泰、太。初、始也。元気始萌、謂之太初。言其気広大、能為万物之始本、故名太初。太初之時、惟有此無、未有於有。有即未有、名将安寄。故無有無名。(9)

「泰（太）初」は、生成の最も高いレベルに位置するが、「一」は、「泰初」の下の段階に位置し、その特性は「未形」である。陳鼓応氏の解釈によると、「一」は、「道」（「無」）の創生活動においては一段階低いレベルにおいて作り出された、未分化の状態であった[10]。「一」は、「道」と「泰初」の下に位置するレベルにあり、「道」および「泰初」と名を異にして同じ内容を指しているのではない。これは『老子』および『荘子』の二つの生成モデルの「一」であり、『凡物流形』の生成モデルの「一」との主要な相違点である。

『凡物流形』の「一」が、我々が既に知っている道家の「一」と異なるもう一つの大きな点は、それが「感知を超えたもの」とみなされておらず、直接体験し接触可能なことである。

是故一、咀之有味、嗅［之有臭］、鼓之有声、近之可見、操之可操、掾之則失、敗之則槁、賊之則滅。

『凡物流形』の「一」に対するこのような描写は、非常に独特であり、道家の大いなる伝統においては、形而上学のものに対して一般的にこのような描写は行われていない。道家が「道」や「一」についてこれまで語ってきたのは、それらが無形無象、無声無味であり、感じることも触れることもできないが、確かに万物の根本的な根源であり拠りどころである、ということであった。世界における最も根源的な本体に限らず、多くの一般的な抽象的な概念は、例えば時空や数、関係、無限、有限、絶対、相対等もみな、直接感知できない超経験的な存在であった。『荘子』「知北遊」篇では、東郭子が荘子に「道」はどこにあるのか教えを請うと、それに対して荘子は「どこにでもある」と答えている。荘子から見れば、「道」は「螻蟻」や「稊稗」の中にもあり、「瓦甓」、「屎漏」にも道はあった。東郭子が想像する「道」は、具体的な「物」のように存在するが、荘子のいう「道」は、具体的な物ではなく、「物」を構成している「本質」のことである。「本質」はすべての物の中に存在しながら、しかもいかなる「具体的な物」ではない。つまり「物物者与物無際、而物有際者、所謂物際者也。不際之際、際之不際者也」。もし『凡物流形』がいう「一」の可感性というものが、「一」が「万物」を通して表現されることを指すのであれば、具体的な物を感知することは、つまり「一」に対する一種の感知であり、それは「一」自身は直接感知できないものであることを意味する。もしこのようでなく、「一」は最高レベルの本質であり、さらに感知が可能であるというのであれば、それは一種の形象化した説明方式だと理解するしかない。道家は、大概はこのような方法を採らず、通常は感知可能なものに対して一連の否定をし、それによって、根源である本体について説明するのである。

一般的に『老子』の生成モデルにおける「一」、「二」、「三」はそれぞれ、未分化の「気」、分化後の「陰陽二気」、陰陽が互いに結合して形成された「和気」とみなされている。このような「和気」が、最終的に万物を生み出す。それについて、『淮南子』「天文訓」では次のように説明されている。「道始於一、一而不生、故分而為陰陽、陰陽合和而万物生。故曰、一生二、二生三、三生万物」。この解釈によると、「二」は「陰陽二気」を指し、「三」は「和気」を指す。この解釈では、「一」が指すものについては言及されていない[11]。『列子』「天瑞」における万物の生成モデルは、「太易→太初→太始→太素」の四段階において、「太易者、未見気也。太初者、気之始也。太始者、形之始也。太素者、質之始也」と記されている。一方で「一」は、「形変之始也。清軽者上為天、濁重者下為地、沖和気者為人。故天地含精、万物化生」。『凡物流形』においては、「気」という術語は、前後合わせて三度出てくる。すなわち「五気並至」の「気」、「並（屏）気而言」の「気」、そして「和朋和（気）」の「気」である。後者二つの「気」は常識的な用法で使われており、意味は「息を出す」、「穏やかな表情」という態度を意味する。

ここで問題なのは、「五気」が何を指すか、ということである。『左伝』昭公元年には、医和の「六気説」の記載がある。「六気」とはすなわち「陰、陽、風、雨、晦、明」を指す。『釈名』には、「五行者、五気也」と記されている。曹錦炎氏は、『凡物流形』の「五気」は、すなわち「五行之気」だと解している。もし実際にそうであれば、「五行之気」は一般的にいわれている「陰陽之気」とは異なる。『凡物流形』にも「陰陽」の概念があり、「陰陽之序、奚得而固。」と記されている。「気」であろうが「陰陽」であろうが、『凡物流形』はそれらと万物の生成を関連付けていない。このため、『凡物流形』がいう「一」、「両」および「参」が果たして「気」の異なる発展段階であるのか否かは、やはり問題である。道家生成論の大いなる伝統からいえば、異なる「気」によって解釈を加えることが可能かもしれない。

「参」から生まれ出てくるものが「母」である。「母」は、道家の宇宙生成論の中の一つの比喩的な用語で、人類の出産には母親が存在することから、宇宙と万物の誕生にも母、すなわち根源が存在する、と構想した。『凡物流形』の「母」は、生成の第三段階に位置している。『凡物流形』の「母」は、老子のいう母と異なり、『太一生水』に出てくる「母」とも異なる。老子のいう「母」とは、「道」が「天地の母」になった、その「母」のことを指し、『太一生水』の「母」は、「太一」が「万物の母」になった、その「母」を指す。しかし、『凡物流形』の「母」とは、万物を生み出す中間的な段階である。「母」が生成するものが「結」である。「結」の原義は「締結」である。秦樺林氏は、『鶡冠子』「泰録」のいう「故神明錮結其紘、類類生成、用一不窮」を引いて、「結」は凝集、集合の意味であるとの考えを示している。(12)

『老子』生成論の四段階のうち、最後の一段階は「三は万物を生ず」である。これに拠れば、『凡物流形』生成論の第四段階の「母成結」の「結」は、万物の生成、すなわち、いわゆる「品物流形」である。「結」には「成」、「完成」の意味がある。『左伝』襄公十二年には、「使陰里結之。」と記されている。道家生成論のモデルにおいて、「天地」は、万物を生成する過程における「有形」の最も大きな存在であり、両者は時に「万物の母」とみなされる。『凡物流形』には、天地は万物の母であるという表現は見られないが、「天地」の特殊な地位は強調されている。しかしもし「母」が直接生成したものが万物であれば、「天地」も当然、その中に含まれることになる。

二　「物」としての「自然」

道家の生成論における道や太一、恒先は、万物生成の根源として「多」を生み出し、その「多」が、すなわち自然界の物理的な客体――「万物」であった。生成者の「一」と被生成者の「多」の関係は、道家においては、多くの場合、無形と有形、無象と有象、無名と有名、不可感と可感等の関係とみなされており、『列子』「天瑞」および『荘子』「在宥」篇ではさらに、「生成者」と「生」、「形者」と「形形者」、「物物者」と「物」といった表現が見られる。有形、有象、有名、可感なものは、物、もしくは万物として、いずれも個体や現象として存在していた。「有形」の最も大きな存在である「天地」に関してもいうまでもない。『凡物流形』のこの逸文の前半部分は、自然界における有形の個体、および自然現象に対する追究になっており、それが浅野祐一氏がこの部分を「問物」と命名したゆえんでもある。[13] しかしながら、この部分と後ろの部分をそれぞれ一篇とみなすのは、適当ではないだろう。実際、浅野祐一氏が命名した後ろの部分「識一」（「識」は「執」とすべき――筆者）からいうと、「一」と生み出された「多く」の「物」、この双方がちょうど互いに呼応しているのである。[14]

『凡物流形』が注目される点の一つは、その前半の大半が主に問題提起の形になっており、見たところ屈原の「天問」のようになっていることである。だが佚文全体から見ると、それはまた「天問」とは異なっている。というのは、「天問」は、徹底的に最後まで問う形になっているが、『凡物流形』の後半部分の一部においては、問いではなく、「聞之曰」によって述べられているのである。前半と後半で言及されている内容が、生み出す「一」と生み出された「多」との関係、というようにまとめることができるのであれば、後半の内容も前半のすべての問いに対する回答といえるだろう。生み出すことができる「一」に関しては、我々は先に既に論じた。ここでは、『凡物流形』における「物」としての「自然」がどのようなものか、そして『凡物流形』はまたこれらの「自然」、および「自然」の現象の原因をどのように追究しているかについて、考察していきたい。

『凡物流形』の自然観は、「自然」の原因（「なぜ」）ということを追究することによって表現されている。それは一連の問題を提起しており、その数は四十あまりに上るが、そのどれに対しても、直接的な回答は与えられていない。このため、我々は、作者が追究した自然の原因についての直接的な回答を知る由もないが、しかし作者が問うたのが「どのような」現象であるのか、ならびにその要因を知ることは可能である。どのような「自然」

であるのかを追究することは、それ自体、『凡物流形』の作者が「自然」に対してどのように観察し、またどのような関心と思考を持っていたかを示している。[15]まさに『凡物流形』というタイトル自体に示されているように、その自然観が論じているたいていの問題は、「物」と「流形」についてである。「物」は自然界に存在するあらゆるものの総称であり、『凡物流形』はそれを「百物」と称しており、古代哲学においては「万物」、あるいは「品物」、「庶物」とも称されている。「物」は大抵「形」と「体」によって存在し、変化する。『荘子』「天地」篇では、「一之所起、有一而未形。物得以生謂之徳。未形者有分、且然無間謂之命。留動而生物、物成生理謂之形。形体保神、各有儀則謂之性。」と記されている。ここでは主に「形」によって「物」を語っているが、しかしまた「形体」という表現も使われている。荀子は「万物同宇而異体」（『荀子』「富国」篇）といういい方をしているが、この「異体」は「異形」ということもできる。『凡物流形』において、「形」と「体」はそれぞれ重きを置いているものがある。「形」とは、主に物がはじめに生まれてきた時の様子を指し、一方で「体」はその物が成長していく様子を表している。

凡物流形、奚得而成。流形成体、奚得而不死。

「流」の原義は、水が前へ進んでいくことである。『凡物流形』の「流形」とは、物が生まれて育ち、様々な形を見せていくその性質のことを示している。それは『易経』「乾」がいう「品物流形」や、『詩経』「大雅・行葦」がいう「方苞方体」と類似している。「成体」とは、様々な形質の成熟を意味している。[16]

『凡物流形』が、「物」や「形」、「体」において追究する具体的な自然の物は、二つの側面に分けることができる。一つは、「天地」の「自然」であり、もう一つは、天地の様々な物に属する「自然」である。上述したように、古代哲学における「天地」は、万物の中で最も顕著であり、最も影響力のある存在であり、時にそれらもまた「生成者」とみなされ、根源的な意義を持つ。『凡物流形』の「天地」はまさにこの側面における意味を持っているのである。

天地立終立始、天降五度(17)。

天地が打ち立てた「終わりとはじめ」とは、天地の間に存在する事物の終わりとはじまりを指す。『凡物流形』がさらにいうには、「五度」とは天が降臨してきたことをいい、さらに「順天之道」といういい方もあり、『凡物流形』においては、「天」が「地」よりもさらに「根本的な性質」を持っていることが分かる。『凡物流形』の「天地」に対する追究において、二つの問いが示されている。一つは、天地がどうして高遠であるのか（「天孰高、地孰遠」）、そしてもう一つは、「天地」は誰が作り上げたのか（「孰為天、孰為地」）、ということである。古代の宇宙観に拠れば、「天地」の主たる特徴は、崇高で深遠であり、天は最大の包容力を持ち、地は最大の受容力を持っている、ということである。『凡物流形』が「天孰高、地孰遠」と追究する「孰」は、この句の中には比較の対象がない。誰、あるいは、どれ、と解しては通じないので、ここは、なぜ、という意味の「何」と理解すべきであろう。いわゆる「天孰高」、「地孰遠」の意味は、「天はなぜ崇高であるのか」、「地はどうして深遠であるのか」となる。『凡物流形』はさらにまた「何（誰）が天と地を作ったのか」とさらに問う。この点から、『凡物流形』は天地が「ある種の」根本的なものを有すると認識すると同時に、一方で天地より根本的な天地を生み出した「根源者」が存在すると考えていたことが分かる。

『凡物流形』が追究する「天地」に存在する「自然」は、さらに天上と地上の二つの部類に分けることができる。天上に属するものは、日月（太陽と月）、雷電、霆、風雨等であり、地上に属するものは水火、草木、禽獣、土、民、人々、鬼神等である。これらは、鬼神を除いて、いずれも人々にとって常識的な自然である。これらの自然に関しては、『凡物流形』では、非常に単純な問いも見られる。例えば、草木はどうして生まれるのか、禽獣はどうして鳴くことができるのか、土はどうして平らになれるのか、水はどうして清くなれるのか、民にはどうして生と死があるのか、またどうして風雨や雷電、雷霆等が存在するのか、太陽が昇り始めの頃はどうしてあれほど大きいのにさほど熱くないのか、日が沈む時は太陽はどうして小さくなるのだろうか（「日之始出、何故大而不炎。其入中、奚故小焉。」）、といった問いが提示されている。このような自然現象は、人々が熟知していることであり、往々にして自明のことで敢えて問う必要もないとみなされている。しかし『凡物流形』の作者はそれらが自明なことであるとは考えず、それらの原因を追究するのであった。一般的に我々は多くの自然現象に対して、ただそれらが何であるかを知るのみで、それらがどうしてそのようであるかは知らないのである。

『凡物流形』の「自然」に対する追究の中に、我々は当時の人々が自然をどのように観察していたかについても見ることができる。例えば「日珥」や「月暈」については次のように記されている。

［日之又］耳、将何聖。月之有軍、将何正。

原整理者は「日耳」、「月軍」をそれぞれ「日珥」、「月暈」と読み、また「聖」は「聴」と読み、「正」は「征」と読んで、古代の占星術では、太陽の紅炎が人事に、月暈が人間の征伐に関係すると考えられていたことを指摘した。[18] これに対して廖名春氏は、「聖」は「声」と読むべきで、その意味は、述べる、説明する、であるとした。そして「正」は「証」と読み、それは証明や象徴を意味すると解した。そして、この二句は、太陽が「紅炎」を持ち、「月」が「月暈」を持った場合、人はどうすべきか、ということをいわんとしているのではなく、太陽が紅炎を持ち月が月暈を持っているということが、何を説明し、何を象徴しているのか、ということを問うているのだとした。[19] 宋華強氏は「軍」を「輪」と読むべきとし、「正」は「征」とし、「行進」を意味するとする。そして「月之有輪、将何征」について、「月には輪があり、どこへ行こうとしているのか」と解した。[20] 凡国棟氏は、原整理者の解釈を妥当だとし、宋華強氏が「軍」を「輪」と読むことに反対する。そして、馬王堆帛書『日月風雨雲気占』に見られる「日珥」の「珥」と「月暈」の「暈」が、それぞれ「耳」、「軍」と記されていることを論拠として指摘する。

ただ原整理者の解釈には不十分な点があり、馬王堆帛書『日月風雨雲気占』の記載には、日珥だけでなく日暈も見られるし、月暈だけでなく月珥も確認できる。暈と珥は、広く太陽と月の側面の光を指す。[21] 太陽と月の珥と暈は、日食と月食の時に太陽と月の周辺で見られる状況と現象であって、古代では太陽と月の縁にある気であると解されていた。馮時氏の説によると、戦国時代に石申と甘徳が日食の観測を行っていた時に太陽の側面に鳥の群れのような、また白兎のようなものがあることに気付き、これが日珥の最も古い記録になっている。[22]『凡物流形』が言及している「日珥」および「月暈」も、この二つの天文学的現象についての古い記録ともいえる。

我々は整理者の考えと同じような見方をしており、「日之有珥、将何聴。月之有暈、将何征」の一節は、日珥、月暈自体がどのようなものであるのか、どのような状況であるのかということを問うているのではなく、日珥と月暈が出現した際、人はどのように対応するかということを述べていると考える。

この二つの句の主語は日珥と月暈ではなく、人である。「正」は廖名春氏の解釈に従って「証」と読むべきである。「聴」は「服従」を指し、「証」は「いさめる」を意味する（例えば『戦国策』「斉策」曰く「士尉以証靖郭君、靖郭君不聴」）。この二つの句の大意は、日食により日珥が出現すると、人はそこから何の啓示を得るのか。また月食により月暈が出現すると、人はそこから何の諫めを得るのか、となる。この二つの句には天人感応の意識が反映されているのである。

一般的に、自然の事物と現象は大概変化すると考えられてきた。しかしその変化をどのようにみるかについては、哲学者ごとに立場が異なっている。老子から見ると、事物と現象の変化は「復帰」、「返回」へと向かう過程であり、「道」の根本的な働きはすなわち復帰であると考えた（「反者道之動」）。『凡物流形』の事物と現象の変化に対する見方は、「生死」や「始終」、「新陳」、「至反」、「出入」等いくつか対になっている相対的な概念によって説明されている。その中で事物の生死、特に人の生死を追究していうには、

民人流形、奚得而生。流形成体、奚失而死。又得而成、未知左右之情。

人にはなぜ生と死があるのか、これについて『荘子』は、「気」の「聚散」と解釈する。[23]『凡物流形』は、人がなぜ生まれ、死ぬのかということを問うだけでなく、人はどうして復活するのであろうか、ということまで問うているのかもしれない。もし実際にこの通りであれば、それは「循環変化」の思想を包含する。なぜなら「又得而成」というのは以下引用する「人死復成人」と結び付けて解釈することができるかもしれないからである。荘子の哲学には、濃厚な気化循環の思想が存在し、『凡物流形』における変化についての観念にも、「循環論」の色彩が見られるのである。

聞之曰、至情而知、執知而神、執神而通[24]、執通而癸[25]、執癸而困、執困而復。是故陳為新、人死復為人、水復於天咸[26]、物不死如月。出則又入、終則又始、至則又反。

ここに見られる「人死復為人」、「出則又入」、「終則又始」、「至則又反」は、明らかにいずれも事物の「循環」と「往復」の変化を示している。「至情而知」から「執困而復」に至るこの過程は、関連する事物の認識と処理がよい状態から悪い方へと移り、また起点に戻るという周期的な変化を表している。つまりこの意味は、事物の真実の状況を理解すると「知恵」が得られ、「知恵」を持ち続けると「神明」を得られ、「神明」の状態を保ち続けると「精通する」ようになり、「精通している」と「同一」を得られ、「同一」を持ち続けると「困惑」が出てくる。そして「困惑」を持ち続けると「返回」することになる、ということである。[27]これは実例に拠って具体的に「循環」というものを説明しており、その間、異なる段階を経る。「往復」や「始終」等両極性を持つ循環

（「物極必反」）の中では、実際にはみないくつかの中間的な段階が存在する。例えば、生から死に至るまでの間には、少年、青年、中年そして老年という段階が存在するように。

事物における変化の過程というものは、老子の哲学に拠ると、絶え間ない蓄積を経ることによって促成される。老子から見れば、人事におけるさらに大きな変化は、それがよい変化であろうが悪い変化であろうが、いずれも絶え間ない蓄積から生まれる。よい変化の結果を得るには、よい方向に発展していく要素を常に蓄積していく必要がある。悪い変化の結果を避けたいのであれば、悪い要素の蓄積が行われないようにすべきである。『老子』第六十三章および第六十四章に拠れば、人事における蓄積は、人が制御し主導することが可能であるため、人はまず「蓄積」が大きな変化を生み出すという道理を理解した上で、その道理をたゆまぬ意志と行為に転化させなければならない。『凡物流形』がいう蓄積には、高低、遠近、そして大小の関係があり、老子の思想と類似しているため、老子思想の影響を受けているはずである。

聞之曰、昇高従卑、至遠従邇。十囲之木、其始生如蘖。足将至千里、必従寸始。

『凡物流形』の前半部分は、主にいくつかの自然の事物と現象の原因を追究している。これらの追究は、現在の学問の分類では物理学の範疇に属するかもしれない。しかし、古代哲学においては、哲学と物理学の間には厳格な境界が存在しなかった。道家哲学における宇宙と自然についての解釈はすべて全体的な内容になっており、それは万物の起源を説明するのみならず、万物がどうしてこのようであるかということについても述べている。

『淮南子』「詮言訓」は、さらに具体的に万物がいかに同じ「太一」から生まれ、それが鳥や魚、獣等異なる自然として表れているかについて説明している。

洞同天地、混沌為樸、未造而成物、謂之太一。同出於一、所為各異、有鳥、有魚、有獣、謂之分物。方以類別、物以群分、性命不同、皆形於有。隔而不通、分而為万物、莫能及宗、故動而謂之生、死而謂之窮。皆為物矣、非不物而物物者也、物物者亡乎万物之中。

『黄帝四経』「道原」と『淮南子』「詮言訓」による、これら自然の万物が生成された原因に対する解釈が全体的なものであることは、明らかである。『凡物流形』においてもこのような全体的な解釈は見られ、そこでは「一」が万物を生み出していると考えられていることは、我々が既に本章第一節で議論した主な内容であった。その中で論じられている「是故有一、天下亡不有。亡一、天下亦亡一有。無［目］而知名、無耳而聞声。草木得之以生、禽獣得之以鳴」は、「一」が万物を生成しているということを最も直接的に解釈したものである。万物はみな「一」から生まれ、「無一」とはすなわちすべて存在しないことである。「草木得之以生、禽獣得之以鳴」とはまさに前半部分において問うている「草木奚得而生。禽獣奚得而鳴」と呼応している。ここからいうと、『凡物流形』における自然のその他の要因に関する問いは、すべて「一」によって解釈が可能であるかもしれない。例えば、人の生死の循環についての問いである「流形成体、奚失而死。又得而成、未知左右之情」のようにである。「左右之情」の「左右」について、原整理者曹錦炎氏は、それは方位を指し、すなわち左側と右側のことであると解している。[28] 廖名春氏らは「主導」や「制御」と解し、[29] 曹峰氏は「二つの状況」を指しているとする。[30]

ここで問われている内容は、既に体を為している物が何を失って死に至り、それがなぜ「また形を成し得たのか」ということであるため、「主導」や「育成」と解するのがより適切かと思われる。「情」の意味は「実」である。『荘子』「秋水」篇の「是未明天地之理、万物之情者也」や馬王堆帛書『十問』の「(爾)察天地之情」に見られる「情」の字は、すべてこの用法で使われている。道家の宇宙生成論は、大抵は万物が生まれた最高レベルの根源から、万物がどのように生成されたのか、および、なぜこのように生成されたのか、について解釈しているが、『凡物流形』はこのような解釈のほかに、自然の事物と現象がどのような「具体的な」要因によって作り出されたのか、ということについても追究した。これはおそらく古代の物理学でも成し得なかったことである。

三 「聖人」と「執一」

『凡物流形』の「一」が、万物生成の根源として、さらに万物の統一と変化を支える基礎として、いかに確立されたかについては、先の検討により知り得ることができた。しかし『凡物流形』において、「一」は、政治の原理として設けられたものでもあった。これは当然ながら『凡物流形』特有のものではなく、道家についていえば、一般的に見られる方法でもある。したがって次の問題として挙げられるのは、政治原理の「一」は、『凡物流形』ではどのように位置付けられているのか、「一」に対するその位置付けは、またどのような特徴を持つのか、ということである。これらについて、本論で具体的に検討したいと思う。

伝統的な政治原理においては、一般的に統治者と被統治者、およびそれら各自の属性（例えば孟子では、統治者は心を労する者であり、被統治者は力を労する者である）が定められている。道家は大概聖人を統治者（侯王、君王）とし、人々と民を被統治者とみなしている（外観上は、これは儒家と何ら違いはない）。「道」と人の関係は、原則的には政治のリーダーとの関係に限定されておらず、「道」は、民衆も学び、理解して活用し、遵守することができる真理であった。しかしながら「一」は、往々にして政治のリーダー（あるいは「聖王」や「明王」）とみなされており、それは一般人が把握できる真理ではなかった。

それでは『凡物流形』の状況はどのようであろうか。この点について検討する前に、我々は「戠」という字に注意する必要がある。この字に関しては、原整理者は「識」と読み、李鋭氏も「識」と解することに賛同したが、廖名春氏は「得」と読むべきだと主張した。[31] さらに復旦読書会の釈文では「守」もしくは「執」と読むべきでないかと疑を呈しており、[32] 何有祖氏は「察」と読むべきであるとしている等、[33] いくつかの読み方が提起されてきた。この字は『凡物流形』の中では多く見られ、「道」や「一」と密接な関係があり、主に「戠一」（三例）や「戠道」（二例）、「得一」（二例）として使われてきた。筆者は「執」と読むのではないかと考えている。郭店楚簡『老子』では、「執」と「守」、「識」の三文字は、それぞれ書き方が異なっている。『凡物流形』においては、「戠」の字の書き方は郭店楚簡の「執」の字とも書き方が異なっている。道家の、特に黄老学のテキストにおいては、「執道」や「執一」は習慣的に使われている用語であるが、「得一」や「守一」という表現も使われ、政治のリーダーが統治の際用いる最高の原則（「道」と「一」を理解して運用する）と考えられていた。楊沢生氏はこの字を「戠」と隷定し、さらに「執」と読むことに対しては具体的な論証を示した[34]。

『凡物流形』においては、「執」や「守」等が意味するものは、いずれも人の行為についてであったが、「執一」や「執道」、「得一」および「有一」や「無一」はいずれも、どのような人間を指しているのかについて明確に示していない。テキストのその他の事項に拠ると、「道」や「一」を把握して運用しているのは一般の人ではなく、政治に携わっている人物であることが分かる。『凡物流形』では次のように記されている。

執道、所以修身而治邦家。

ここでは「執道」と「治邦家」を同列に論じている。「執道」は最終的には「治邦家」のためのものであり、これは「道」を掌握して運用するのが政治的な人物であることを示している。テキストにはさらに「百姓」と「君」を同列に論じている。

百姓之所貴、唯君。君之所貴、唯心。心之所貴、唯一。

「百姓」が君主を尊び、君主は心を尊び、心は「一」を尊ぶ、というような一つ一つ前へ進んでいくような関係においては、「一」は統治者である「君」と結び付けられている。『凡物流形』はさらに「聖人」についても言及しており、そこでいわれている「聖人」とはすなわち高度な知恵を持つ政治的な人物であった。

是故聖人処於其所、邦家之危安存亡、賊盗之作、可之〈先〉知。

中国古代の政治的観念からいうと、国家の統治のよし悪しは、主に最高統治者によって決まるため、最高の政治原則はまずは統治者に対して述べられたものである。黄老学では、「道」と「一」は主に「聖人」と「君主」が統治する際の最高の原則と知恵であるとみなされている。『凡物流形』でも同じような考えが反映されている。以上の検討に拠れば、「執道」、「執一」、「得一」の主体は確かに政治のリーダー、すなわち聖人（あるいは君主）を指す。問題は、黄老学がどうして「道」と「一」を聖人が統治するための最高の原則および知恵としたか、ということにある。

全体的に見ると、道家の考えは、「道」と「一」は万物の根源であり、万物が一つにまとまる根拠およびそれを確証するものであった。人類の政治共同体においては、最高統治者である聖人が、あまたの被統治者である人民に対する際に「一」を掌握することが必要とされるのは、「一」が普遍的な本質を持つからである。表現の面から見ても、あるいは内容から見ても、『凡物流形』はそれと高度に比較し合える性質を持っている。『凡物流形』の作者が見るに、「聖人」が政治のリーダーとして持っているその卓抜した知恵はまた「一」に対する掌握と運用能力であった。聖人は「一」さえ持っていれば、天地を貫き、千里の外、四海においてその力を及ぼすことができた。

〔一〕得而解之、上賓於天[35]、下播於淵[36]。坐而思之、謀於千里。起而用之、陳於四海。

まさに上述のように、これは黄老学でよく見られる表現である。『老子』第四十七章では、聖人が「不出戸、知天下。不闚牖、見天道……是以聖人不行而知、不見而明、不為而成」（戸を出でずして、天下を知る。牖《まど》を闚《うかが》わずして天道を見る。……是を以て聖人は、行かずして知り、見ずして明らかにし、為さずして為す）と述べている。『凡物流形』においては、聖人が「執道」や「執一」を行えば、老子と同じような知恵を身に付けることができた。

聞之曰、執道、坐不下席。端冕、箸（図）不与事[37]、之〈先〉知四海、至聴千里、達見百里。是故聖人処於其所、邦家之危安存亡、賊盗之作、之〈先〉知。

握之不盈握、敷之無所容、大之以知天下、小之以治邦。

「箸（図）不与事」の「図」について、原整理者は「箸」と隷定し、「書」と読み、さらにこの字は上の句に属しているとみなしたが、復旦読書会は「書」と読み、これを下の句に属するとみなした。凡国棟氏も復旦読書会と同じ考えを示し、この段の意味について次のように解釈する。「書はある事柄を予言することはしないが、書の中にある道理によって人は四海を先んじて知ることができ、千里のことまで耳にすることができ、百里のことまで考え理解することができる。[38]」

顧史考氏は「図」と読み、この「図」は『戦国策』の中に出てくる「謀」の意味であると指摘する。そうであれば、「坐不下席」、「図不与事」は、「計不下席、謀不出廊廟」を意味することになるであろう。[39] ここは、「書」と釈するのは適切ではなく、「書」を通して超越した知恵を得るということをいっているのではないと考えられる。「箸不与事」は上の句「端冕」を受けているのである。統治者のイメージである「端冕」は、「垂拱」や「恭（拱）己正南面」と同じように「清静無為」を意味するものであり、[40] その視点から「箸」の字を解釈する必要がある。「図」と読むと、確かに意味は「坐而思之、謀於千里。起而用之、（陳）於四海」と一致し、同じ文中の「得一而図之」と対応する形になるが、しかしこの「図」は「煮」と表記されている。現時点では、文中の「箸」の字は「煮」と同じ字であると推測するが、別稿に譲る。[41]

聖人が外に出なくても遥か遠方の事柄を知り、聞き、見ることができるのは、普遍的な「道」を掌握しているからである。『凡物流形』では、多くは「執一」や「得一」によって聖人の神明が説明されている。「統一」の「一」は、直観的には、この「一」と被統治者の「多」との対応関係を示すことができる。一般的にいって、最も玄妙で、最も普遍的なものがつまりは最も抽象的で最も超経験的である。黄老学においては、「一」は最も普遍的な統一の原理であり、それは具体的に感知できないものだとみなされてきた。しかし聖人はそれを掌握すると、超越した認知力と洞察力を持つのである。『凡物流形』においては「一」が感知不可能なものとはみなされていないが、しかし「一」を掌握すると、非凡な認知能力を持つことができると考えられていた。

無［目］而知名、無耳而聞声。

統治者がこれまで向き合ってきたのは、無数の人々の無数の行為である。しかし、「一」は複雑な政治的経験の世界をすべて秩序の中に収めこむことができ、一つも漏らすことはないのである。

是故有一、天下無不有。無一、天下無一有。聞之曰、能執一、則百物不失。如不能執一、則百物具失。如欲執一、仰而視之、俯而察之。毋遠求、度於身稽之。

「一」と「衆有」、「百物」の、このような関係は、『凡物流形』においても「一言」と「天下之民」の関係であった。

聞之曰、一言而終不窮(42)、一言而有衆、一言而万民之利、一言而為天地稽。

黄老学においては、「一言」は時に「統一された法律」を指し、これは黄老学が法家の「法」を道家の「道」に融合させた結果である。しかし『凡物流形』では「一言」を統一された「法律」の中で活用しておらず、また「法」についても言及していない。これは既に知られている黄老学と異なる点であり、『凡物流形』は黄老学の初期の段階のものなのかもしれない。

政治のリーダーとしての「聖人」は、儒家の形態であろうが、道家の形態であろうが、「聖人」の超越した能力とその境地は、先天的なものではない。黄老学においては、「聖人」が「執一」できるのは、修養の結果であり、まさに儒家の君子の徳は修身によるものだというのと同じである。そして、聖人がいかにして「執一」できるようになるのかは、また修身の作業と精神の修練の問題となる。『凡物流形』では、「心」の修練は「一」と直接対応している。

聞之曰、心不勝心、大乱乃作。心如能勝心、是謂少徹。奚謂少徹。人白為執。奚以知其白。終身自若。能寡言、吾能一吾、夫此之謂少成。曰、百姓之所貴、唯君。君之所貴、唯心。心之所貴、唯一。

この話の中にある「能寡言、吾能一吾」について、李鋭氏と曹峰氏はともに「能寡言乎、能一乎」と読んでいる。『管子』「内業」の「能摶乎、能一乎」と『管子』「心術下」の「能専乎、能一乎」は、よい対比をなしている。しかし、上下の文脈関係と、論述スタイルに基づけば、「能寡言、吾能一吾」と読むのがより適切なはずである。「内業」と「心術下」では疑問の形になっており、できるか否かを期待をこめて尋ねているが、『凡物流形』の表現は、叙述・肯定の形をとっており、特に「能寡言、吾能一吾」の直前の部分は一問一答の形式で、問いと答えの関係が明確に示されている。それに続く「能寡言、吾能一吾、夫此之謂少成」は、「能寡言、吾能一吾」を成し得ることを肯定的に述べており、これがつまりは「少成」であった。しかしもし「能寡言乎。能一乎」と読み、これがすなわち「少成」となると、文がつながらない。「能寡言、吾能一吾」と読むのが、文章の構造や意味から考えても適切である。『凡物流形』のこの話の内容は、『管子』「内業」および「心術下」の内容とある程度は比較することができる。[43] ただ、『管子』四篇に見られる「心」に関する論は、『凡物流形』よりもかなり複雑である。『管子』において、「心」は既に検討されている問題であり、「心」は感覚器官や物、道、そして精気と多層な関係にあるが、『凡物流形』における「心」はただ原則的ないい方であり、心によって心をコントロールし、それによって根源である「一」を固守するように主張しているのである。

諸子学がいう「心」とは、総じていうならば、まず第一の意味として、五官とは異なる、思慮することができる器官を指す。そして第二に、認知的な思想活動と意識を指す。さらに第三として、道徳的なあるいは道徳以外の意識のことを指す。[44]『凡物流形』がいう「心不勝心」や「心如能勝心」は、「心」を二つに分けている。すなわちある種の心（プラスの意識）によってもう一種の心（マイナスの意識）を制御し、それに打ち勝つのである。『管子』四篇では「専心」、「定心」および「正心」を提起し、「治心在於中」、「心以蔵心、心之中又有心」をいい、これもまた「以心治心」を主張する。『凡物流形』においては、「心能勝心」は「少徹」と称されており、その具体的な内容は、終身純潔（「人白為執」）、「終身自若」）を保つということである。『凡物流形』は、さらに「少成」についても提起しており、それは具体的には「寡黙である」（「寡言」）、「一つのことに専念する」（「吾能一吾」）ことを指し、「専心」の「心」を意味しているといえる。

「少徹」と「少成」の「少」について、原整理者は「小」と読み、さらに『礼記』「学記」の「七年視論学取友、謂之小成」に拠って、「わずかながらに成就した」と解した。そして、「少徹」の「徹」は「通」を指し、そこから、広く通じている、通暁している、と解している。[45]これに対して、曹峰氏は、「小」と読む必要はないのではないかと疑問を呈し、直接「少」と読めるのではないか、つまり「少徹」と「少成」とは、「心」が少し澄んで明るく、またその「心」は少しばかり達成したものがある、という意味ではないかと考えた。[46]『凡物流形』

には、「少徹」や「小成」と相対する「大徹」や「大成」という術語は見られない。「少徹」と「小成」を少しばかり通暁した、わずかながらに達成したものがあると解すると、おそらく文意には合わないのではないかと思う。曹氏が考えている「少徹」や「少成」もこの解釈と明確な違いはないように思える。「少徹」と「少成」は、「小徹」、「小成」と読む必要はない。また大小、多少の意味に拘泥する必要もない。「少」には「要」の意味があり、『荀子』「修身」では「少而理日治」という表現が見られる。黄老学においては、「一」は「多」に相対しており、また「少」も「多」に相対している。『黄帝四経』「成法」がいう「一以騶化、少以知多」と『黄帝四経』「道原」がいう「為一而不化。得道之本、握少以知多」が、まさにその例である。『凡物流形』の「主一」、そこで論じられている「少徹」と「少成」は、「一」と関わり合っている。したがって、この「少」は、通常の意味として使われている数量の「少」を指すのではなく、「要」と「本」を意味するので、「少徹」と「少成」は、すなわち「本徹」、「本成」ということができ、その意味も「根本的な通暁」、「根本的な達成」となる。

「心能勝心」の「心」は、『凡物流形』においては、根本的な意味として「専心」を指し、これは心の精神が高度に自主的であり、いかなるものの干渉をも受けない安らかな状態のことをいう。『管子』「心術下」の表現を用いると、「専於意、一於心」となる。心の「専一」や「専心」には、常にその対象が存在する。例えば、具体的な技芸習得のための辛い練習や、何か成し遂げるための飽くなき追究を指す。しかしもちろん、『凡物流形』の「専心」や「専一」は具体的な技芸や実務を指しているのではなく、また荘子のいう「坐忘」や禅宗のいう「無念」でもない。これはある最も根本的な物に対して専念する、一つのことに集中すること（「専一」）であり、この物がつまり「一」なのである。

君之所貴、唯心。心之所貴、唯一。

このような意味における「専一」や「専心」とは、また「執一」や「得一」に専心することである。統治や治政は、政治の実践的な問題であり、黄老学において、それは主に「無為」に対する実践であり、さらに具体的にいうと「道」と「一」を体現している、統一された法律を実践することである。これがつまり「執一」と「守一」なのである。『凡物流形』曰く、

得一［而］図之、如並天下而助之[47]、得一而思之、若並天下而治之[48]。［此］一以為天地稽[49]。

しかしながら我々がこれまで論じてきたように、「執一」と「守一」のために、政治のリーダーは、まずは己の心を制御することを習得し、「以心勝心」を学び、「心」が高度に集中している状態を保つようにせねばならない。これによって、外在的な、客観的な「統治術」と内在的で主観的な「心霊術」が結び付き、統合するのである。

結語——帰属学派

最後に、『凡物流形』の学派の帰属について論じたい。整理者は『凡物流形』が屈原の『楚辞』「天問」と最も相似していると考え、それはほとんど「天問」の姉妹篇であるとして、『楚辞』に類似した作品とみなした(50)。浅野裕一氏は、この佚文はもともと二篇であり、後で誤って一緒に書き写されたものだと推測し、『識物』と称すことのできる前半部分は、『楚辞』の「天問」に相似しており、『識一』と称すことのできる後半部分は、道家系統の思想文献であるとした(51)。李鋭氏がいうには、これは広範に取材した思想的作品であり、簡文の多くの話は『老子』や『文子』、『荘子』、『呂氏春秋』、そして『管子』の「内業」、「白心」、「心術上下」各篇および馬王堆帛書『黄帝四経』、『淮南子』等の文中の内容に近いが、先秦時期は必ずしもいわゆる道家というのが存在したわけではない。したがって本論の簡本も道家の作品とみなすべきではなく、その具体的な帰属学派については、現時点で断定するのは難しい、という見解を示した(52)。

以上の意見をまとめると、次のようになる。一、『凡物流形』は屈原の「天問」の楚辞に類似した作品（一部分もしくは全部）であると考えられる。二、一部は道家の作品であると考えられる。三、どの流派に属するものか確定できない。

本論での検討により、我々は『凡物流形』が戦国時代初期の黄老学の作品に属するものであり、それは楚辞の部類の作品ではないと考える。李鋭氏は既に『凡物流形』と道家のいくつかの作品が密接な関係にあることに注目しているが、李氏は先秦期にはいわゆる道家というものは存在しないと考えているため、それを道家に属するものとは見ていない。先秦といえば「道家」の名がないというのは構わないが、道家の「実」がないということはできない。これは黄老学も同様である。『荘子』の「天下」篇、『荀子』の「非十二子」はいずれも明確に諸子学の異なる学派を総括しており、ただ総括的な名称を提示していないだけである。司馬遷がこれを道家、黄老と称し、『漢書』「芸文志」はこれに拠っている。『凡物流形』は、広義には道家の作品といえるし、さらに具体的には黄老学の作品ということができる。その最も主要となる根拠は、それが宇宙の生成と自然の起源に着目し、さらに「一」という範疇を中心として、宇宙の生成論や自然哲学および政治原理を確立したことにある。「一」は、まさに黄老学の核心となる範疇である。「執一」、「守一」、「執道」は、黄老学の、最高統治者である聖人に対する教えであり、儒家が主に聖人を「徳」によって教導し、法家が主に「法」によって明主を教導するのとは異なる。

戦国時代の黄老学は、道家に立脚しつつ名と法、さらには儒に至るまでを融合してできた総合的な学派であり、さらに秦と漢の時代に至っては、道家を主とした高度に総合的な哲学作品『呂氏春秋』、および『淮南子』が現れたのである。『凡物流形』はまだ法家の「法」を「道」および「一」と結び付けていない。しかしその中ではすでに「心」を「一」、および「君」と「聖人」とに結び付け、『管子』四篇の「心術論」とは非常に高い類似性が見られる。

さらに、『凡物流形』が、儒家の「礼」の思想を取り入れているか否かについては、まだ疑問として残っている。融合性がまだ十分に強くないのか、もしくは短い逸文に多くのものを融合させるのは不可能であるのか、この点においては『凡物流形』は『恒先』と似ている。『凡物流形』は『恒先』より分量が長いが、それは老子の後に道家哲学が黄老学へ発展した一つの形であるにちがいない。

注

(1) 『凡物流形』には二つの版本があり（異なる書写者が書写した）、整理者はそれらを甲本と乙本と名付けた。甲本は比較的完全な形であり、全部で三十簡ある。合字、異体字を含めて（残欠のものは除外）、八四六文字になる。乙本は残欠がやや多く、現存するものは二十一簡で、合字と異体字を含めて、六〇一文字になる。原釈文に関しては、馬承源主編『上海博物館蔵戦国楚竹書（七）』（上海：上海古籍出版社、二〇〇八年、二一九―三〇〇頁）を参照。以下『上博七』と記す。この他、復旦大学出土文献および古文字研究センターの大学院生読書会による「『上博（七）・凡物流形』重編釈文」（復旦大学古文字網、二〇〇八年十二月三十一日、鄔可晶著、以下「復旦読書会釈文」と略称）、李鋭「『凡物流形』釈文新編（稿）」（孔子二〇〇〇網、二〇〇八年十二月三十一日）等。

(2) 「聞之曰」に関する考察については、李零氏の『郭店楚簡校読記』（北京：北京大学出版社、二〇〇二年、一二八―一二九頁）を参照。

(3) 『上博七』、二六〇―二六一頁。

(4) 沈培「略説『上博（七）』新見的〝一〟字」復旦大学古文字網、二〇〇八年十二月三十一日を参照。

(5) 楊沢生「上博楚簡『凡物流形』中的〝一〟字試解」（復旦大学古文字網、二〇〇九年二月十五日）、蘇建洲「『上博七・凡物流形』〝一〟、〝逐〟二字小考」（復旦大学古文字網、二〇〇九年一月二日）を参照。

(6) 沈培「略説『上博（七）』新見的〝一〟字」（復旦大学古文字網、二〇〇八年十二月三十一日）、李鋭「『凡物流形』釈文新編（稿）」（清華大学簡帛網、二〇〇八年十二月三十一日）を参照。
(7) 「復旦読書会釈文」を参照。
(8) 秦樺林「『凡物流形』第二十一簡試解」（復旦大学古文字網、二〇〇九年一月九日）を参照。
(9) 郭慶藩輯『荘子集釈』第二冊、北京：中華書局、一九六一年、四二五頁。
(10) 陳鼓応『荘子今注今訳』（北京：中華書局、一九八三年、三二〇頁）を参照。
(11) 『文子』「九守」にも解釈がされているが、必ずしも具体的な対応関係にはなっていない。
(12) 秦樺林「『凡物流形』第二十一簡試解」（復旦大学古文字網、二〇〇九年一月九日）を参照。
(13) 浅野裕一「『凡物流形』的結構新解」（簡帛研究網、二〇〇九年二月二日）を参照。復旦読書会の編聯に拠ると、前半部は長く、十三B簡と十四簡が関わり合っている「聞之曰」の前で区切れ、その後ろは別の短い一部分となる。この部分の編聯は筆者の編聯案が参考になる（拙稿「『凡物流形』編聯新見」、簡帛研究網、二〇〇九年三月三日を参照）。
(14) 前半と後半の関係については、曹峰氏も若干の考察している。曹峰「従『逸周書・周祝解』看『凡物流形』的思想結構」（簡帛研究網、二〇〇九年三月九日）を参照。
(15) 原整理者は、『荘子』「天運」篇には『凡物流形』における自然に対する追究に類似したものが見られると考えている。『上博七』、二二二頁を参照。曹峰氏は、『逸周書』の「周祝解」にある一段が『凡物流形』の前半部分の一部と類似していると指摘している。曹峰「従『逸周書・周祝解』看『凡物流形』的思想結構」（簡帛研究網、二〇〇九年三月九日）を参照。
(16) 廖名春氏は「具」、「生」と解釈し、「流形」は形質を備えていることとしている。廖名春「『凡物流形』校読零札（一）」（孔子二〇〇〇網、二〇〇八年十二月三十一日）を参照。
(17) 王連成氏は「天地立終立始」を「天地立、終立始」と区切った上で解釈しているが、おそらく適切ではないだろう。王連成「『上博七・戠（同）物流形』天地人篇釈義」（簡帛研究網、二〇〇九年一月三十一日）を参照。
(18) 『上博七』（二四二―二四三頁）を参照。
(19) 廖名春「『凡物流行』校読零札（二）」（孔子二〇〇〇網、二〇〇九年十二月三十一日）を参照。
(20) 宋華強「『上博（七）・凡物流形』札記四則」（武漢大学簡帛網、二〇〇九年一月三日）を参照。曹方向氏は宋華強氏の論を支持している。曹方向「関於『凡物流形』的〝月之有輪〟」（武漢大学簡帛網、二〇〇九年一月四日）を参照。

(21) 凡国棟「也説『凡物流形』之〝月之有軍（暈）〟」（武漢大学簡帛網、二〇〇九年一月四日）を参照。

(22) 馮時『中国天文考古学』（北京：中国社会科学出版社、二〇〇七年、三三八―三四二頁）を参照。その他、江暁原『天学真原』（瀋陽：遼寧教育出版社、一九九一年、二三三―二三四頁）を参照。

(23) 『荘子』「知北遊」篇には次のように記されている。「人之生、気之聚也。聚則為生、散則為死。」（郭慶藩輯『荘子集釈』第二冊、北京：中華書局、一九六一年、七三三頁）

(24) 「通」の字について、原整理者は「同」と読んだ。廖名春は「通」と読んだ（廖名春「『凡物流行』校読零札（二）」孔子二〇〇〇網、二〇〇八年十二月三十一日を参照）。「通」は貫通するという意味である。

(25) 原整理者は「㑒」字を「険」と読んだ。廖名春は「㑒」の意味は「甚だしい」であるとしている。廖名春「『凡物流行』校読零札（二）」（孔子二〇〇〇網、二〇〇八年十二月三十一日）を参照。

(26) 原整理者は「天咸」を「天一」と読んだ。これについて、凡国棟氏は別の論証をしている（凡国棟「上博七『凡物流形』簡二十五〝天弌〟試解」武漢大学簡帛網、二〇〇九年一月五日を参照）。もう一つの論として見ることができる。

(27) 秦樺林氏は、『荘子』「天地」篇の「立於本原而知（智）通於神」、『荀子』「儒效」篇の「此其道出乎一。曷謂一。曰、執神而固。曷謂神。曰、尽善挟治之謂神、万物莫足以傾之之謂固」、『国語』「越語下」の「日困而還、月盈而匡」に拠って、簡文は、「智―神―同―㑒―困―復」の順で一層ずつ進んでいく形になっており、互いに対応関係になっている三組の概念「智―神」、「同―㑒」、「困―復」が存在すると考えた。そのうち、「㑒」は「同」と同義であるとされているので、「同」も「固」と同義であると考えられる。「固」と「同」は、意味においても通じる。秦樺林「楚簡『凡物流形』札記二則」（武漢大学簡帛網、二〇〇九年一月四日）を参照。

(28) 『上博七』、二二八頁を参照。

(29) 廖名春「『凡物流行』校読零札（一）」、孔子二〇〇〇網、二〇〇八年十二月三十一日。

(30) 曹峰「『凡物流形』中的〝左右之情〟」、簡帛研究網、二〇〇九年一月四日。

(31) 廖名春「『凡物流行』校読零札（二）」、孔子二〇〇〇網、二〇〇八年十二月三十一日。

(32) 「復旦読書会釈文」を参照。

(33) 何有祖「『凡物流形』札記」、武漢大学簡帛網、二〇〇八年十二月三十一日。

(34) 筆者は「『凡物流形』編聯新知」（簡帛研究網、二〇〇九年三月四日）の釈文の中で「執」と読んでいるが、具体的な説明はない。楊沢生「説『凡物流形』従〝少〟的両箇字」、武漢大学簡帛網、二〇〇九年三月七日を参照。

(35) 原整理者は「視」と読み（『上博七』、二五一―二五二頁を参照）、復旦読書会は「賓」と読んだ（「復旦読書会釈文」参照）。もし「賓」と読むのであれば、この句の意味は、「一」を通して「賓服天」するのではなく、天に「賓服」させる、ということになる。

(36) 「下」の字に関しては、原整理者はこの前の句に属するとし、復旦読書会は後の句に属するとする。「播」の字は、原整理者は「審」と読み、「詳しく追究する」、「よく知っている」という意味に解した（『上博七』、二五一―二五二頁を参照）。復旦読書会は「播」と読み（「復旦読書会釈文」参照）、筆者もこれに従う。「淵」の字に関しては、原整理者は「国」と読み（同上参照）、復旦読書会は「淵」と読んだ（同上参照）。筆者は復旦読書会の読みに従う。

(37) 「図」の字に関しては、原整理者は「箸」と隷定し、「書」と読み、「書籍」の意味であるとし、前の句に属するとした（『上博七』、二五三―二五四頁を参照）。しかし「書」と読むと、意味が通じない。復旦読書会は原整理者の読みと意味に拠っているが、後の句に属するとした（「復旦読書会釈文」を参照）。しかし原文で整理者は同じ文章の中で、「上が『者』、その下が『心』という字」に隷定した文字も図と読んでおり（『上博七』、二五四―二五五頁）、区別がなくなってしまう。今は「箸」と読むことにするが、さらに新しい見解が待たれる。

(38) 凡国棟「上博七『凡物流形』札記一則」、武漢大学簡帛網、二〇〇九年一月四日を参照。

(39) 顧史考「上博七『凡物流形』簡序及韻読小補」、武漢大学簡帛網、二〇〇九年二月二三日を参照。

(40) これに関しては、拙稿「老子治道歴史淵源一個探尋――以〝垂拱之治〟与〝無為而治〟的関聯為中心」（『中国哲学史』第三期、二〇〇二年八月）を参照。

(41) 筆者は「書」と読むのに賛成できない。曹峰氏とこの字の正しい読み方について論じた際、曹氏は「著」と読むことを提案した。曹峰「『凡物流形』中的〝箸不與事〟」（未刊）を参照。しかし、文意についてはさらに検討する必要がある。

(42) この句の「終」については、原整理者は「和」と読み、復旦読書会は「終」と読み、蘇建洲は「力」と読んだ（蘇建洲「釈『凡物流行』〝一言而力不窮〟」、復旦大学古文字網、二〇〇九年一月二十日を参照）。ここでは「終」の読みに従う。

(43) 李鋭『「凡物流形」釈読札記』（孔子二〇〇〇網、二〇〇八年十二月三十一日）、曹峰「『凡物流形』的〝少徹〟和〝少成〟――〝心不勝心〟章疏証」（簡帛研究網、二〇〇九年一月九日）を参照。

(44) 劉節氏は「心」を「形気」、「生理」の心と形而上、道徳面での心とに区別した。劉節「『管子』中所見之宋鈃一派学説」を参照（曾憲礼編『劉節文集』、広東：中山大学出版社、二〇〇四年、二〇七頁）。

(45) 『上博七』、二七〇頁、二五七頁を参照。

(46) 曹峰「『凡物流形』的〝少徹〟和〝少成〟――〝心不勝心〟章疏証」（簡帛研究網、二〇〇九年一月九日）を参照。

(47) 「助」の字については、原整理者は「右は手に取る（訳注「又」字のこと）、左に且を加える」と読み、「取」と解した（『上博七』、二五五頁を参照）。復旦読書会はこれに則っている（「復旦読書会釈文」を参照）。李鋭は「助」と読んだ（李鋭「『凡物流形』釈文新編（稿）」〔孔子二〇〇〇網、二〇〇八年十二月三十一日〕）を参照。ここではこれに従う。

(48) 「治」の字については、原整理者は「訣」と読み、「決」に通じるとし、決断、判断の意味とした（『上博七』、二五六頁参照）。復旦読書会は「治」と読んだ（「復旦読書会釈」を参照）。今はこれに従う。

(49) 「稽」の字については、原整理者は「旨」と読み、主張や意図の意に解した（『上博七』、二五六頁を参照）。復旦読書会も「旨」と読んだ（「復旦読書会釈文」を参照）。李鋭は「稽」と読んだ（李鋭「『凡物流形』釈文新編（稿）」〔孔子二〇〇〇網、二〇〇八年十二月三十一日〕を参照）。これに従う。「稽」は、集まり合わさる、まとまって一つになる、という意味である。『韓非子』「解老」には、「道者、万物之所然也、万理之所稽也。……道尽稽万物之理。」とある。

(50) 『上博七』、二三二頁を参照。

(51) 浅野裕一「『凡物流形』的結構新解」（簡帛研究網、二〇〇九年二月二日）を参照。

(52) 李鋭「『凡物流形』釈文新編（稿）」（孔子二〇〇〇網、二〇〇八年十二月三十一日）を参照。

第五章

黄老学の法哲学の原理と公共性、および法律共同体の理想

——なぜ「道」と「法」の統治なのか

『史記』「論六家要旨」および『漢書』「芸文志・諸子略」の概括に拠ると、道家は、全体的に一種の政治哲学もしくは統治術（「君人南面之術」）であった。[1] これは現代の人々が道家を隠者に結び付け、個人の性質や情感における満足の追求として理解する傾向とは大きく異なる。[2] 全体的にいうと、治国と治身を一体化させた老子哲学は、のちに主に二つの異なる方向へ発展していった。一つは、荘子を代表とする個人の生命、心の自由と超越に重きを置いた、荘学の「個人化」の方向であり、これと相対するもう一つは、『管子』や彭蒙、田駢、慎到、新出土資料の『黄帝四経』（『黄帝書』とも称される）、上博楚簡（第五冊）『三徳』等に代表される、社会や政治に重きを置いた黄老学の「政治化」の方向である。もし老子の観念を取り入れた韓非等の道法家もさらに広義の黄老学の中に入れると、黄老学の政治哲学の範囲はより広がりを見せる。[3]

戦国中後期の黄老学が南方・北方の双方で隆盛を誇り、特に漢代初期に至り社会の上層部が意識的に提唱し運用したためであろうが、道家哲学の全体的なイメージは、自ずと容易に黄老学の趣旨の下で形成されていった。[4] 後に儒家が支配的イデオロギーとなったため、道家は在野の学派となり、それと結び付いて形作られた道教では、個人の生命や不死の信仰により多くの関心が向けられ、荘子はまた常に中国知識層の精神的な拠りどころとなった。このような状況の下で、現在の研究者が「個人的」な側面から道家を認識し、扱うことは何ら不思議ではない。黄老学の重要な著書である『黄帝四経』等の出土やその研究が進むにつれて、戦国中後期の諸子学において、競合と融合が併存していた、その趨勢に関する研究、とりわけ稷下の学についての研究が進むにつれて、学術界では、道家の変化発展の一つの新しい形態としての黄老学に対する認識と理解が明らかに深まり、広がりを見せた。[5]

学術と思想の淵源からいうと、黄老学は諸子学の間で互いに結び付き融合していった産物である。[6] 理論的な形態と学説上の核心部分から見ると、それは政治哲学であり、さらに具体的にいえば、それは法律を中心とした法哲学である。それはいくつかの互いに密接に関わり合っている問題と観念から成り立っている法哲学の原理と体系で、それはひいては法律による統治を通して「ユートピア」的な法律共同体を作り上げることを試みていた。[7] これは我々が考えもしなかったことであったかもしれない。というのも、一般的に黄老学と道法家が我々に与えるのは、非常に強い現実的目的性と実用性という印象である。

黄老学派はさらに、往々にして君主絶対主義の創設者ならびに信奉者であるとみなされている。君主と王権に「公共利益」より上にある、法律を超越した特権を賦与したからである。[8] しかし実際は、黄老学においては、法律は決して君主に仕える道具と手段ではなく、それは自然法に内在する国家と大衆に仕える普遍的な規範である。立法権を掌握した君主であっても、法律を意のままに操ったり、それを超えたりすることはできない。これは黄老学の公共理性における突出した特徴である。

伝世文献に基づきつつ、新たに出土した簡帛文献を踏まえ、さらにこれまでの誤解を明らかにすることによって、我々はこれまでの研究者たちによる黄老学、とりわけ道法家研究における誤りを正さなければならない。[9] そしてその法哲学の原理、「公共性」ならびに法律共同体構想の期待について全体的かつ構造的な検討を行い、黄老学がいかにたゆまず一貫して道法と法律の統治（「法治」）を堅持し、法律共同体のユートピアを期待していたかについて見ていきたい。[10]

一　「道法」――「実在法」における「自然法」の基盤

初期法家の人物（管子、子産、呉起、李悝、商鞅等）は程度の差はあれ、「実在法」の制定者かつ実践者であり、我々は彼らに「自然法」の意識があったと、少なくとも明確に見ることはできない。つまりは、彼らはほとんど実在法のために自然法を探求するという基礎を持ち合わせていなかった。[11]老子の「道」（さらにいわゆる「天道」）は、宇宙の実体と万物の根源を為す人類の理性であり、最高の正義の原則であり、究極の規範であった。人類は理性に従って生活しており、つまり自然に従って、「道」に従って生活しているのであるが、しかしながら老子においては、「道」は「自然法」として、「実在法」のレベルにまで下りていくことはなかった。[12]黄老学における道家と法家を融合させた一つの典型的な形態は、法家の法律規範を自然法としての「道」の基盤の上に構築し、「道家」の自然法の「道」（まさに「天網恢恢、疏而不漏」というごとく）を操作可能な「実在法」の実際的な規範の上に据えるものであった。これは黄老学の基本的な特徴であり、また黄老学の法哲学の基本的な原理であった。[13]

『黄帝四経』が発見される前、人々はあまり黄老学の法哲学の原理に関心を示さず、韓非子が老子の道と法を結び付けた表現をしていたことにも注意を払ってこなかった。そして法家と黄老学は全体として「ただ純粋に立法者の意志を体現している実定法のみ重視していた[14]」と考えられていた。『黄帝四経』の発見、および『管子』、『慎子』等の伝世文献等をも利用した研究によって、我々は人間社会における実在法と超越的な自然法（「道」）が結び付いて形成された「道法関係」について、ある程度理解することができるようになった。しかし問題は、次の点にある。黄老学がどのようにして実在法を超越的な自然法、すなわち「道」の基盤の上に構築したのか。「道」はなぜ実在法の根源になり得たのか。実在法はなぜ「道法」と結び付かねばならなかったのか。これらはすべて我々がさらに検討を進めなければならない問題である。

万物がおのれはかくのごとくであるという状態と、スタイルとして非実体的である道家の「自然」観は、law of nature もしくは natural law の訳語としての「自然法」と、相似点がないはずがない。「自然法」は、道家の、万物と人の本性に基づいて存在し、生活していることは、理に適っており正当であるという、「自然」（荘子はより多く「天」でもって表している）観の意義を含んでいた。しかし、古代中国の「自然法」は、広義には「道」、「理」および「天」等に代表される「道法」、「理法」もしくは「天理法」であった。老子の「道」と「天道」はいずれも「自然法」ということができ、それは自然の法則と、自然の理性あるいは秩序、という二重の意味を持っていた。『老子』という書物は「理」に言及していないが[15]、一方『荘子』は幾度もこの概念を論じている。

荘子は老子の「道」と「天道」に関する多くの仮定を受け入れただけでなく、実体と理想のモデルとしての「天」を唱道し、「人」に対し「天」に習い、「天人合一」を実現することを求めた。荘子は「理」に注目した最初の人物ではない。荘子よりやや早い孟子、そして彭蒙等は既に「理」に言及している。これは韓非が全体と個別の箇所の二層において、老子の「道」を通して「道」と「理」をつなげた思想の淵源である。黄老学の「自然法」は「道」と「理」を分けて使った「道法」と「理法」であるとともに、「道」と「理」が結合した「道理法」でもあった。『韓非子』「解老」では次のように述べられている。

夫縁道理以従事者、無不能成……夫棄道理而妄挙動者、雖上有天子諸侯之勢尊、而下有猗頓、陶朱、卜祝之富、猶失其民人而亡其財資也。

韓非はさらに「道法」という概念を用いて次のように述べている。「而道法万全、智能多失」(『韓非』「飾邪」)。これは、自然の法則および秩序としての「道」の直接的な根拠となっている。

このほか、黄老学の「天」や「天道」も「自然法」の意義を備えている。例えば『黄帝四経』の「十大経・観」では次のように記されている。

天道已既、地物乃備。散流相成、聖人之事。聖人不朽、時反是守。優恵愛民、與天同道。聖人正以待天、静以須人。不達天刑、不襦不伝。当天時、與之皆断。当断不断、反受其乱。

また「十大経・姓争」では次のように記されている。

順天者昌、逆天者亡。毋逆天道、則不失所守。

したがって、黄老学の「道法」あるいは「道理法」は「自然法」とも称することができるのである。法律実証主義者はいわゆる「自然法」を認めない。特に法律と道徳の間に必然的な関係があると認めない。彼らにとって、法律規範はただ人類の活動が生み出した産物であり、人類と社会生活に適応する必要から定められたものであった。法律実証主義者は同時にまた法律現実主義者であり、これは彼らが超越した「自然の理性」に対して関心を持つことはありえないと決定づけるものであった。ある面から見れば、初期の法家もまた法律実証主義者である。なぜならば、彼らはただ実在法とその実践にのみ関心を持ち、法律の規範のために道徳的な根拠を探究することはせず（商鞅は逆に厳しい法律の統治が道徳を生み出すことができると考えた）、法律のために自然法の基礎を探し求めることもしなかったからである。しかし、これは彼らが自然法に反対する意味から実在法を堅持することを意味しない。一般的に彼らは自然法の意識がなく、宗教と形而上学はいずれも彼らの視野にはなかった。

黄老学は明らかに法律実証主義者ではなかった。彼らは「実在法」は「自然法」すなわち「道理法」から生まれたものだと考えていた。『管子』「法法」篇の表現に従うと、法律と制度は必ず「道」に習わなければならない（「憲律制度必法道」）。『管子』「心術上」にとって、「法」は事物の軽重を測る一般的基準となる「権」から生まれたもので、「権」は「道」から生まれたものであり（「故事督乎法、法出乎権、権出乎道」）、このような考えは、「権」という中間段階を通じて「法」を「道」に帰属させるものであった。『黄帝四経』の考えでは、「道」は

「神明」の本源であり、神明はまた「内在する法度」と「外在する法度」を統一したものだった。「経法」の「名理」篇には次のように記されている。

道者、神明之原也。神明者、処於度之内而見於度之外者也。処於度之内者、不言而信。見於度之外者、言而不可易也。処於度之内者、静而不可移也。見於度之外者、動而不可化也。動而静而不移、動而不化、故曰神。神明者、見知之稽也。

ここでの「神明」について、魏啓鵬氏は「執道」、「体道者」が形成する高いレベルでの認知能力および思惟方式を指すと解釈している。(16) しかし「神明」と「道」の関係、および文中の「神明」の解釈に基づくと、それは「体道者」による道の統一秩序あるいは自然の理性に対する理解を指しているはずである。「神明」が「度」の中にあるというのは、「道」の法則に合致しているという意味であり、したがって「神明」は「信」（信任）を得ることができるのである。一方、「神明」が「度」の外にあるというのは、「体道者」は「神明」を示すことしかできないことをいっているがため、「体道者」は「神明」を「改変させることはできない」のである。

「道」は万物の「法度」であり、「神明」の根源であり、自然もまた実在法の根源であった。これは『黄帝四経』が「道生法」の命題を提起していることからはっきりと見出すことができる。この命題に従えば、法律は「道」から生まれたものである。道が万物の根源であり、人類とその活動の根源である、という点からいうと、法律も自ずと道の産物となる。しかし、道は直接には人類の法律の規範を作り出さない。法律の規範は道の法則を理解している明君によって制定されたものである。『黄帝四経』「経法・論」には、「人主者、天地之□也、号令之所出也。」とある。[17]君主は天地に適応する以上、君主が法律の規範を制定する際は「自然法」に則していなければならなかった。『黄帝四経』「経法・道法」では、「道」を理解した者のみが理に適った法律を制定することができ（「執道者生法」）、彼は法律を犯すことはしないし、ましてや法律をなおざりにすることもない、と考えられていた。

故執道者、生法而弗敢犯（也）、法立而弗敢廃也。□能自引以縄、然後見知天下而不惑矣。

道法と実在法、君主の三重関係については、高道蘊氏が的確な説明をしている。

道の概念とはすなわち法の基礎とみなされている自然の準則であり、それは立法の神として提起されたものではなく、一種の規範と立法のモデルとして提示されたものである。道が規範的な原則として尊重されてきたのは、それが人格化された神の、変わりやすい個人的性格から脱却したことを体現しているからである。道は影響を受けないし、何かのいいなりになることもないし、変えることもできない。その正常なあり方は乱されることはない。したがって模範的君主の譬えとなることができる。このような君主は叡智でもって世事を明察すると同時に、変化や誘惑の影響を受けない。このような君主は治政において自ずと予見できる能力を持ち、正義を司るであろう……道は統一された基準、「規則が統治する自然の秩序」をしており、それ

は社会と政治上の秩序のモデルとして用いることが可能であったのである。(18)

儒家はたいてい「人倫を尽くす」「聖人」もしくは賢人や君主を理想的な政治上の人格者とみなしてきた。しかし彭蒙は「聖人」と「聖法」を明確に区別した。「聖人」は彼の非凡で彼に特有の英明と道徳でもって統治しているのであり、これはマックス・ウェーバーがいう「カリスマ的」な統治に似ていた。一方で「聖法」は「理」から来ているものであり、これは客観的な「理法」によって統治していた。彭蒙のこうした区別は宋子の質問に答える時に提示されたものである。『尹文子』「大道下」には次のように記されている。

田子読書、曰、尭時太平。宋子曰、聖人之治以致此乎。彭蒙在側、越次答曰、聖法之治以至此、非聖人之治也。宋子曰、聖人与聖法、何以異。彭蒙曰、子之乱名甚矣。聖人者、自己出也。聖法者、自理出也。理出於己、己非理也。己能出理、理非己也。故聖人之治、独治者也。聖法之治、則無不治矣。(19)

こうした区別は明確に次のことを説明している。つまり黄老学は有効な治政を道徳化された「聖人」の人格に託さず、「非人格化」された「聖法」(制度)に依拠せんとしているのである。「聖法」は聖人が自ら発見して把握した客観的な「理法」に基づいて制定されたものであり、それは「個人の治」(「独治」)とは異なる、「自然理法」による統治である。賢人の政治にとって、道徳上の「修身」と身をもって範を示すことが最も重要であった。しかしながら、「非人格化」された自然法の統治にとっては、自然法もしくは道理法に則って物事を行うことこそが根本的なことであった。このため、黄老学派の君主に対する要求は、自ずと完ぺきな道徳的模範になることではなく、自然法と道理法を虚心に学び、習う者になることであり、これが黄老学派の学者が考える「明君」であった。『黄帝四経』「経法・論約」がいう「故執道者之観於天下」、『韓非子』「主道」がいう「道者、万物之始、是非之紀也。是以明君守始以知万物之源、治紀以知善敗之端」、『韓非子』「揚権」がいう「是故明君貴独道之容」、これらはいずれも開明的な君主とは「道法」を把握し堅持している君主であると考えており、それはつまりは自然法に基づいて実在法を制定して統治を行う君主であった。

通常の意義における西洋の「自然法」の学説は、超越的で恒久的な基準として人類が共有する自然の権利と正義の体系を指す。それはまたいわゆる「上帝法」もしくは神判法、あるいはいわゆる自然の法則、自然の理性、自然の秩序、あるいは証明する必要すらない自明の究極的な道徳の原則、権利、信念であった。[20] 黄老学の「道法」（あるいは「道理法」と「天道法」）は、ある意味では「自然法」ということもできる。なぜならば、それは自然の法則や自然の理性、自然の秩序といった一般的な意義を内包するからである。しかしながら、黄老学の「道法」はまた自己の表現方式と関心の方向性に属するものであり、例えば黄老学は「自然の権利」に関心を持たず、ある一定レベルにおいて、それは道徳を実在法の尺度と基準とはみなさず、特に韓非のように強烈に儒家の道徳を排斥する傾向があった。黄老学においては、道が実在法の根源となり得るのは、「道」が持つ一連の形而上学的な本性によって決まるのであった。黄老学派が「道」に対して強い関心を持ったことは、老子の「道」が明らかに彼らに影響を与えていることを示している。黄老学の「道法」の「道」は、まずは万物の根源、万物が生存し活動する動力のことを指している。『黄帝四経』「道原」篇では、宇宙の原初もしくは「恒先」は一切の始原であり、万物はすべて恒先に依拠していると考えられていた。

恒先之初、迥同太虚。虚同為一、恒一而止。湿（混）湿夢（蒙）夢、未有明晦。神微周盈、精静不熙。古（故）未有以、万物莫以。古（故）無有刑（形）、大迥無名。天弗能復（覆）、地弗能載。小以成小、大以成大。盈四海之内、又包其外。在陰不腐、在陽不焦。一度不変、能適規（蚑）僥（蟯）。鳥得而蜚（飛）、魚得而流（游）、獣得而走。万物得之以生、百事得之以成。人皆以之、莫知其名。人皆用之、莫見其刑（形）。

上博楚簡には「恒先」の一文が見られるが、『黄帝四経』にいう「恒先」はこの上博楚簡の「恒先」を踏襲しているにちがいない。両者のいう「恒先」はいずれも「道」の別称である。黄老学は「有形」と「感知可能な性質」によって具体的な事物を描くのに対し、一般に「無形」と感知不可能であることによって「道」を説明した。『管子』「内業」には次のような一文がある。

道也者、口之所不能言也、目之所不能視也、耳之所不能聴也、所以修心而正形也。人之所失以死、所得以生也。事之所失以敗、所得以成也。凡道、無根無茎、無葉無栄、万物以生、万物以成、命之曰道。

黄老学の考えでは、人間が感知できるものは複雑に入り組んでいて多様であり、変化の過程にある様々な形ある物であり、「道」は無形で、もちろん感知できない。しかしながら無形の道は「有形」の万物が生まれる「根源」である。もしくは、「道」は「無形」であるがため、それは万能でありすべてに適応しながら様々な有形な物を作り出すことができ、「有形物」の宗主になることができ、様々な特定の機能および性質を持つ具体的な物とは異なった、万物に頼りとされ使用されるものになることができるのだといえる。『管子』「心術上」がいうには、

道也者、動不見其形、施不見其徳、万物皆以得、然莫知其極。

「白心」篇にも次のような一段がある。

道者、一人用之、不聞有余。天下行之、不聞不足、此謂道矣。小取焉則小得福、大取焉則大得福、尽行之而天下服。

黄老学の「道法」概念によると、「道」自体が根本的な「秩序」と「法則」のことであり、「道法万全」とは「道」に則った秩序と法則が最も信頼でき有効であることを意味している。黄老学の「理法」とは彭蒙の表現(「聖法」は「理」から生まれた)に拠ると「道法」となる。ただし、韓非においては、「道」と「理」は区別されながらも互いに関連し合っているという意味で、定義されている。

道者、万物之所然也、万理之所稽也。理者、成物之文也。道者、万物之所以成也。故曰、道、理之者也。物有理、不可以相薄。物有理不可以相薄、故理之為物之制。万物各異理、而道尽稽万物之理。

韓非に拠れば、「道」は万物それぞれの法則を貫く総法則であり、万物が万物たるゆえんとなる根本的根拠である。一方、「理」は万物が各々持っている法則であり、条理であり、程度のことである。道と理のこのような全体と部分の関係は、法則における根本的法則と項目毎の法則、秩序における全体的な秩序と部分的な秩序の関係と見ることができるかもしれない。

もし、「法則」がすべての事物に統一された基準を提供しているというのであれば、秩序とは統一された基準に拠って形作られたものだ、ということになる。黄老学は「一」によって道法の統一性と普遍性を説明し、解釈している。「一」は老子では「道」の別名であり、また「道」の性質を表すものである。黄老学はあまねく老子の「一」の概念を受け入れてきた。「一」は「多」に相対しており、それはあまたの事物と現象を統一し統率している大綱であった。事物と現象がどれほど多くて複雑であろうが、それらはいずれも統一性と一致性を備えている。したがって、「大綱」すなわち「一」によって規範化され、制約されるのである。『荘子』「天地」篇の「万物雖多、其治一也」というのは、万物は煩雑で多様であるが、治める方法は例外なくすべて「一致」しており、「一様」である、という意味である。『黄帝四経』「経法・道法」には次のような一文がある。

称以権衡、参以天当、天下有事、必有巧験。事如直木、多如倉粟。斗、石已具、尺、寸已陳、則無所逃其神。

「直木」は「植木」、つまり「樹木」のことである。『淮南子』「兵略訓」には「兵如植木」といういい方がある。「事如直木、多如倉粟」とは、なさねばならぬことが樹木のようであり、まるで倉の中のもみのように多い、という意味である。しかし、基準があれば、その外へ逃れ出ることはない(21)。『管子』「心術上」でも、法律は異なる事物を「統一」させる普遍的な働きがあると認識されている。すなわち「法者、所以同出、不得不然也、故殺僇禁誅以一之也」。この「出」は事物がそれぞれ異なることを示しており、「所以同出」とは法律の規範により異なる事物を統一させることをいっている(22)。『黄帝四経』「十大経・成法」は黄帝と力黒との問答に仮託して、「一」はどうして「道之本」と「治之本」であるのかという問題を議論しているのである。伝説に拠れば、力黒は黄帝を補佐する七人のうちの一人（「七輔」）であり、黄帝は力黒に天下には「一」が存在するのか否か、「一」には「多」は存在するのか否かという問題を問いかける。それに対して力黒は、「天下」には「一」が存在する、と回答している。

昔者皇天使風下道一言而止。五帝用之、以朳天地、（以）揆四海、以懐下民、以正一世之士。……循名復一、民無乱紀。

力黒はさらに黄帝に、「一」は万物の「多」（「長」）を包含すると説明している。

一者、道之本也、胡為而無長。□□所失、莫能守一。一之解、察於天地。一之理、施於四海。何以知□之至、遠近之稽。夫唯一不失、一以騶化、少以知多。夫達望四海、困極上下、四向相抱、各以其道。夫百言有本、千言有要、万［言］有総、万物之多、皆閲一孔。夫非正人也、孰能治此。彼必正人也、乃能操正以正奇、握一以知多、除民之所害、而持民之所宜。総凡守一、与天地同極、乃可知天地之禍福。(23)

力黒がいう「少以知多」、「万物之多、皆閲一孔」、「握一以知多」に拠ると、「一」には「多」が存在するだけでなく、「一」は「多」に対して無限の「統御力」を持っていることを示している。『黄帝四経』「道原」では次のように述べられている。

夫為一而不化。得道之本、握少以知多。得事之要、操正以正奇。前知太古、後［能］精明。抱道執度、天下可一也。観之太古、周其所以。索之未無、得之所以。(24)

これはまさに、複雑な自然現象が統一された「自然律」によって理解され、解釈されるようなものである。複雑な自然現象に対して、「自然律」は「一」である。いわゆる自然の「斉一」とは、「自然律」があらゆる自然現象に対して普遍的に有効であることを意味しているのである。『荘子』「天下」篇は、彭蒙、田駢、慎到は「斉万物以為首」という思想的傾向を持ち合わせていると述べている。(25)「斉万物」とはつまり万物を「一同」することであり、万物が「統一性」を備えていることをいい、「整えて画一」にされうる。万物には「類」の違いがあるほかに、さらに個体における差異がある。黄老学の「斉一」とは、万物の形態と現象上の差異を取り除くのではなく、それは往々にして万物の「不一」の中にあり、万物の「千差万別」の中において事物には「斉一性」と「統一性」があることを発見し、事物というものはすべて「一」を通して量られ、規範化される、ということを知ることである。

『呂氏春秋』「不二」の「能斉万不同、愚智工拙皆尽力竭能、如出乎一穴」に拠ると、「斉一」を前提としており、まさに「愚智工拙」等が「万不同」なのである。黄老学は「万物不同」の願望を変えず、愚者が知恵を身に付ける期待もしていない。まして万物の差異は変えることができないものである。しかし、それらは「斉一性」を持っており、みな自己の性情と能力に従って活動しており、それは「如出乎一穴」である。万物がいずれも自己の性情と能力でもって活動しているこのような「統一」はまさに「一」であり、それは万物を貫く「自然法」である。『淮南子』「斉俗訓」の「斉民之俗」（つまり「民情」）と「斉万物」は、彭蒙、田駢、慎到に対して「斉万物」思想を表現したものである。

孔子曰、魯国必好救人於患。子贑贖人而不受金於府。孔子曰、魯国不復贖人矣。子路受而勧徳、子贑譲而止善。孔子之明、以小知大、以近知遠、通於論者也。由此観之、廉有所在、而不可公行也。故行斉於俗、可随也。事周於能、易為也。矜偽以惑世、伉行以違衆、聖人不以為民俗。……乃至天地之所覆載、日月之所昭認、使各便其性、安其居、処其宜、為其能。故愚者有所修、智者有所不足。柱不可以摘歯、筐不可以持屋、馬不可以服重、牛不可以追速、鉛不可以為刀、銅不可以為弩、鉄不可以為舟、木不可以為釜。各用之於其所適、施之於其所宜、即万物一斉、而無由相過(26)。

この最後の一文「各用之於其所適、施之於其所宜、即万物一斉、而無由相過」に基づけば、黄老学の「斉一」が何を指しているのかはっきりと見て取ることができる。法律の規範がすべての人に対して普遍的に有効であるのは、それが「統一」された人性と人情に基づいているからである（具体的には後述する）。このため、自然法が「一」であることを理解し、実在法を「一」に制定すれば、「多」を統治し治めることは自ずと簡明で高度に有効なのである。『尹文子』「大道上」では次のように記されている。

故人以度審長短、以量受多少、以衡平軽重、以律均清濁、以名稽虚実、以法定治乱、以簡治煩惑、以易御険難。万事皆帰於一、百度皆准於法。帰一者、簡之至。准法者、易之極。

『呂氏春秋』の「執一」篇では、鮮明な主題によって黄老学の「執一論」を述べている。

天地陰陽不革、而成万物不同。目不失其明、而見白黒之殊。耳不失其聴（聡）、而聞清濁之声。王者執一、而為万物正。軍必有将、所以一之也。国必有君、所以一之也。天下必有天子、所以一之也。天子必執一、所以摶之也。一則治、両則乱。今御驪馬者、使四人人操一策、則不可以出於門閭者、不一也[27]。

「不二」篇にも似たような思想が見られる。

有金鼓所以一耳也。必同法令所以一心也。智者不得巧、愚者不得拙、所以一衆也。勇者不得先、惧得不得後、所以一力也。故一則治、異則乱。一則安、異則危。夫能斉万不同、愚智工拙、皆尽力竭能、如出乎一穴者、其唯聖人矣乎。無術之智、不教之能、而恃強速貫習、不足以成也。

『呂氏春秋』が「執一」の統治を信じるのは、同様に万物の間に存在する「斉一性」と共通の本性に基づいているのである。

黄老学の「道法」観念に拠れば、「道」と「天道」はさらに超越的な「公正」、「公平」をも意味し、西洋の「自然法」の観念でいうならば、いわゆる「正義」のことである。老子は宗教的な「天」を「自然」観的な「天」と「天道」に転化したとよくいわれているが、しかし仮にそうであっても、純粋な自然主義の意味から老子の「天」と「天道」を理解することはできない[28]。なぜならば、老子の天と天道論は、自然の正義と自然の理性という側面を包含しているからであり、これは「天道無親（個人的な親近の情がない——筆者注）、常与善人」（『老子』第七十九章）、「人之道、損不足而補有余。天之道、損有余而補不足」（『老子』第七十七章）等の叙述から見出すことができる。『申子』の表現によると「天道無私、是以恒正。天常正、是以清明。」（『芸文類聚』巻一「天部上」）となる。黄老学派は天、地、日月がいずれも不偏、無私、客観的、公正であることを示していると信じている。彼らがよくいう「天無私覆、地無私載、日月無私照」は、天、地、日月が万物に対してすべて一視同仁であると強調しているのである。黄老学の自然の公正さと正義論は、実在法の運用面においては法律があらゆる人々に平等に対応している、ということである。黄老学においては、「道法」の観念はまた「虚」と「静」を意味し、「無為」と「無事」を意味している。これは統治者に虚心で心静かに無為な統治方法を行うよう要求しているのであり、さらに具体的にいえば、客観的な、統一性と安定性のある「法律」によって統治を行うよう求めているのである。

二　「人情論」と「因循論」——法律による統治と人性、および合目的性

以下のようなことがよくいわれる。西洋の民主と法治が構築・実行可能であるのは、それらが人性に対する悲観的な立場に基づいているからである。西洋文化の伝統においては、人性の悪（特にキリスト教の伝統がいう人の原罪のようなもの）が認識され、あるいは張灝氏が指摘するように人の「幽暗性」が認識されたために、人間に対して防備し制約をかける法律制度が生まれた。[29] それにひきかえ、中国文化の伝統において、民主と法治が発展しなかったゆえんは、中国の伝統、とりわけ儒家の伝統が人性の善と、これに基づく「人治」と「徳治」を過信しているからだ、というわけである。

このような一般的な単純化や比較が成立するか否かについて論じるつもりはない。ただ、人性悪と法治はおそらく一対一の対応関係にはなく、人治と法治も二者択一の、両極端の選択ではない。[30] ここで追究したいことは、法制と法治の構築はただ単一的な「人性悪」のモデルに拠ることができるのか否かという点である。[31] 実際、黄老

学は全く異なる法治構築の思考スタイルを提示したが、これはすぐにまたもう一つの問題に行き当たる。つまり、黄老学は「人性悪」のモデルから法律の統治を主張しているのではないだろうか、という問題である。

特に「人性悪」を主張した荀子の弟子韓非の人性観は「人性悪」でなくて何であろうか。厳密にいうと、黄老学における人性のモデルは「人性悪」と概括することはできない。直接的な根拠は、黄老学は荀子のように明確に人性は悪である、もしくは人性は卑劣で陰鬱であると述べていないことである。伝世文献と新たに出土した黄老学の文献には、黄老学派が直接「悪」と「劣」によって人性を定義するような表現は見られない。さらに黄老学は通常、彼らの価値観から、自らのいう「人性」に対して否定的な評価はしていない。黄老学の「人性観」はさらに正確にいうと「人情観」であり（なぜなら彼らはよく「人情」や「人之情」によって人の自然の属性を指し示しているからである）、基本的には描写的な性格を持つものであり、そこには評価の意味合いはない。描写として、このような人情観は人の自然の属性が元来は悪であると認識していない。当然ながら何か改造を加えようという意図もない。

黄老学がいう「人情」もしくは「人之情」は、人間の「自然の性情」つまり「嗜好」、「欲求」と「嫌悪」の情を指す。これは二種類の相反する、しかし人間が同時に持っている情感である。『管子』「禁蔵」には次のように述べられている。

凡人之情、得所欲則楽、逢所悪則憂、此貴賤之所同有也。

一般的に、人々の嗜好、欲求、嫌悪の対象は非常に広汎であり、軽重や多少、自分の好みに合うか合わないかにかかわらずすべてが嗜好、欲求、嫌悪という感情の対象となる。しかし黄老学においては、人の嗜好、欲求、嫌悪の情というのは主に「利害関係」に対する反応であり、そこには生存への渇望と死への恐怖も含まれる。『管子』「形勢解」篇には次のような一節がある。

民之情、莫不欲生而悪死、莫不欲利而悪害。(32)

『管子』「禁蔵」には、

夫凡人之情、見利莫能勿就、見害莫能勿避。(33)

『管子』「版法解」には次のような一節がある。

凡人者、莫不欲利而悪害。是故与天下同利者、天下持之。擅天下之利者、天下謀之。

これに拠れば、人の自然な性情とは「利に走り害を避ける」、つまりは己の利益に関心を持ちそれを追い求め、自己に不利なものや害のあるものは避けることである。『孟子』「告子上」は、人の善に対する自然な態度とは、まさに水が下に向かっていくようなものであることを我々に教えている（「人性之善也、猶水之就下也」）。しかし『管子』は、人間が「利益」に対して持つ自然な態度が、水が下へ向かっていくようなものだといっているのである。

民、利之則来、害之則去。民之従利也、如水之走下、於四方無択也。故欲来民者、先起其利、雖不召而民自至。設其所悪、雖召之而民不来也。（『管子』「形勢解」[34]）

黄老学はさらに一般化した言葉――「自為」でもって、人間の自然な性情を概括している。「自為」とは「己の為」、「自己の為」のことであり、「人の為」と相対する言葉である。[35]『慎子』「内篇」には次のような一節が見られる。

人莫不自為也、化而使之為我、則莫可得而用。是故先王不受禄者不臣、不厚禄者不与入。人不得其所以自為也、則上不取用焉。故用人之自為、不用人之為我、則莫不可得而用矣、此之謂因。（『群書治要』）

『尹文子』「聖人」篇には田駢の「自為」についての一節がある。

田子曰、人皆自為、而不能為人。故君人者之使人、使其自為用、而不使為我用。[36]

『黄帝四経』「称」には残欠の一段があるが、その箇所でも「自為」について次のように言及している。

不受禄者、天子弗臣也。禄泊（薄）者、弗与犯難。故以人之自為□□□□□□□□□。

陳鼓応氏は欠字を補ったが、最後の一句は「故以人之自為也、不以人之為我也。」としている。[37]以上異なる典拠に見られる三つの節は、いずれも以下のことを指摘している。人は「己の為」にある存在であり、「他人の為」「人の為」に存在しているのではない。ただ自己の願望を満足させてこそ、自分が従事する事務に力を注ぐのである。統治者についていうならば、統治者が諸官吏に責務を尽くさせたいと望むならば、まずは彼らの「自為性」に合わせ、彼ら各々が自身の働きを発揮させるようにする必要がある。

黄老学が人間の「自為性」を示しているのは、当然ながら人間がすべて己のために考えることを奨励するためではない。人間の活動のメカニズムを把握し、社会における協調のメカニズムを理解するためである。黄老学の考えでは、人間の「自利性」と「自為性」は往々にして官僚制と法治がそれを構築し有効に施行していくための基礎となっている。[38]黄老学においては、人間は欲望がなければ、彼らを活用するすべがなくなる。もし彼らを活用したいのであれば、彼らに欲望を持たせなければならない。彼らの欲望が多ければ多いほど、彼らを使うのが容易になるのである。『呂氏春秋』「為欲」には次のように述べられている。

使民無欲、上雖賢猶不能用。夫無欲者、其視為天子也与為輿隷同、其視有天下也与無立錐之地同、其視為彭祖也与為殤子同。天子至貴也、天下至富也、彭祖至寿也、誠無欲則是三者不足以勧。輿隷至賤也、無立錐之地至貧也、殤子至夭也、誠無欲則是三者不足以禁。会有一欲、則北至大夏、南至北戸、西至三危、東至扶木、不敢乱矣。犯白刃、冒流矢、趣水火、不敢却也。晨寤興、務耕疾庸、(木+畟)為煩辱、不敢休矣。故人之欲多者、其可得用亦多。人之欲少者、其〔可〕得用亦少。無欲者、不可得用也。人之欲雖多、而上無以令之、人雖得其欲、人猶不可用也。令人得欲之道、不可不審矣。善為上者、能令人得欲無窮、故人之可得用亦無窮也。

黄老学は官僚制と法治を人性の基礎の上に打ち立てた。これはアダム・スミスが「自利」と「自私」の経済人を経済と市場の運営の基礎としている方法と非常に通じるものがある。アダム・スミスは次のように述べている。

彼がもし彼らの自愛の心を刺激して、彼自身に有利になるようにし、それと同時に彼に替わってとある事柄をすることが彼ら自身の利益のためであると伝えることができれば、彼が自分の目的を達成するのもずっと容易になる。誰であれ、彼が他人と取引をするとなると、その人はまず次のようにいわなければならない。私に私が必要としているものを与えて下さい。そうすればあなたも自分の必要なものを得ることができますよ、と。これは取引の普遍の道義である。我々はお互い助け合うことを必要としているが、我々が必要としている相互扶助の大部分はこの方法によっている。我々が日々必要としている食料や飲料は、屠畜業者や酒蔵、パン職人の恩恵にあずかっているのではなく、彼ら自身の利益に則っているのである。我々は彼らの利他心に訴えるのではなく、彼らの利己心に訴えるのである。我々は自分が必要だというのではなく、彼らに

とって利益になるというのである。(39)

黄老学とアダム・スミスが着目する具体的な領域は異なる。一方は市場取引のメカニズムに、もう一方は法律と行政面における人材活用のメカニズムに着目している。アダム・スミスが考えるには、人間の「自利性」が市場取引を可能にする。黄老学が考えるには、人間の「自為性」が人材活用と法律による統治を可能にする。アダム・スミスの考えでは、人間はそれぞれみな自利を考えるものであり、人間は自己の利益がどこにあるかを最もよく把握しており、自己の利益に最もかなった選択をする。まさにこの「見えざる手」の働きのもと、自発的な「秩序」が形成される。黄老学の著述家たちが固く信じた考えというのは、人間は利益を受けて動くものであり、人間は一種の「利益の動物」ということさえいうことができる、というものであった。『管子』「侈靡」には次のような一節がある。

飲食者也、侈楽者也、民之所願也。足其所欲、贍其所願、則能用之耳。今使衣皮而冠角、食野草、飲野水、孰能用之。傷心者不可以致功。……百姓無宝、以利為首。一上一下、唯利所処。利然後能通、通然後成国。利静而不化、観其所出、従而移之。

統治者が人を使う際の秘訣は、彼らの「自為」の要求を満足させることにある。さらに、社会全体の秩序も、人間の「自為」を満足させることから成り立つ。黄老学における人間とは、「自為」の人間である。黄老学における社会とは、利益を主とした社会である。既に取り上げた田駢の人情の「自為論」では、田駢は人間の「自為性」に基づいて「君人者之使人、使其自為用、而不使為我用」という結論を出している。田駢の見解は名も知られていない稷下の学士の共鳴を呼んだ。この稷下先生は田駢の言葉を称賛し、それを次のように表した。

稷下先生曰、善哉、田子之言。古者君之使臣、求不私愛於己、求願忠於己、而居官者必能、臨陣者必上勇。禄賞之所勧、名法之所斉、不出於己心、不利於己身。語曰、禄薄者、不可与経乱。賞軽者、不可与入難。此処上者所宜慎言也。(『尹文子』「聖人」、『群書治要』所収)

黄老学にとって、利益は人を結び付ける基本的な紐帯であり、遠くに住む人も近場に住む人も、親しい人も疎遠な人もみな富によって結集するはずであり、たとえ兄弟のように親しくても貧しいと離れていってしまうものである。

家富則疏族聚、家貧則兄弟離、非不相愛、利不足以相容也。(『慎子』「佚文」、『群書治要』[40])

韓非はさらに利害関係を親子関係にまでもってくる。アダム・スミスのいう取引のように、そして司馬遷が述べている「天下熙熙、皆為利来。天下攘攘、皆為利往」という市場のように、社会の真理というのはみな利益をそのメカニズムとしており、社会の組織と管理体制のメカニズムもすべて個人の利益を満足させることができるか否かに拠っている。[41] これはまさに社会組織全体と官僚体制自身が取引市場に似ており、人々は根本的には自己の利益のために集まって協力している、というに等しい。[42]

黄老学の著述家たちが不満に感じていたのは、社会には一種の孤高を標榜する異分子が存在することであった。彼らは高官や俸禄によって動かされることなく、天子に仕えず、諸侯にも仕えず、個人的な趣向でもって清貧な生活を送ることをよしとしていた。隠者と呼ばれるこうした異分子的な存在は、少なくとも、黄老学の「人情」のモデルが決してすべての人間に適応されるものではないということを示している。韓非は隠者が社会の外で逍遥としているのを許さなかった。その理由は、隠者は社会では無用の存在で、しかも、隠者が示す範は、共同体の組織と秩序を瓦解させるという悪影響を生み出すものだから、というものであった。黄老学の著述家たちは、隠者の存在によって、彼らの人情観およびこれをもとにした統治モデルを変えようとはしなかった。隠者はただの少数派の例外的存在に過ぎず、隠者の存在は人類全体の「自利」と「自為」の傾向を否定することには決してつながらない。したがって、「自利」と「自為」の傾向を放棄して、官僚体制と法律による統治を想定することはできないのである。黄老学は、「人情」が人々の間で一致していることこそが、統一的管理を達成するための根拠だと考えていた。『管子』「権修」は次のようにいう。

人情不二、故民情可得而御也。審其所好悪、則其長短可知也。観其交游、則其賢不肖可察也。

同様に、「人情」が人々の間で共通していることもまた統一された法律制度を作り、それを有効に実行する基礎となっている。法治の社会的効能については多くの議論があるが、積極的な意義からいえば、法治には、戒めを通じた教育の意義があり、直接的もしくは間接的に社会の正義と公平を促す。(43)消極的な意味からいうと、法治は社会に規範と、人間の行動を制限する強制的な基準を示す役割を果たす。もし不法な行為が行われたら、一般的基準に則ってそれに制約をかけ、これによって社会の公正と秩序を保証する。黄老学における法律による統治は、一般的にいわれている法治よりも広範な意味があり、それは強制的な処罰に限らず、人間の行為を奨励する、処罰とは反対の「褒賞」も含まれるのである。人情に「利を求め」「生を望む」傾向があるからこそ、法律による褒賞は人間の行為を奨励するのである。同様に、人情には「害を避け」「死を嫌悪する」傾向があるからこそ、法律による処罰により人間は恐れ、己の行為を自覚的に制するのである。韓非は忌憚なく次のように推論する。

人情者、有好悪、故賞罰可用。賞罰可用、則禁令可立而治道具矣。(『韓非子』「八経・因情」)

また次のようにも述べる。

且夫死力者、民之所有者也。情莫不出其死力、以致其所欲。而好悪者、上之所制也、民者好利禄而悪刑罰。(『韓非子』「制分」)

韓非が儒家の徳化論を批判した一つの理由は、道徳には強制力がなく、人間を恐れさせることができず、人間の行動を制することができないからである。韓非が一つの状況を仮定していうには、不肖の子は親の憤怒のために自らの非を痛感して改めることはせず、郷里の人たちの強い叱責にも何ら動じることはない。師の教育によって慎むこともしない。しかし、司法官が法に訴えると、途端に不肖の子はまるで別人のようになる。(44)韓非から見れば、統治者は徳化によって人々に「善」になるよう期待することはできず、ただ法律によって人間が「非」にならないようにすることしかできないのであった。『韓非子』「顕学」では次のようにいう。

夫聖人之治国、不恃人之為吾善也、而用其不得為非也。恃人之為吾善也、境内不什数。用人不得非、一国可使斉。為治者用衆而舎寡、故不務徳而務法。

「人情」から「法治」をとらえると、「人情」は法治が有効的に働く基礎となる。一方、「法治」から「人情」を見ると、法治は逆に「人情」を満足させ、大衆に最大の利益をもたらす。韓非が再三にわたって忠告するには、統治者は大衆のために長期的な大きな利益をはかるべきで、小さな恩恵と血縁の情によって左右されてはいけない。「法治」とは国家と大衆の長期的な、重大な利益が存するところであると。『韓非子』「六反」には次のように記されている。

今家人之治産也、相忍以飢寒、相強以労苦、雖犯軍旅之難、飢餓之患、温衣美食者必是家也。相憐以衣食、相恵以佚楽、天飢歳荒、嫁妻売子者必是家也。故法之為道、前苦而長利。仁之為道、偸楽而後窮。聖人権其軽重、出其大利、故用法之相忍、而棄仁人之相憐也……夫欲利者、必悪害。害者利之反也、反於所欲焉得無悪。

韓非の法治の構造論は、人間の利益に始まり人間の利益で終わっており、始終人間の利益をめぐって法治の合法性を説くことに徹している。これにより、韓非は人間が利を求め害を避け、生を好み死を厭う等という自然な傾向（それが人間の脆弱性や欠陥であっても）以外の、その他の人間の性情を見出さないのである。法治の他、徳治と文教にはいかなる作用も見出さないのである。

「人情」は好き嫌いであり、利を求め害を避け、「自為」であり、「自営」である。このような「人性論」は「利己論」「自私論」ということができる。[45] 論理学では「自私自利」と「利人利他」は善悪の両極端と考えられている。「利他」は、道徳的であり、善である。一方で、「利己」と「自私」は、不道徳で、悪である。しかも、「利己」と「自私」は、人の自然の本性とみなされているのである。まさに荀子がいう「人情甚不美」のように、黄老学がいう「人情」はどのような美があるといえようか、「人性悪」でなければ何であろうか。

既に指摘したが、黄老学のいう「人情論」のモデルは、簡単に「人性悪」ということはできない。なぜならば、黄老学は直接には「人情」を「悪」だとはいっておらず、一般的にも「善悪」という道徳的な意味において「人情」を評価しているのではなく、ただ客観的に人間の自然の性情が「自利」と「自為」であると示しているだけだからである。特に黄老学においては、「己の為」と「利己」という言葉の中に「人に損害を与える」という意味はない。[46]「人を利する」、「利他」という立場から考えると、他人の利益を損なわない「利己」、「自利」というものを想定することはできない。しかしながら、黄老学の「利己」と「自利」は、決して「人に損害を与える」ことを意味しておらず（すなわち「利己」は「人に損害を与える」ことを前提としない）、それはアダム・スミスの「自利」と楊朱の「為我」が決して人を損じることを意味していないのと同じである。楊朱の「抜一毛利天下而不為」は孟子から厳しい批判を受けた。楊朱も利己主義者の代表だとみなされていた。しかし忘れてはならないのは、楊朱には「悉天下而奉一身不取也」という言葉があることだ。この一句が明らかに示すように、天下の大きな利益を使って自己を利してはいけないのである。[47]『荘子』「在宥」篇の郭象注には、次のような一文がある。

人皆自修而不治天下、則天下治矣。故善之也。

厳復は『「荘子」評語』で次のように評している。

この解釈は荘子の趣旨を非常に深く表しており、楊朱の学説のエッセンスを表している。どうしてこのようにいえようか。なぜならば、自己の修養というものは己のためにあり、己のための修養がもし広まれば、人々は各自修養することによって自身をコントロールできるようになり、他人を煩わせて自分に替わって処理してもらう必要もないのである。この世に人のための学説が存在するのは、人類は自己を修養し己を律することができるのを知らないからである。仮に人々が自己修養によって自分を律して調整することを知れば、みな自身に合った状態でいることができ、自身の本来の性質や情感に安心していられることができる。孟子は楊朱を批判しているが、その批判の内容は浅薄である。(48)

黄老学の利己と自利もまた、他人から「恩恵」を得ながらそれに対して報いないということを意味しているのではない。なぜなら黄老学は恩恵を施す者の存在を考えておらず、また、人が功なく禄を受けるような恩恵を好み恩義を忘れるとも考えていないからである。慎子の次の一節を引用してもよいかもしれない。

匠人成棺、不憎人死。利之所在、忘其醜也。(『慎子』「佚文」)

さらに次の韓非の言葉が思い出されるかもしれない。

故王良愛馬、越王勾践愛人、為戦与馳。医善吮人之傷、含人之血、非骨肉之親也、利所加也。故輿人成輿、則欲人之富貴。匠人成棺、則欲人之夭死也。非輿人仁而匠人賊也、人不貴、則輿不售。人不死、則棺不買。情非贈人也、利在人之死也。(『韓非子』「備内」)

慎子がいう「醜」は、見たところ道徳的な批評の意味があるように思える。韓非がいう棺桶の業者が「人の死」によって彼の棺桶の売り上げを期待しているのは、当然ながら「美しい」心理状態ではない。しかし、彼らが強調するのはやはり、人間が「利益」を追求する動物だ、ということである。人間は客観的に、死を免れない。このことが棺桶を製造し販売するマーケットの需要を作り出している。このため人々は棺桶業者に対して何ら憎しみを覚えることはない。黄老学の「人情論」で際立っている、人間が「自分の利益」を追求するというこの先天的な自然な傾向、そして社会と法律秩序における「利益」のメカニズムは、アダム・スミスの「経済人」の想定のようでもあり、テンニース（Ferdinand Tönnies）がいう「利益社会」の概念のようでもある。[49]

黄老学には人性を変えたり征服しようという意図は全くない。なぜなら黄老学の考えでは、人間の自利・自為性は変えられないものであるし、変える必要もないからである。『韓非子』「顕学」では次のように戒めていう。

今或謂人曰、使子必智而寿、則世必以為狂。夫智、性也。寿、命也。性命者、非所学於人也、而以人之所不能為説人、此世之所以謂之為狂也。謂之不能、然則是諭也。夫諭、性也。以仁義教人、是以智与寿説也、有度之主弗受也。故善毛嗇、西施之美、無益吾面、用脂沢粉黛則倍其初。言先王之仁義、無益於治、明吾法度、必吾賞罰者亦国之脂沢粉黛也。故明主急其助而緩其頌、故不道仁義。[50]

「智慧」と「寿命」は人間が天性としてもっている自然なものであり、人間の力では変えることができない。同様に、「仁義」でもって人間を教化しようと思うのは、人間の知恵を増やし寿命を延ばすことを承諾するのと同じく、人だましである。韓非が儒家の仁義道徳は「無用である」と考えたのは、荘子のいう「仁義」と人性

（人情）が合わない（当然ながら孟子は、仁義は人性から生まれたものと考えていた）という考えと似たような前提に立っていたのである。韓非のいう「人情」が何を指すか、我々は既に知っている。黄老学にとって、人情に合わないものを使って人に要求することはできないし、ましてや人間を変えることはできない。それとは反対に、人間の願望と要求を満たすものを使って人間に合わせていかねばならないのである。『文子』「自然」では次のように述べられている。

以道治天下、非易人性也、因其所有而条暢之、故因即大、作即小。古之瀆水者、因水之流也。生稼者、因地之宜也。征伐者、因民之欲也。能因、則無敵於天下矣。

先に述べたように、黄老学の意識における明智による統治とは、つまり「人情」に合わせてそれに従う統治である。今ここで具体的に、黄老学の「貴因」と「因循」の思想について考えていきたい。黄老学における広義の「因」は「万物の本性と性情に従っていること」と解釈できる。この思想は老子に求めることができ、老子の「自然」と「無為」の構造に拠れば、道が「無為」であるのは万物の自然に従わねばならないからであり、統治者が「無為」であるのは、大衆の「自然」に従う必要があるからである(51)。

しかしこの「因」という用語は老子の作品には見られない。「因」は黄老学の重要な概念であり、黄老学には「貴因」という普遍的な傾向がある。社会、政治分野での「因」という表現は、統治者がどのように人間の自利と自為という「人情」に合わせるかを説明するのに使われている。それには、「依拠する」「基づく」「従う」という意味があり、「順応する」と解釈することもできる。『慎子』の「因循」篇では、「因」は「人情に因循する」と定められており、「天道因則大、化則細。因也者、因人之情也。」と記されている。『韓非子』「八経」篇の「因情」では、人情に順応することが天下を治める「必然的」な道である、と断定している。「凡治天下、必因人情」。『管子』「心術」篇ではさらに具体的に何が「因」でなぜ「因」が必要なのかについて詳述している。「心術上」の「経文」には次のような一文がある。

人之可殺、以其悪死也、其可不利、以其好利也。……其応也、非所設也、其動也、非所取也。過在自用、罪在変化。是故、有道之君、其処也、若無知。其応物也、若偶之。静因之道也。

人間の「死を厭い」「利を好む」自然な性情に対して、統治者はまさに彼らと「一対になっているもの」のようにそれに合わせる必要があった。ここにおいて、統治者の「静かな落ち着き」と大衆の「好悪の性情」を踏襲する、ということが相一致する。「静かに落ち着いていること」は「従う」ためであり、「従う」ことは、統治者に静かで落ち着いていることを要求する。

以上の「経文」に対して、「心術上」は次のように注解している。

無為之事、因也。因也者、無益無損也。以其形、因為之名、此因之術也。……因也者、舎己而以物為法者也。感而後応、非所設也、縁理而道、非所取也。過在自用、罪在変化、自用則不虚、不虚則仵於物矣。変化則為生、為生則乱矣。故道貴因、因者、因其能者、言所用也。

これは黄老の著述の中で「因」について最も詳しく解説したものである。この解釈は「因」が「無事」「無為」であることを強調しているだけでなく、さらに「因」が「無益無損」であることも強調している。統治者は自己の主観的な意思を人々に強要することはできないし、さらには人々の性情を変えることもできない。これが「舎己而以物為法」である。黄老学から見れば、君主は「一己」の「主観性」と「私」を克服してこそ、人々、ひいては万物の「己」に従って、順応することができるのである。(52)

いかなる社会の中にも、おそらく黄老学的な人性モデルに動かされない高尚な人間はいるだろう。例えば孤高の隠士許由のような人間や、伯夷叔斉のような儒家のいう賢人君子のように。しかし、統治とは古来、多数の人に対して語られるものであり、統治が有効か否かは、その統治が多数の人の「性情」に合ったものであるか否か、多数の人が実行できるものであるか否か、によって決まる。一部の人にしか達成できない道徳の境地や知恵を、大衆に求めることはできない。『尹文子』「大道上」は、「独善」と「独巧」、「善之善」と「巧之巧」の違いを次のように分析している。

為善使人不能得従、為巧使人不能得為、此独善独巧者也、未尽善巧之理。為善与衆行之、為巧与衆能之、此善之善者、巧之巧者也。故所貴聖人之治、不貴其独治、貴其能与衆共治也。所貴工倕之巧、不貴其独巧、貴其能与衆共巧也。今世之人、行欲独賢、事欲独能、辯欲出群、勇欲絶衆。独行之賢、不足以成化。独能之事、不足以周務。出群之辯、不可為戸説。絶衆之勇、不可与征陣。凡此四者、乱之所由生也。是以聖人、任道以夷其険、立法以理其差、使賢愚不相棄、能鄙不相遺。能鄙不相遺、則能鄙斉功。賢愚不相棄、則賢愚等慮、此至治之術也(53)。

「因循」から考えると、統治者が因循しなければならないのは当然ながら「独善」と「独巧」ではなく、「衆行之」と「衆能之」が可能な善と巧である。このような善と巧について、尹文は、それぞれの人間が自己のそれぞれの能力によって行動することができるものであると考えていた。田駢は「道術」によって斉王を説得したことがあったが、田駢がいう「道術」はつまりは「因循術」であった。『呂氏春秋』「執一」では次のように記されている。

田駢以道術説斉（王）。（斉）王応之曰、寡人所有者斉国也、願聞斉国之政。田駢対曰、臣之言、無政而可以得政、譬之若林木、無材而可以得材。願王之自取斉国之政也。駢猶浅言之也、博言之、豈独斉国之政哉。変化応来而皆有章、因性任物而莫不宜当、彭祖以寿、三代以昌、五帝以昭、神農以鴻。

『慎子』佚文には「政従上、礼従俗」という表現が見られる。『荀子』は慎子の「上則取聴於上、下則取従於俗」を批判するが、実際それはまさに慎子の「因循論」の特徴を反映していた。これは『管子』「白心」にある「上之随天、其次随人、人不倡不和、天不始不随」と一致するものである(54)。

黄老学の「人情」には、人間の先天的な各々の異なる「能力」（智と愚、賢さと不肖）も含まれる。この意味からいうと、黄老学の「因情論」は「因能論」であった。まさに黄老学が人間の好悪の性情を変えようとしなかったように、人間が生まれながらにして持つ「能力」を変えようともしない。智者がさらに智を持つようにしようと思わないし、愚者を愚者でないようにしようとも思わないのである。黄老学の著述家にとって、人間の賢さと愚かさは変えようがないものであり、たとえ変えることができても、人間の能力をすべて同じ一つのレベルに置くことはできないのである。まさに『慎子』佚文がいうように、「夫道所以使賢、無奈不肖何也。所以使智、無奈愚何也。」

楊倞は『荀子』「非十二子」の注の中で、『慎子』の話を引用している。「勁而害能、則乱也。云能而害無能、則乱也。」これも人間の異なる能力を「因循」するよう強調している。ここから我々は、荀子がなぜ慎子のことを「蔽於法而不知賢」というのか、容易に理解することができる。黄老学にとって、人によって持っている能力が異なることは問題ではない。逆に、人の能力を変えるよう要求したり、統治者の能力でもって大衆の能力を代替したりしようと考えることこそが問題になる。人間の能力が高かろうが低かろうが、多くても少なくても、全体としてそれはすべて人間の能力である。このような人間の本性もまた統治者と法律に自然の条件を与えていることになり、つまりはこのような条件を運用しさえすればそれで事足りる。

『慎子』「民雑」がいう「因民之能為資」や、『黄帝四経』「称」がいう「因地以為資、因民以為師」は、いずれもこのことをいわんとしている。先に引いた『管子』「心術上」篇の話で、我々は既に「因者、因其能者、言所用也」という「因」に対する定義を確認した。

『尹文子』「大道上」篇は「審分」の視点から、人間のそれぞれに異なる能力を因循することに対して、一つの思弁的な説明を行っている。

円者之転、非能転而転、不得不転也。方者之止、非能止而止、不得不止也。因円之自転、使不得止。因方之自止、使不得転、何苦物之失分。故因賢者之有用、使不得不用。因愚者之無用、使不得用。用与不用、皆非我也。因彼可用与不可用、而自得其用也。自得其用、奚患物之乱也。物皆不能自能、不知自知。智非能智而智、愚非能愚而愚、好非能好而好、醜非能醜而醜。夫不能自能、不知自知、則智好何所貴。愚醜何所賤。則智不能得夸愚、好不能得嗤醜、此為得之道也。……世之所貴、同而貴之謂之俗。世之所用、同而用之謂之物。苟違於人、俗所不与。苟忮於衆、俗所共去。故人心皆殊、而為行若一。所好各異、而資用必同。此俗之所斉、物之所飾。故所斉不可不慎、所飾不可不択。

法律規範とは一つの客観的で普遍的な制度を設けることであり、このような制度によって、すべての人間が自らの能力を自分で発揮させていくことができるようになるのである。『淮南子』「斉俗訓」に見える「俗」とは、一地域の風俗習慣のことではなく、人間の異なる能力を指し、「斉俗」とは、聖人が異なる能力の人間にそれぞれ自らの能力に応じた行動を採らせることをいう。

故行斉於俗、可随也。事周於能、易為也。矜偽以惑世、伉行以違衆、聖人不以為民俗。……乃至天地之所覆載、日月之所昭認、使各便其性、安其居、処其宜、為其能。故愚者有所修、智者有所不足。柱不可以摘歯、筐不可以持屋、馬不可以服重、牛不可以追速、鉛不可以為刀、銅不可以為弩、鉄不可以為舟、木不可以為釜。各用之於其所適、施之於其所宜、即万物一斉、而無由相過。

黄老学が再三にわたって指摘するには、愚昧な統治でなければ、大衆と自らの才能を競い合うことはなく、明智な統治者はかねてよりただ大衆の能力を活用するのに長けているだけであった。明らかに、統治者の才知がどれほど高かろうが、統治者は万民の能力と比べることはできない。ましてや各種専門の技能について、統治者は決して職人や技術者には及ばない。だから、統治者は越権行為をして万能の統治のために奔走して疲弊してはいけないのであって、統治者はただ大道（具体的には法）を守り、百官と人々に各自それぞれ自分のことをやらせていれば、万事がうまくいくのである。黄老学は「君逸臣労」と美しく見せている（ここにはおそらく「君主」の権力を制限する意図も含まれている）。『管子』「心術上」では次のように戒めている。

上離其道、下失其事。毋代馬走、使尽其力、毋代鳥飛、使弊其羽翼。毋先物動、以観其則。動則失位、静乃自得、道不遠而難極也。

この考え方に拠れば、黄老学には愚民という考えはないはずだ。なぜなら民衆を愚弄することは根本的に無理だからである。『慎子』「民雜」には次のように記されている。

民雑処而各有所能、所能者不同、此民之情也。大君者、太上也、兼畜下者也。下之所能不同、而皆上之用也。是以大君因民之能為資、尽包而蓄之、無能取去焉。是故不設一方以求於人、故所求者無不足也。大君不択其下、故足。不択其下、則易為下矣。易為下楚則莫不容、莫不容故多下、多下之謂太上。(55)

ここでは、最も偉大な君主とは万民の知恵を最大限に包容し利用する人物である、と述べられている。『韓非子』「八経・主道」がいう「上君」も同様に、各個人が自らの才智を十分に発揮できるようにするのであった。

力不敵衆、智不尽物。与其用一人、不如用一国、故智力敵而群物勝。揣中則私労、不中則任過。下君尽己之能、中君尽人之力、上君尽人之智。是以事至而結智、一聴而公会。(56)

黄老学は「因能」の思想から、社会の分業、職分と業績の思想を発展させていった。『尹文子』「大道上」篇は次のように述べる。

天下万事、不可備能、責其備能於一人、則賢聖其猶病諸。設一人能備天下之事、則左右、前後之宜、遠近、遅疾之間、必有不兼者焉。苟有不兼、於治闕矣。全治而無闕者、大小多少、各当其分。農商工仕、不易其業。老農長商、習工旧仕、莫不存焉、則処上有何事哉。

『慎子』「威徳」はさらに専業化と職能化の効果を説明している。

古者工不兼事、士不兼官。工不兼事則事省、事省則易勝。士不兼官則職寡、職寡則易守。

この一段もまた「因能」について表しているものといえる。

『淮南子』「主術訓」には「君人者不任能而好自為之、則智日困、而自負其責也。」という一文がある。「因能」の思想はまた儒家の人物にも影響を与えた。例えば、子賤は「任力」ではなく「任人」を主張したことが次の文に記されている。

宓子賤治単父、弾鳴琴、身不下堂而単父治。巫馬期以星出、以星入、日夜不居、以身親之、而単父亦治。巫馬期問其故於宓子、宓子曰、我之謂任人、子之謂任力。任力者故労、任人者故逸。(『呂氏春秋』「察賢」)

以上のように、黄老学の「因循論」は、根本的には「自然法」の基礎の上に構築されており、人類的な意義からいう「自然法」とは、人間が利を求め害を避ける好悪の「性情」を指している。黄老学の「人情」のモデルは、荀子の見方に拠れば「人性悪」のモデルになるかもしれない。しかしここで改めて強調したいことは、黄老学は一般的にはこのような意識は持ち合わせておらず、当然ながら荀子のような「化性起偽」の「礼楽」的な教化論と学習論は持っていなかった、ということである。

黄老学の関心は統治モデルがいかに有効であるかにあり、彼らは、賞罰を基軸とする「法律」の規範は人類の利を求め害を避ける自然な性情に符合しており、最も適した制度のあり方であると信じていた。君主が人々の性情と能力を因循しそれに適応することは、実際には「実在法」に則り、「人性法」に従うこと、突き詰めれば「自然法」に則ることを意味していた。

こうしてみると、我々は司馬談がなぜ道家について「動合無形、贍足万物。……立俗施事、無所不宜、指約而易操、事少而功多」、「其術以虚無為本、以因循為用。無成執、無常形、故能究万物之情。不為物先、不為物後、故能為万物主。有法無法、因時為業。有度無度、因物与合。虚者道之常也、因者君之綱也」といったのか、理解することができる。黄老学のこのような「因循主義」は、『呂氏春秋』においては一種の「歴史観」と普遍的な方法論になっていた。

『呂氏春秋』「貴因」には次のように記されている。

三代所宝莫如因、因則無敵。禹通三江、五湖、決伊闕、溝回陸、注之東海、因水之力也。舜一徙成邑、再徙成都、三徙成国、而尭授之（禅）位、因人之心也。湯、武以千乗制夏、商、因民之欲也。如秦者立而至、有車也。適越者坐而至、有舟也。秦、越、遠途也、静立安坐而至者、因其械也……夫審天者、察列星而知四時、因也。推歴者、視月行而知晦朔、因也。禹之裸国、裸入衣出、因也。墨子見荊王、（錦）衣吹笙、因也。孔子道弥子瑕見釐夫人、因也。湯、武遭乱世、臨苦民、揚其義、成其功、因也。故因則功、専則拙。因者無敵(57)。

統治者がひとたび「因循」を実践し、人々がひとたび彼ら自身の性情に従って行動し、彼らの能力に従って行動すれば、統治が無統治状態のようになり、法律は無法状態のようになる。これはまさに『管子』「白心」が期待した「孰能法無法乎。」であり、慎子の「尚法而無法」の意味を示すものでもある。

三 「法律」による統治と「公共性」、および「客観化」

自然の理性（「道法」）と人性（「人情」）に根源を持つ実在法は、人間社会においては明確に確認することができるいくつかの特質として体現されている。それらの特質は全体として法律の「公共性」と「客観性」と称することのできるものである。これは黄老学が法律による統治を堅持する直接的な拠りどころであった。おおよそにおいて、「公共性」とは、「公共分野」(publicness)と「公共の事物」に関わる普遍的な利害関係、および正義と公正に合致する特性である。

中国語の表現としては、「公共性」には強調すべき二つの重要な要素がある。一つ目はその「共有性」で、つまり公共物は社会全体とすべての人に開放されているという点である。二つ目は、その「公正性」で、公共物は「理に適っており」で「正義」でなければならないということである。黄老学が堅持する法律による統治の論理は、「公共性」を根拠とした強い理性と思考回路に貫かれている。「共有」（普遍的適用性）と「公正」（正義）を核心とする「公共性」は、儒家、墨家、道家、法家、黄老学がいずれも強調したものである。彼らは「公共性」のために「道」と「天道」から、もしくは「天」と「天志」から超越的な根源を探し求めたが、彼らが具体的に関心を持っていた「公共之物」はそれぞれ非常に異なるものであった。例えば、儒家が関心を持っていた「公共之物」とは、主に倫理と道徳であった。

しかし、黄老学が関心を持っていた「公共之物」は、主に「法律」であった(58)。黄老学、特に韓非においては、いわゆる「公私之分」は、主に法律の規範を遵守、依拠するか、それとも法律の規範に悖り、違反するかの別を意味した。韓非の有名な「自環者謂之私、背私謂之公」に示されている抽象的な「公私」の定義では、このような区別を見出すことはできない(59)。しかし、韓非が「公私の分」という概念を具体的に示している箇所を見ると、韓非がいう「公私の別」は、実際には「法律を守るか守らないか」を指していることがはっきりと分かる。

明主之道、必明於公私之分、明法制、去私恩。夫令必行、禁必止、人主之公義也。必行其私、信於朋友、不可為賞勧、不可為罰沮、人臣之私義也。私義行則乱、公義行則治、故公私有分。(『韓非子』「飾邪」)

故当今之世、能去私曲就公法者、民安而国治。能去私行行公法者、則兵強而敵弱。(『韓非子』「有度(60)」)

これは韓非のみに限った孤立した見方ではなく、黄老学は全体的にすべて「合法」と「非合法」を基にして「公」と「私」の対立を論じているのである(61)。

前述したように、黄老学においては、法律の「公共性」は「道法」の「公」にその根源がある。「道法」と「天道」が公平に万物に対応し、そこには私心がないのと同様、「道法」に依拠した実在法も公正にあらゆる人々に対応しており、そこには私心はないのである。

よくいわれているように、黄老学の「法律」の規範が本当に君主の専制と君主の利益に従事するものであるならば、黄老学の法律の「公共性」についての我々の論は成り立たないであろう。もし、欧州の近代が民族国家へ転換する過程において、ホッブスのいう法律が君主の絶対的な命令を指し、それが君主の意志を体現するものであったとしても、それによって、この時期の法律がただ君主専制と君主の利益を維持していただけであると解釈することはできない。法律の規範であれば、それは必ずや「公衆」に対して開かれた、正義に合致するある種の「公共性」を備えている。たとえ、対象となる「公衆」が、(階級社会では特にそうであったように)あらゆる人々を対象としているのではないとしても、である。

黄老学においては、君主は立法者で、おまけにその時代の君主は大きな支配力を持っていたと想定することができる。しかし、これは決して君主が随意に法律を犯してよいことを意味しない。もし君主が明智な君主となり法律に効力を持たせたいと望むのであれば、君主は法律を遵守せねばならない。[62]『黄帝四経』「道法」が警告していうには、「故執道者、生法而弗敢犯也、法立而弗敢廃也。」黄老学にとって、「法律」は「公共」のものであるだけでなく、国家と天子を設ける目的は、本来、「公共」の目標を実現させるためであり、これは、儒家でも黄老学においてもいわれている、「天下者天下之天下也」の「天下為公」の主張である。『慎子』「威徳」では次のように記されている。

古者立天子而貴之者、非以利一人也。曰天下無一貴、則理無由通、通理以為天下也。故立天子以為天下、非立天下以為天子也。立国君以為国、非立国以為君也。立官長以為官、非立官以為官長也。

これに対してはおそらく次のような意見が出るかもしれない。商鞅と韓非はともに君主専制と君主の利益を強力に弁護した者だと。しかしこのような指摘は少なくとも限定的であるべきだ。『商君書』「修権」で人々に諫めていうのは、「公」と「私」の二つの異なる利益には厳格に境界を設けるべきだということである。

公私之分明、則小人不疾賢、而不肖者不妬功。故尭、舜之位天下也、非私天下之利也、為天下位天下也。論賢挙能而伝焉、非疏父子親越人也、明於治乱之道也。故三王以義親、五覇以法正諸侯、皆非私天下之利也、為天下治天下。是故擅其名而有其功、天下楽其政而莫之能傷也。今乱世之君、臣、区区然皆擅一国之利、而管一官之重、以便其私、此国之所以危也。故公私之交、存亡之本也。

この一段から、商鞅が強調するのが「私天下之利」と対立する「公天下之利」であること、国家の存亡と安危は「公天下之利」たり得るかどうかにかかっていることが分かる。商鞅と韓非はいずれも非常に冷厳な刑法を実践し堅持した者として有名である。その彼らが、法律が体現しているものは民衆への愛情と愛護であると公言していたとは、誰が知ろうか。『商君書』「更法」にはこのような表現がある。

法者所以愛心也、礼者所以便事也。

『韓非子』「心度」がさらに踏み込んで述べるには、

聖人之治民、度於本、不縦其欲、期於利民而已。故其与之刑、非所以悪民、愛之本也。

儒家は、政治においては「民意」を基礎に置き、「民心を得る」ことを堅持していた。(63) 韓非は「私情」の違法性の視点から儒家の「民心を得る」ことを批判したが、慎到と『黄帝四経』はいずれも法律の「民意性」を主張した。『慎子』佚文には、「法非従天下、非従地出、発於人間、合乎人心而已。」と記されている。『黄帝四経』においても、法は「参於天地、闔（合）於民心」（「経法」「四度」）、「聖人挙事也、闔（合）於天地、順於民」（『十大経』「前道」）、「号令合於民心、則民聴令」（「経法」「君正」）等類似した表現が見られる。慎到と『黄帝四経』は「法」によって人間が「自為」を実現できるようになるという意味において、法は「民心に合っている」、「民意に合っている」と主張した。これは儒家の「民心に合っている」、「民意に合っている」とは異なるので、慎到と『黄帝四経』の見解は、韓非が儒家の「民意説」を批判ことと、矛盾しないはずだ。

黄老学が法律はあらゆる人々に開かれていて一視同仁であるという「公共性」を持ち続けていたことに、驚きを覚える人もいるかもしれない。程度の差こそあれ、いつでも階級差の存在した伝統社会において、「法律」自体がおそらく「不平等」性を帯びていた。法律の前では人々はみな平等であるという観念は、「法治」社会の産物だとみなされてきた。この点において、黄老学は例外かもしれない。黄老学は中国初期の社会にあって、「法律」があらゆる人に普遍的に適用され、人々は法律の前に平等であるという観念を力説していたのだ。これは、法律とは「私的な」ものであってはならず、社会全体に向けて公布されたものであり、それでもってあらゆる人が法律規範に基づいて自身の行動の結果を予測できる、ということを意味していた。[64] そしてまた、社会の利益と資源はあらゆる人に開放されており、人々は自己の能力と努力によって自己の「自為」の心を満足させることができることをも意味していた。

黄老学のこのような観念が出てきたのは偶然ではなく、それは東周の政治改革の産物であり、社会の必要性に応じた産物でもあった。春秋時代の後、初期法家の社会・政治改革の全体的な目標は、次のようなものであった。まず西周で形成され高度に成熟した封建的な世襲制と貴族制を弱体化させて、瓦解させる。そして「世襲制」・「身分制」的な社会を、利益をメカニズムとし法律を規範とした、成果主義的・契約型社会に転換させる。それによって、効率と成果を社会的な評価における根本的な基準とし、人間の利益を自己の成果（秦では主に軍功と農業の成果を意味した）に基づいて分配し、一般庶民がみな自身の実際の功績によって社会的な地位を急速に向上させることを可能にする、というものであった。

法家と黄老学は、解体に向かう封建的な世襲制と貴族階級制のために代替案を用意した。斉、楚、三晋と秦はみな、法家と黄老学の最大の実験基地であった。[65] 儒家の「刑不上大夫、礼不下庶人」の「尊尊」の階級観念と「父為子隠、子為父隠」に見られる「親親」の私情の観念は、黄老学は受け入れられなかった。もし黄老学に貴賤、尊卑の階級的な区分が実際に存在するとすれば、それは人間の先天的な「身分」によるものではなく、後天的な行為によってもたらされたものである。

黄老学は、親近・疎遠や貴賤で区別せず、法律に拠ってすべての人間を制約するという考えが急進的なレベルにまで達したものであった。『商君書』「賞刑」にまで遡ると次のような一文を確認することができる。

所謂壹刑者、刑無等級、自卿相、将軍以至大夫、庶人、有不従王令、犯国禁、乱上制者、罪死不赦。

商鞅は太子が二度法を犯したことに対していずれも追究することを要求し、形式上太子の師が代替するという方法によって融通をきかせて処理を行ったが、それはただ、法律の理念と法律の実践はいつも隔たりがあることを示しただけであった。法律の理念においては、黄老学は確かに階級と特権の為に何ら余地を残しておくことはしなかった。『管子』「白心」では次のように公言している。

然而天不為一物枉其時、明君聖人亦不為一人枉其法。天行其所行、而万物被其利。聖人亦行其所行、而百姓被其利。是故万物均既誇衆矣。

『韓非子』「有度」には次のような一文がある。

法不阿貴、縄不撓曲。法之所加、智者弗能辞、勇者弗敢争。刑過不避大臣、賞善不遺匹夫。

「大義滅親」とは法家の通念で、このような観念は『慎子』「外篇」の「骨肉可刑、親戚可滅、王法不可闕」という全く容赦ない表現の中に余すところなく表れている(66)。

歴史の流れから見てみると、中国における法律の伝統は、「三代」では一般的に「刑」といわれており、東周では多くは「法」、秦以降は一般的に「律」と呼ばれた。規範は、法律的なものであれ道徳的なものであれ、人類社会の中で具体的に体現されているものはすべて「人間が作ったもの」(黄老学においては「道法」に基づいて制定されたもの)であった。しかし、それが一旦制定され公布されると、それは逆に国家、社会そして公衆の意志となり、社会のあらゆる活動をルール化する「非人格的」な「客観的な物」になり、人間の言動を評価する普遍的な基準と尺度になる。胡適の考えでは、「法」の本義はモデルと模範であった。

法家と黄老学は「法」のモデルと基準としての本義を存分に拡充させ、客観化された非人格的な法律による統治の構築を試みていた。人々が人類の需要に即した、事物の軽重、大小、長短を測る「度量衡」の基準を進んで受け入れているのは、人々が、度量衡が持つ尺度と基準としての客観性と統一性を信頼していることに基づいている。黄老学の人たちは度量衡から啓発を受けたのであろう、常々法律と度量衡を比較しながら法律の基準が持つ客観性と度量衡の基準が持つ客観性とを同列に論じている。度量衡の客観的な基準は「実際に存在する」具体的な器物となって体現され、法律の客観的な基準は公布された実在法の条文となって体現された。慎子は法律の規範が存在することが「最も重要」なことであり、法律の規範が完全ではなくても、拠るべき法がない状況に勝ることを分かっていたのである(無政府主義者は当然ながらこのような論法には同意しないだろう)。

法雖不善、猶愈於無法、所以一人心也。夫投鈎以分財、投策以分馬、非鈎策為均也。使得美者、不知所以徳。使得悪者、不知所以怨、此所以塞愿望也。故蓍亀、所以立公識也。権衡、所以立公正也。書契、所以立公信也。度量、所以立公審也。法制礼籍、所以立公義也。凡立公、所以棄私也。明君動事分功必由慧、定賞分財必由法、行徳制中必由礼。故欲不得干時、愛不得犯法、貴不得逾親、禄不得逾位、士不得兼官、工不得兼事。以能受事、以事受利。若是者、上無羨賞、下無羨財。(『慎子』「威徳」[67])

「一人心」とは法律に従って人間の「心理」を「統一」しバランスをとることをいう。

くじ引きによって物品を分配するというのは、客観的には人々が皆物品を獲得する機会を持つことになるが、実際に人々が獲得する物品の量は一様ではない。しかし、人々がこのような結果に対して非難したり恨みを抱いたりしないのは、分配の方法と基準が「客観」的であり、「統一」されたものだからである。これと同様に、法律が確立したものは「公正」であり、いかなる人に対しても有効な客観的な基準であって、この基準に影響を及ぼす様々な特殊な要素を排除しているのである。それが肉親の情から来ようが、権勢や知恵、技巧から来るものであろうが。

法者、所以斉天下之動、至公大定之制也。故智者不得越法而肆謀、辯者不得越法而肆議、士不得背法而有名、臣不得背法而有功。我喜可抑、我忿可窒、我法不可離也。(『慎子』「佚文」)

客観的な基準があれば、人間の行動に対していつでもどこでも検討と判断を行うことができる。尺度を使って比較検討すると、同時に一種の予防と制約の作用が生まれる。つまりは「有権衡者、不可欺以軽重。有尺寸者、不可差以長短。有法度者、不可巧以詐偽。」（『慎子』「佚文」）ということである。客観的な「法律」の基準があれば、人々は何も基準がない時のように機に乗じて己の知恵でもって不当な利益を騙し取ろうとは容易には考えないのである。

改めて黄老学の「非賢」、「非聖」と「非智」の観念について注視する必要がある。これらを、統治者に対してこの上なく愚昧になることを要求しているとみなしてはいけない。これが意味する本当の意図は、統治者が個人独自の賢明さや、皇帝の明察、知恵を用いて、客観的な法律に代わって治政を行うことに反対しているのである。この上なく簡単に分かるように、統治者一人の知識のレベルがどれほど高くても、複雑で無限に起こり得る状況パターンに対応するのは限界がある（統治者や人々はこの点を忘れがちだ）。しかし慎子が明確に述べるには、

棄道術、舎度量、以求一人之識識天下、誰子之識能足焉。（『慎子』「佚文」）

厝鈞石、使禹察錙銖之重、則不識也。懸於権衡、則氂発之不可差、則不待禹之智、中人之知、莫不足以識之矣。（『慎子』「佚文」）(68)

同様に、『韓非子』「難三」では、子産が己の知力によって不義を知り得たその方法を批判している。

姦必待耳目之所及而後知之、則鄭国之得姦者寡矣。不任典成之吏、不察参伍之政、不明度量、恃尽聡明労智慮而以知姦、不亦無術乎。且夫物衆而智寡、寡不勝衆、智不足以遍知物、故因物以治物。下衆而上寡、寡不勝衆、故因人以知人。是以形体不労而事治、智慮不用而奸得。故宋人語曰、一雀過羿、羿必得之、則羿誣矣。以天下為之羅、則雀不失矣。夫知姦亦有大羅、不失其一而已矣。不修其理、而以己之胸察為之弓矢、則子産誣矣。老子曰、以智治国、国之賊也。其子産之謂矣。

アリストテレスが、法律は人に「智」を使わせないためのものだと述べたのも、もっともである。一個人の知力によって法律を超えようと欲することこそ、法律は禁じているのである(69)。まして人間個人の知恵は常に個人の性質の影響と制約を受ける。黄老学の考えでは、個人の品性や心の性質、好悪はいずれも非常に強い主観性と随意性、不確定な性質を持つ。自己の好悪と主観的な判断で国を治めることを、韓非は「心治」と称した。韓非が推論していうには、「心治」を使って「法治」を用いなければ、たとえ尭でも一国をきちんと統治することはできないのである。

聞古之善用人者、必循天順人而明賞罰。循天、則用力寡而功立。順人、則刑罰省而令行。明賞罰、則伯夷、盗跖不乱。如此、則白黒分矣。……釈法術而心治、尭不能正一国。去規矩而妄意度、奚仲不能成一輪。廃尺寸而差短長、王爾不能半中。使中主守法術、拙匠守規矩尺寸、則万不失矣。君人者能去賢巧之所不能、守中拙之所万不失、則人力尽而功名立。……古之人曰、其心難知、喜怒難中也。故以表示目、以鼓語耳、以法教心。（『韓非子』「用人」）

韓非の見方に従うと、法律の「基準」は公開されていて透明性が確保されており、つまりは把握しやすく、活用しやすいものである。したがって法律の基準を用いて己の「心」を定める必要があり（「以法教心」）、それとは反対に「心治」でもって「法治」を代替してはならないのである。人間は「利を求め害を避ける」という生まれながらの傾向があり、それゆえに人間は褒賞においてはいつもなるべく多くを得ることを望むし、懲罰に関してはいつも適当に処理することを要求する。もし法律の基準に従って賞罰を行わず、賞罰を施行する者の個人の主観的な判断によって行うのであれば、たとえ奨励が多くとも、受賞者は物足りなさを感じてより多くを求めるであろう。一方、受けた処罰が軽いものであっても、その当人は処罰が重いと感じ、より軽くするよう求めるだろう。しかし法律の基準に則って賞罰を行えば、人間はただ客観化された基準によってそれを受け入れるしかない。『慎子』はやはり「くじ」の例を使って、法律の裁定の客観性と、「心」による決定、判定の非客観性とを次のように説明している。

君人者、舎法而以身治、則誅賞予奪従君心出矣。然則受賞者雖当、望多無窮。受罰者雖当、望軽無已。君舎法而以心裁軽重、則同功殊賞、同罪殊罰矣、怨之所由生也。是以分馬者之用策、分田者之用鈎、非以策鈎為過於人智也、所以去私塞怨也。故曰、大君任法而弗躬、則事断於法矣。法之所加、各以其分、蒙其賞罰而無望於君也、是以怨不生而上下和矣。（『慎子』「君人」）

慎到がここでいう「事断於法」の「事」と「各以分」の「分」は、広義では黄老学の「形名」の問題に属する。「形名」の「形」は、大体において現実社会における様々な実情（すなわち「実」）を指し、「名」は各種の法律の条文と規範を指す。黄老学は「形と名が一致すること」を堅持しており、つまり法律規範の運用は実情と相一致している必要があり、具体的にいうと、実施される褒賞と刑罰は実情に合致したものである必要があった。黄老学派は「形名」の「参験」と「験証」を重んじ、つまり事実と法律の基準が合致しているか否か審査し、繰り返し調査、確認するよう求めた。もし客観的な「名」がなければ、実際の「形」を判断するすべもないのである。

用一之道、以名為首、名正物定、名倚物徙。故聖人執一以静、使名自命、令事自定。不見其采、下故素正。因而任之、使自事之。因而予之、彼将自挙之。正与処之、使皆自定之。上以名挙之、不知其名、復修其形。形名参同、用其所生。二者誠信、下乃貢情。（『韓非子』「揚権」）

客観的な法律規範（「名」と「一」）があれば、「事」と「物」（「形」）は自ずと規範の中に入れ、判断を下すことができる。「形と名」の一致は、「名と分」の一致でもある。『黄帝四経』「道原」がいうには、「分之以其分、而万民不争。授之以其名、而万物自定。」『慎子』にある佚文の一段は、一つの事例から「名分」の関係を説明しており、「形と名が一致すること」を主張している。

一兎走街、百人追之、貪人具存、人莫之非者、以兎為未定分也。積兎満市、過而不顧、非不欲兎也、分定之

後、雖鄙不争。(『慎子』「佚文」(70))

「兎」の「分」は「兎」の事実上の所有者であるが、「定分」とは当然ながら、法律の規範によって「兎」の実際の帰属を確定することである。さらに詳しく「兎」の帰属でもって、法律の「名」と実際の「分」の関係を説明したのが商鞅である。『商君書』「定分」には次のような一節が見られる。

法令者、民之命也、為治之本也、所以備民也。為治而去法令、猶欲無飢而去食也、欲無寒而去衣也、欲東而西行也、其不幾亦明矣。一兔走、百人逐之、非以兔為可分以為百、由名之未定也。夫売兔者満市、而盗不敢取、由名分已定也。故名分未定、尭、舜、禹、湯且皆如鶩焉而逐之。名分已定、貪盗不取。今法令不明、其名不定、天下之人得議之。其議、人異而無定。……夫名分不定、尭、舜猶将皆折而姦之、而況衆人乎。

類似の例は、商鞅、慎到、さらに彭蒙に見られる。このことは黄老学と法家が密接な関係にあることを示している。このような関係の実質的な内容の一つが、いずれも法律による統治は客観的で、普遍的であるという態度を堅持している点であった。

四　「法律共同体」の理想、およびその「徳治」と「法治」

我々はいくつかのユートピアの想像や理想を見たことがあるが、法治に基づいたユートピアに出会ったことがある者等いるだろうか。ましてや、黄老学にはさらに「法律の共同体」のユートピアが存在する等、思いも至らないであろう。ベンジャミン（Benjamin Schwartg）は黄老学を「道具的道家」（instrumental Taoism）と称したが[(71)]、これは黄老学の現実的な目標が非常に鮮明であり、黄老学が政治の実務上のテーマに奔走し、行政効率の最大化と国家の実益を追求する、といっていることに他ならない。確かに、黄老学の政治綱領は直接的かつ明確で、つまり強大な覇権国家（富国強兵）を作り上げることにあった。

黄老学派の官僚制の観念と行政管理の技術については、研究者が様々な形で評価している。黄老学の法制の原理と統治の技術が着目するのは、人間の性情にあった統治であり、黄老学は「法律」を統治全体の核心に据えるほかに、さらに権威（「勢」）と官僚をコントロールする技術（「権術」）という二つの補助的な方法も提示した。特に韓非は、儒家の「道徳」への信念を信用していなかったため、その政治哲学には、実用主義の特徴が非常に濃厚に見られるのである。韓非は熱心に君主に官僚の技術（「術」）を伝授したため、彼は東洋のマキャベリストになったのである。黄老学派は儒家が熱心に説く王道楽土や君子による国家に期待をしておらず、またカリスマスタイルや、もしくはカリスマ的な統治にも期待していない。彼らが描く君主とは、統一性のある権威を持ち、かつ「無為」で安逸な（「君逸」）人物であり、不干渉主義の「夜警」のような役割を演じる人物である。儒家の立場から述べると、黄老学者、特に韓非は冷酷無情、公正だが情け容赦なく、まるで鉄の心を持っているかのようだった。黄老学者は法律による統治は自然法（「道法」）に基づくべきであり、私的な領域に存在するいかなるものも、宇宙における秩序の運行に干渉することは許されない、と考えていた。しかし、これらはいずれも黄老学が法律共同体の理想を構築する障害にはならず、逆に、彼らがさらに高い理想を追求するための基盤となったのである。改革を経て相次いで興隆した国々、特に辺鄙な西部の辺境にあった秦が強大になったのは、かなりの程度、法治のメリットを得ていたからである。これにより、黄老学の人々は法治の有効性に対して確信を持つことになり、さらに彼らは法治を理想化するようになっていった。

黄老学による法律の共同体の理想は、『韓非子』「大体」篇において最も典型的な形として描かれている。これは非常に魅力的な理想国家といえるものであった。

古之全大体者、望天地、観江海、因山谷、日月所照、四時所行、雲布風動。不以智累心、不以私累己。寄治乱於法術、託是非於賞罰、属軽重於権衡。不逆天理、不傷情性。不吹毛而求小疵、不洗垢而察難知。不引縄之外、不推縄之内。不急法之外、不緩法之内。守成理、因自然。禍福生乎道法、而不出乎愛悪。栄辱之責在乎己、而不在乎人。故至安之世、法如朝露、純樸不散、心無結怨、口無煩言。故車馬不疲弊於遠路、旌旗不乱於大沢、万民不失命於寇戎、雄駿不創寿於旗幢。豪傑不著名於図書、不録功於盤盂、記年之牒空虚。故曰、利莫長於簡、福莫久於安。使匠石以千歳之寿操鈎、視規矩、挙縄墨、而正太山、使賁、育帯干将而斉万民、雖尽力於巧、極盛於寿、太山不正、民不能斉。故曰、古之牧天下者、不使匠石極巧以敗太山之体、不使賁、育尽威以傷万民之性。因道全法、君子楽而大姦止。澹然閑静、因天命、持大体。故使人無離法之罪、魚無失水之禍。如此、故天下少不可。上不天則下不遍覆、心不地則物不必載。太山不立好悪、故能成其高。江海不択小助、故能成其富。故大人寄形於天地而万物備、歴心於山海而国家富。上無忿怒之毒、下無伏怨之患、上下交樸、以道為舎。故長利積、大功立、名成於前、徳垂於後、治之至也。

この一篇の最初の長い一段は、慎子の佚文だとみなされている。(72) その思想内容から見ると、それは韓非の黄老学とも一致している。ただ、文中の「古之全大体者」、「古之牧天下者」は、韓非の「因時制宜」の歴史観とはあまり合わないように思われる。実は、韓非にも「古に託す」思想的要素がないわけではない。

ともあれ、「大体」篇は、法治を基にした非常に感動的な理想的な共同体を想像させるものである。ただ自らの豊かな想像力のみに基づいて、中国文化は、人々が平等で財産も公有の大同社会や、無政府式（「無君」）の国家や、道家の荘子が想像する原始状態（「至徳之世」）や、陶淵明の「世外桃園」、『鏡花縁』に出てくる君子の国や、儒家の道徳的な理想国家を生み出した。

そして今、我々はさらに黄老学の「法治」を基にした、法律の共同体の理想があるということも知ることになったのである。この理想が依拠している原理とは、道法こそが最終的に統一でき、基準となるものであり、それは普遍的な適用性を備えており、そしてまた最も簡素なものである、というものであった。人間社会は、道と天地自然の秩序に習い、人間の自然な性情に従い、実在法を制定し、そして法律によって完全に人間の一切の行動を制約し、ルール化しなければならない。一切の私情と私心が公共の正義の法の中に介入することは許されないため、公共の正義の法は、最大限において各個人に対して自己利益追求への要求を満足させ、それと同時に人々が不満や恨みを抱かないようにした。このような社会は非常に安全であって、そこでは人々は安心して生活し、仕事に励み、有閑階級は存在しない。『荘子』に残されている黄老学の思想は、このようなユートピアの傾向を持つものでもあった。「天道」篇では次のように記されている。

是故古之明大道者、先明天而道徳次之、道徳已明而仁義次之、仁義已明而分守次之、分守已明而形名次之、形名已明而因任次之、因任已明而原省次之、原省已明而是非次之、是非已明而賞罰次之、賞罰已明而愚知処宜、貴賤履位、仁賢不肖襲情。必分其能、必由其名。以此事上、以此畜下、以此治物、以此修身、知謀不用、必帰其天。此之謂大平、治之至也。

これは儒・道・法三家のユートピアへの強い思いを融合したものである。「法律」による統治を突出させてはいないが、いわゆる「明天」、「因任」、「賞罰」、そして「分能」等は、いずれも黄老学の基本的な観念である。理想的なものは、大抵は現実的でないことを意味する。つまりは「ユートピア」のように存在しないが非常に美しい場所のようなものである。しかしながら、黄老学における法律の共同体の理想は、後発の秦で「ある意味」現実となった。儒家の荀子が秦を訪ねた際に得た印象が、一つの証拠になっている。

おおよそ紀元前三〇六年から紀元前二五一年の間（すなわち秦の昭王元年から五十六年の間）、荀子は西方の国秦を訪ねた。秦の秩序、人口の多さ、物産の豊かさ、強大さは荀子に非常に深い印象を与えた。劉向によれば(73)、この訪問は秦の招きに応じたもので、荀子はおそらく儒家式の政治的な抱負を実現すべく赴いたのであろう。『荀子』「儒効」篇の記載によると、秦の昭王は荀子に接見した。梁の恵王が孟子に会った時に問い詰めるような口調で孟子にどのようにすれば国の利益になるかと尋ねたのとは全く異なり、秦の昭王はまず相手を圧倒させる勢いで荀子に挑戦的にいうのであった、儒者は一国にとって無益であると。荀子は当然ながら秦の昭王の説は受け入れられず、儒家の役割に対して非常に説得力のある弁護を行い、秦の昭王の称賛を得るに至った。時の秦の宰相応侯も荀子に接見し、荀子に秦を見学した印象を尋ねた。そこで荀子は自ら目にした秦の情景を、次のように描いてみせた。

其固塞険、形勢便、山林川谷美、天材之利多、是形勝也。入境、観其風俗、其百姓樸、其声楽不流汚、其服不佻、甚畏有司而順、古之民也。及都邑官府、其百吏粛然莫不恭倹、敦敬、忠信而不楛、古之吏也。入其国、観其士大夫、出於其門、入於公門。出於公門、帰於其家、無有私事也。不比周、不朋党、倜然莫不明通而公也、古之士大夫也。観其朝廷、其朝閑、聴決百事不留、恬然如無治者、古之朝也。故四世有勝、非幸也、数也。是所見也。故曰、佚而治、約而詳、不煩而功、治之至也、秦類之矣。（『荀子』「強国」）

この描写によると、秦の美しい光景は人を魅了し、まるで黄老学の法律共同体の理想を映し出しているようであった。荀子は秦の民衆、官僚、朝廷を「古の民」、「古の吏」、「古の朝廷」に比しており、これは新興の国秦がまさに今、かつて存在した「黄金時代」にあるといっているかのようである。荀子の描写の中に、私たちは黄老学の「無為而治」の君主像を見ることができる。それは、政務が多忙で国事のためにあくせく苦労している人物ではなく、一人の「不下簟席之下」で「垂拱而治」である安逸な人物である。荀子がいう「佚而治、約而詳、不煩而功、治之至也」とは、まさに黄老学の統治理念と理想であり、秦の国はまさにこの統治理念と理想の国家であった(74)。

荀子はおそらく秦の統治秩序が主に「法律」に基づいた秩序であることを深く考えなかったのであろう。荀子は「規範」を重視しているとはいえ、その重視している規範は主に「礼」の規範であり、法律の規範ではなかった。これは荀子が法律に関して儒家式の見方をしていることと軌を一にする。『荀子』「君道」篇には、次のように記されている。

有乱君、無乱国。有治人、無治法。羿之法非亡也、而羿不世中。禹之法猶存、而夏不世王。故法不能独立、類不能自行。得其人則存、失其人則亡。法者、治之端也。君子者、法之原也。故有君子、則法雖省、足以遍矣。無君子、則法雖具、失先後之施、不能応事之変、足以乱矣。不知法之義而正法之数者、雖博臨事必乱(75)。

黄老学が「法治」を主張するのとは異なり、荀子がこだわっているのは、やはり道徳の基準を根本におく儒家の「人治」であった。ただ非常に限られた意味においてのみ、荀子は法家とある種の関連を持つのである。孟子の観念に従えば、覇道と王道は両立しない。ただ人を心服させることができる王道こそが、治国平天下への最も理想的な道であった。しかし、荀子は覇道と王道を二極化しない。低から高までの統治レベルの中で、覇道は、混乱している国や力のない国にとっては、理想的な統治レベルであった。まさにこの点に基づいて、荀子は秦を非常に高く評価しているのである。しかし、荀子はさらに、儒家の王道基準を用いて秦の国はまだ十分に理想的とはいえないことも指摘している。

雖然、則有其諰矣。兼是数具者而尽有之、然而県之以王者之功名、則倜倜然其不及遠矣。是何也。則其殆無儒邪。故曰粋而王、駁而覇、無一焉而亡。此亦秦之所短也。(『荀子』「強国」)

力術止、義術行、曷謂也。曰、秦之謂也。威強乎湯武、広大乎舜禹、然而憂患不可勝校也。諰諰然常恐天下之一合而軋己也、此所謂力術止也。(同右)

荀子には儒家と対立している法家の弟子が二人いた。これはある程度、荀子の儒家としての名声に影響を及ぼした。しかし、荀子は確固として儒家を擁護し、発展させてきた。李斯は卑賤な地位から抜け出し才能を発揮する地を求めて、楚の国を離れ秦へ赴くことを決意した(「将西説秦王矣」)。李斯は荀子に別れを告げる際、どのように秦を統治すべきか荀子に教えを請うている。そこで荀子が李斯に教えたのは、儒家の仁義についてであった[76]。楊倞『荀子注』が『新序』の記載を引いて次のように記している。

李斯問孫卿曰、当今之世、為秦奈何。孫卿曰、力術止、義術行、秦之謂也。(77)

李斯が論争で主張するのは、秦が持ち続けている強さは、仁義を通して実現したのではなく、「便宜」のある方法で成し遂げたということである。しかし荀子は李斯に対し、「仁義」が国を治める「大便之便」だと教え諭す。(78)商鞅と韓非は儒家の仁義道徳を排除する傾向があったが、斉と楚の黄老学は概ね儒家の仁愛と礼儀を統合させていた。例えば『管子』や『黄帝四経』等が挙げられる。人々は秦が「以法為教」であり「以吏為師」であると常に批判するが、しかしながら少なくともイデオロギーの側面から述べると、黄老学の集大成的な著作である『呂氏春秋』は、ただ一面的な「法術主義」ではなく、そこに見られる儒家との融合は、非常に高度な統合性の表れの一つとなっている。

睡虎地秦簡『為吏之道』もまた儒家の道徳的な観念を融合しており、「寛容忠信、和平毋怨、悔過勿重」を主張し、父の慈しみと子の孝行を「政本」となし(「君鬼臣忠、父茲(慈)子孝、政之本也」)、列挙されている官吏の「五善」は基本的にいずれも政治上の道徳であった(「吏有五善。一曰中(忠)信敬上、二曰精(清)廉毋謗、三曰挙事審当、四曰喜為善行、五曰龔(恭)敬多譲。五者畢至、必有大賞」)。ただ、その根本的な傾向から見ると、黄老学は法律による統治を堅持しており、儒家の「徳治」とは相対立していた。

伝統的な社会から近代社会へと転換する中で、儒家の「徳治」と黄老学および法家の「法治」はいずれも批判を受けた。儒家の徳治と人治は、中国の近代的「法治」への転換を阻害したものとみなされた。なぜならば、それは政治と法律を倫理的なものにするからである。黄老学と法家の「法治」もまた現代のニーズには合わない。

なぜならそれは完全に君主専制に奉仕するものだからである。このように、中国古代の伝統的な二大政治理念は全くもって、現代の中国政治にいかなるリソースをも提供できない負の存在になってしまったのである。

しかしながら、黄老学の法治学説では、それらは確かに現代的な「法治」の重要な属性と特徴を含んでおり、よく誤解されているように、現代的な「法治」と全く相容れないわけでは、決してなかったのである。同様に、儒家の「徳治」も現代の政治においていかなる存在の合理性もないとはいえない。実際に、「法治」と「徳治」はいずれもそれぞれが適用される範囲と自立性を備えていた。政治は倫理の延長ではないし、法治も徳治に代替できるものではない。しかし、法治と徳治は互いに関わり合い、補充し合う関係であった。

比較の視点から考えると、儒家の「徳治」が重きを置いているのは、政治に従事する際に必要とされる素質と人文教化であり、それは個人の修養と道徳の模範の観点から、政治そのものの土台を築くことを意図したものであった。たとえ客観的な「法治」であっても、厳密にいうと「人格性」を完全に断つことはできない。法治が客観的な秩序であると同時に、人為的な秩序であることは、誰も否定することはできないであろう。

「法律」は人間が制定したものであり、社会と人間によって創り出されたものである。法治は法律以上に、人間によって実現されなければならないのである。もし全くの人性悪という視点から法治の可能性を想定するのであれば、それは人性悪の人間もしくは心に不善なものを抱いている人間によって、良好な正義の法律の秩序を作り出せるということになる。このため、理論上、公正と正義の法治秩序を構築しそれを守ることはまさしく、人性は善であるという仮定が必要であり、これによって公正な法律執行者と法を守る大多数の公民が期待されうるのである。儒家が道徳による統治を主張し、また往々にして人性を善と設定しているのも、法治秩序にその前提条件を与えている。

儒家の道徳による統治の基本的な意義の一つは、為政者に対し、優れた道徳的品性を有し、自ら範を示すことを求めている点にあり、この点の原則に何ら間違いはない。現代社会において、利益の配分と占有は非常に複雑であり、法治秩序は疑いもなく非常に重要である。しかしまた、政治を司る者に対する道徳的な要求も、実は非常に高い。為政者は、法律を遵守するだけでなく、道徳的にも模範である必要がある。この点において、儒家思想は活性化されうるのである。近代の理性化、官僚化された政治を肯定したウェーバーも、政治倫理を強調した。

ウェーバーの考えでは、激情、責任感、および適切な判断力は、政治家にとって決定的な意義を持つ。政治における致命的な過ちとは、客観性と責任感の欠如である。「責任倫理」からいうと、政治に携わるには、必ず自らの行為の結果を顧みなければならない。同時に、政治的な行為は、内在的な支えだけでなく、さらにそれ相当の「信念倫理」を必要とする。政治家たちの信仰は必ずしもみな同じではないであろう。民族的にも、あるいは文化的、人道的、倫理的、社会的にも。しかしどのようであれ、必ずやある種の信念が必要である。そうでなければ、たとえ外在的には世界で最も重要な政治的成果であろうとも、万物はみな空であるという神の呪いに併呑されてしまうだろう。

一つの「事業」としての政治的な性質が、もしそれ自身が人間の行いにおける、道徳的な営みの全体の中(die sittliche Gesamtokonomie)で目指す目標を全く考慮しないのであれば、政治はどのような使命を果たすことができるのであろうか。つまりは、道徳の世界において、政治の故郷はどこにあるのだろうか(79)。

人の心を深く動かすことができるのは、成熟した人間（老若を問わない）が、自分の行動がもたらす結果に対する責任を意識しており、この責任を己の心の内から真に感じ取っている場合である。その後、彼は責任の倫理に基づいて行動をとり、ある一定のことまでした際に、「これがつまりは私の立場であり、私はこうするしかない。」という。

これこそがまさに人の性に合致した、人を感動させる表現である。我々は各々みな精神的に死んでいない限り、みないつかは、このような状態に立ち至るであろう、ということを認識する必要がある。その意味において、信念倫理と責任倫理は絶対的な対立ではなく、互いに補い合っているのであり、ただ両者をともに結び付けて、真の人間――「政治的使命」を担うことができる人物を作り出すのである。(80)

こうした点から考えると、儒家の徳治は完全に時代後れのものでは決してなく、さらに黄老学の「法治」と比較してみた時、それは確かに一つの政治世界を見出していたといえる。しかし一般的にいえば、儒家はあまりにも政治における人格と政治の倫理に依拠しすぎていた。黄老学はこれとは異なり、また別の政治の世界を発見した。つまり我々がこれまで論じてきた法律規範を基にした「法治」の世界である。

黄老学はこのように、早い時期から法律統治について、全体的かつ系統的な構築を行っており、これは人類の法治の歴史上、非常に先駆的なものであったことは疑いない。しかし、問題は、法治をあまりにも理想化したため、その結果、道徳と人文教化にふさわしい地位を与えることができなかった点にある。それは「人性」を単一化して「利益」を追求する動物とみなし、人間の感情と精神生活を抹殺し、人性から情趣を無くすものであった。

以上論じてきたことに基づいて述べると、儒家の徳治と黄老学の法治との間で、どちらか一方のみを選ばなければならないということではない。もし「徳治」の奥義と「法治」の奥義をそれぞれ理解すれば、さらに完全な「治道」が可能となるであろう。

注

(1) 張舜徽氏のようにさらに全体的に周秦の「道論」を統治と治国の理論や学説とみなす考え方もある。『周秦道論発微』(北京：中華書局、一九八二年)を参照。他に、蒙文通氏の『略論黄老学』(『先秦諸子与理学』、桂林：広西師範大学出版社、二〇〇六年を参照)は、「治術」の面から黄老学の内容について論じている。しかしながら、黄老学と老子を完全に切り離して扱っており、特に老荘の評価を低く、黄老を高く評価している点は、受け入れられない。

(2) 例えば、王国維や林語堂、馮友蘭氏等の多くはこれと似た見解を持っていたり、同様のことを述べたりしている。王国維「屈子文学之精神」(『王国維文集』第一巻、北京：中国文史出版社、一九九七年)、「孔子之学説」(同書第三巻)、林語堂『吾国与吾民』(北京：宝文堂書店、一九八八年、一〇五―一一二頁)、馮友蘭「原名法陰陽道徳」(『三松堂全集』第十一巻、鄭州：河南人民出版社、二〇〇〇年)を参照。

(3) 『荘子』「天下篇」で述べられている「古之道術」を体現した三つの派――彭蒙、田駢、慎到の一派、関尹、老聃の一派、荘周の一派は基本的に先秦の道家における二つの方向性に属する人物と学説を含んでいる。

(4) 秦と漢初期における黄老の総合的な哲学である『呂氏春秋』と『淮南子』は、実のところ、治国と治身が一体となったものでもあった。ついでに少し強調しておくと、帛書『老子』と通行本上下篇の順序が異なる。帛書「徳篇」は先にあり、「道篇」は後にあるのは、韓非の「解老」と「喩老」、厳遵の「老子指帰」の順序と一致する。しかしながら、河上本、王弼本、傅奕本はこれとは反対になっている。張岱年氏は、漢初期に二種類の異なる伝本があったのではないかと指摘している。この違いは、おそらく「治道」に重きを置いているか、「治術」に重きを置いているかの違いであろう。しかしこれとは全く相反する「保生全身」の意味もある。それは、政治や社会のことを考えず、個人の心身と性命を主とした考えである。

(5) 黄老学の通論的な研究としては、呉光『黄老之学通論』（杭州：浙江人民出版社、一九八五年）、余明光『黄帝四経与黄老思想』（哈爾濱：黒竜江人民出版社、一九八九年）、陳麗桂『戦国時期的黄老思想』（台北：台湾聯経出版社、一九九一年）、浅野裕一『黄老道の成立と展開』（創文社、一九九二年版）、丁原明『黄老学論綱』（済南：山東大学出版社、一九九七年）、白奚『稷下学道家――中国古代的思想自由与百家争鳴』（北京：三聯書店、一九九八年）、胡家聡『稷下争鳴与黄老新学』（北京：中国社会科学出版社、一九九八年）等を参照した。

(6) まさに『史記』がいうように、黄老学は「其為術也、因陰陽之大順、採儒墨之善、撮名法之要」である。

(7) 「共同体」という言葉は使用範囲が非常に幅の広い語彙である。本文で使う「共同体」(community) は「共同性」と「理想性」に基づいて構築された人類社会の組織と秩序を指しており、このような共同性に基づいた人類の集団を追究した完全なもの、理想となるものを意味している。

(8) 劉澤華、余英時、梁治平氏等はいずれも黄老学と法家に否定的な考えを持っている。劉澤華『洗耳齋文稿』（中華書局、二〇〇三年）、余英時「反智論与中国政治伝統」（『中国思想伝統的現代詮釈』、南京：江蘇人民出版社、一九八九年）、梁治平『法辨――中国法的過去、現在与未来』（貴陽：貴州人民出版社、一九九二年）を参照。

(9) シュウォルツ (Benjamin I. Schwartz) 氏は黄老学への理解と解釈について既にこのような方向性を示している。『古代中国的思想世界』（杭州：江蘇人民出版社、二〇〇四年、二四四―二六一頁）を参照。この他に、高道蘊「中国早期的法治思想?」（高道蘊、高鴻鈞等編『美国学者論中国法律伝統』、北京：中国政法大学出版社、一九九四年、二一二―二五四頁）を参照。

(10) 黄老学の「法治」は近代西洋が変化発展により生み出した法治 (rule of law) ということはできない。しかし、重要と思われるいくつかの側面においては、確かに「法治」ということができる（この後の議論により、この点が理解できるであろう）。

(11) 例えば、子産が「天道遠、人道邇」と述べたようにである。

(12) 老子が想定した人口の少ない小国家は、見たところ複雑な法律規範は必要としない。しかし、いかなる国家も法律なしではやっていけない。老子が批判したのは「法令滋章」であり、原則的に法律を放棄したのではない。

(13) これより前の初期の中国文明においては、「自然法」の思想（例えば、神判法、天と上帝の理性と正義）があったし、実在法の認識も存在した。さらに「礼」と自然法が結合した形もあった（瞿同祖『中国法律与中国社会』、北京：中華書局、一九九六年を参照）。しかし、「道」と「法」の結合は、主に黄老学の産物である。

(14) 皮文睿氏の「儒家法学：超越自然法」（高道蘊、高鴻鈞等編『美国学者論中国法律伝統』、北京：中国政法大学出版社、一九九四年、一一八頁）を参照。李約瑟氏の考えは、法律を永久不変の、普遍的な、自然の秩序の規律の中に根付かせようという試みは、中国では未だかつて行われなかったという（同書、一一三頁を参照）。この後の議論で明らかなように、李約瑟氏のこの判断は成り立たない。

(15) 『韓非子』「解老」に見られる「故曰」についていえば、これはすべて老子の言葉を引き出すために使われている。このため、その中の一つである「故曰、道、理之者也」も当然ながら老子の言葉であるはずだが、伝世本と簡帛本には見られないので、現時点では老子の言葉とみなすには疑問がある。

(16) 魏啓鵬『馬王堆漢帛帛書〈黄帝書〉箋証』（北京：中華書局、二〇〇四年、八四頁）を参照。

(17) 魏啓鵬氏は「配」と推測しており、このような考え方もある。魏啓鵬氏の『馬王堆漢帛帛書「黄帝書」箋証』（北京：中華書局、二〇〇四年、五五―五六頁）を参照。

(18) 高道蘊「中国早期的法治思想？」（高道蘊、高鴻鈞等編『美国学者論中国法律伝統』、北京：中国政法大学出版社、一九九四年、二三五―二三六頁）を参照。

(19) 『荘子』「天下」篇における宋鈃、尹文思想の記載に基づくと、尹文の思想は主に墨家の学派に属するが、黄老学の思想的な要素も含まれていた。

(20) 胡適は西洋における自然法の学説を正義か否かを測る法則もしくは原則、上帝の法則、さらに、人間が定めたすべての法律よりもさらに基本的な、よりレベルの高い基本法、そして、批評家や革命家が訴える道徳の力と最高の権威、の四つに概括した（胡適「中国伝統中的自然法」（『中国的文芸復興』、長沙：湖南人民出版社、一九九八年を参照）。皮文睿氏は次のように総括して述べている。「自然法は、大抵はそれ以上は追究しようがない終極的な価値の淵源を基礎としている。それは往々にして、ある種の超越した秩序あるいは人類の秩序を決定するものや、人類が自らのニーズに合わせたり、その信念体系に一致させるために作り出したのではなく、人類によって発見された、終極的な原則に基づいている慣習法や実定法とは異なり、自然法は普遍的に有効で、永遠不変であると考えられており、それは具体的な信念や慣例、もしくは社会制度のように時勢に応じて変化するものではない。自然法は特定の者による言葉であり、終極的な権威を持つ言葉であり、この上ない善であり、譲渡できない権利で、神聖な戒律と絶対的な命令の言葉である」（皮文睿「儒家法学：超越自然法」『美国学者論中国法律伝統』、北京：中国政法大学出版社、一九九四年、一二二頁）。「自然法」に関する学説については、他に以下の書を参照されたい。約翰・菲尼斯（John Finnis）『自然法与自然権利』（Natural Law and Natural Rights）、北京：中国政法大学出版社、二〇〇五年。列奥・斯特労斯（Leo Strauss）『自然権利与歴史』（Natural Right and History）、北京：三聯書店、二〇〇三年。

(21)『鶡冠子』「王鈇」で述べられている次の内容も、これを実証するものである。「天度数之而行、在一不少、在万不衆。同如林木、積如倉粟。斗石以陳、升委無失也」。「委」は数が多いことを指す。

(22)似たような思想の趣旨として、『管子』「内業」では次のように記されている。「一物能化謂之神、一事能変謂之智。化不易気、変不易智、惟執一之君子能為此乎。執一不失、能君万物。君子使物、不為物使、得一之理。」

(23)『文子』「道原」と『淮南子』「原道訓」にはいずれもこれと似た表現と思想が見られるので、この影響を受けたと思われる。「万物之総、皆閲一孔」の「閲」は「集まる」と釈することができる。「皆閲一孔」とはみな洞窟の中に集まるという意味となる。

(24)同様に、『鶡冠子』の「度万」には、「守一道制万物者、法也。」と述べられており、「環流」には、「一為之法、以成其業、故莫不道。一法之立、而万物皆来属。」と述べられている。

(25)『呂氏春秋』「不二」では「陳（田）駢貴斉」と記されている。これは田駢が「斉一」を強調していたことを示している。

(26)『呂氏春秋』「察微」では次のように記されている。「魯国之法、魯人為人臣妾於諸侯、有能贖之者、取其金於府。子貢贖魯人於諸侯、来而譲不取其金。孔子曰、賜失之矣。自今以往、魯人不贖人矣。取其金則無損於行、不取其金則不復贖人矣。子路拯溺者、其人拝之以牛、子路受之。孔子曰、魯人必拯溺者矣。孔子見之以細、観化遠也」。これが弟子の行為に対する孔子の評価であるかどうかにかかわらず、この論に拠れば、人々の社会における行為の選択については一般的には利害関係を考える必要があり、もし法律がこのような傾向に順応できないようであれば、「斉一」の統治を実現することは到底できないのである。

(27)『呂氏春秋』「有度」でも「先王不能尽知、執一而万物治。」と述べられている。

(28)老子がいう「天地不仁、以万物為芻狗」の話は、「大仁」に立脚して述べているといえる。「大仁」は「仁」と「不仁」という一般的な区別を超越するものだった。

(29)張灝氏の「幽暗意識与民主伝統」（『張灝自選集』、上海：上海教育出版社、二〇〇二年）を参照。

(30) 先行研究に基づいて、高道蘊も互いに関連し影響を与え合っているという見方を示している。「中国早期的法治思想?」（高道蘊、高鴻鈞氏編『美国学者論中国法律伝統』、北京：中国政法大学出版社、一九九四年、二四六—二五四頁）を参照。

(31) 全体的に、筆者は両極的な対立を主張しない。便宜上、筆者は「法律制度と法律規範を基礎にした統治モデル」という最低限度の「法治」概念を使う。

(32) 『墨子』「経上」も「利害」の意味から人の嗜好や嫌悪の情を捉えている。「利、所得而喜也。害、所得而悪也。」

(33) 『管子』「形勢解」にも「執利之在、而民自美安」という表現が見られる。『管子』「禁蔵」では、さらに具体的に人々が利益を追求するという自然の性質を説明している。つまり「商人通賈、倍道兼程、夜以継日、千里而不遠者、利在前也。漁人之入海、海深万仞、就彼逆流、乗危百里、宿夜不出者、利在水也。故利之所在、雖千仞之山無所不上、深淵之下無所不入焉。故善者、勢利之在、而民自美安、不推而往、不引而来、不煩不擾而民自富。」

(34) 商鞅が既にこのように述べている。『商君書』「君臣」には、「民之於利也、猶水之就下也。」と記されている。『韓非子』「姦劫弑臣」には、「夫安利者就之、危害者去之、此人之情也。」と記されている。

(35) 『説苑』「雑言」には淳于髠と孟子の対話が記されている。その中に、「先名実者為人者也、後名実者自為者也」という表現が見られる。方以智は『東西均』でこの表現について言及し、両者はそれぞれ墨子の「為人」と楊朱の「為己」を指しているという考えを示した。

(36) これは四部叢刊『群書治要』に拠る。『群書治要』の「尹文子」には「大道」と「聖人」の二篇がある。

(37) 陳鼓応氏の『黄帝四経今注今訳』（台北：台湾商務印書館、一九九五年）を参照。『荘子』「天地」にある「若性之自為、而民不知其所由然」の「自為」、『黄帝四経』に見られるその他いくつかの「自為」は、「自ずからそうなる」という意味であり、ここで我々がいう「己のため」の「自為」ではない。

(38) 『文子』「自然」に拠ると、「兵を用いる」ことに長けている者はそれぞれの兵士の「為己」の心を満たす必要があった。それは次のように記されている。「故善用兵者、用其自為用也。不能用兵者、用其為己用也。用其自為用、則天下莫不可用也。用其為己用、所得者鮮矣。」

(39) 亜当・斯密（Adam Smith）『国民財富的性質和原因的研究』、北京：商務印書館、一九八一年、一三—一四頁。〔訳注〕日本語訳は『国富論』杉山忠平訳、岩波書店、二〇〇〇年を参照。筆者の注通り、原文は中国語訳を直接引用しており、日本語訳と必ずしも一致しない部分がある。そのため『国富論』杉山忠平訳を参照しつつ、中国語訳に基づいて訳出を行った。

(40) 慎子の佚文とされている次の一段も、人と人との利害関係について説明している。「夏箴曰、小人無兼年之食、遇天飢、妻子非其有也。大夫無兼年之食、遇天飢、臣妾輿馬非其有也。戒之哉。」(『逸周書』参照)

(41) 司馬遷の『史記』「貨殖列伝」における人性や利益、市場についての見解は、アダム・スミスの仮定と驚くほどの類似性が見られる。「夫神農以前、吾不知已。至若『詩』、『書』所述虞夏以来、耳目欲極声色之好、口欲窮芻豢之味、身安逸楽、而心誇矜勢能之栄、使俗之漸民久矣、雖戸説以眇論、終不能化。故善者因之、其次利道之、其次教誨之、其次整斉之、最下者与之争。……人各任其能、竭其力、以得所欲。故物賤之徴貴、貴之徴賤、各勧其業、楽其事、若水之趨下、日夜無休時、不召而自来、不求而民出之。豈非道之所符、而自然之験邪」。司馬遷は、道徳と仁義も経済的な条件のもと構築されたものだと考えていた。「故曰、倉廩実而知礼節、衣食足而知栄辱。礼生於有而廃於無。故君子富、好行其徳。小人富、以適其力。淵深而魚生之、山深而獣往之、人富而仁義附焉。富者得勢益彰、失勢則客無所之、以而不楽。夷狄益甚。諺曰、千金之子、不死於市。此非空言也。」

(42) 韓非が儒家の道徳と仁愛による統治を厳しく拒絶する主な理由は、それが人の利益に対する感情に合致しないからである。親の子供への愛情の深さはそれ以上何も加えることができないほどのものだが、しかしたとえ親であっても、子供に対して利益を計算することがあり、親としての愛情を持ち合わせていない者はいうまでもない。道徳上の説教をする者は統治者のために利益を放棄し、親の子供に対する愛情を超えた愛情でもって国家の統治を図るよう求めるが、これはただ「愚か者でなければ詐欺師」がするような説教である。そのことは以下のように述べられている。「古者有諺曰、為政猶沐也、雖有棄発、必為之。愛棄発之費而忘長髪之利、不知権者也。夫弾痤者痛、飲薬者苦、為苦憊之故不弾痤飲薬、則身不活、病不已矣。今上下之接、無子父之沢、而欲以行義禁下、則交必有郄矣。且父母之於子也、産男則相賀、産女則殺之、此倶出父母之懐衽、然男子受賀、女子殺之者、慮其後便、計之長利也。故父母之於子也、猶用計算之心以相待也、而況無父子之沢乎。今学者之説人主也、皆去求利之心、出相愛之道、是求人主之過父母之親也。此不熟於論恩、詐而誣也、故明主不受也。」(『韓非子』「六反」)

(43) 約翰・菲尼斯(John Finnis)氏の『自然法与自然権利』(北京:中国政法大学出版社、二〇〇五年、二〇九―二一六頁)を参照。

(44) 『韓非子』「五蠹」には次のように記されている。「今有不才之子、父母怒之弗為改、郷人譙之弗為動、師長教之弗為変。夫以父母之愛、郷人之行、師長之智三美加焉、而終不動其脛毛不改。州部之吏、操官兵、推公法、而求索姦人、

然後恐懼、変其節、易其行矣。故父母之愛、不足以教子、必待州部之厳刑者、民固驕於愛、聴於威矣。」

(45) 慎子がいう「能辞万鐘之禄於朝廷、不能不拾一金於無人之地。能謹百節之礼於廟宇、不能不弛於一容於独居之余。蓋人情毎狎於所私故也」（『慎子』「佚文」）も人の「自利性」を強調した。

(46) 例えばジョン・スチュアート・ミル等の一九世紀のイギリスの功利主義者は、快楽を求め、苦しみを避けるのは人の欲求であるということを認めた。このような自然な人間の性質についての論は、一般的には「性悪論」とは称さない。

(47) 楊朱の弟子孟孫陽は、「個人の生命」の価値という観点から楊朱の説を弁護した（『列子』「楊朱」を参照）。

(48) 厳復「『荘子』評語」、『厳復集』（第四冊）、北京：中華書局、一九八六年、一一二五頁。

(49) 滕尼斯（テンニース：Ferdinand Tönnies）氏の『共同体与社会』（北京：商務印書館、一九九九年）を参照。

(50) 『商君書』「弱民」には既にこのような思想が見られる。「聖賢在体性也、不能以相易也。当世之用事者、皆欲為上聖、挙法之謂也。」

(51) これに関しては、拙著『視域変化中的中国人文与思想世界』（鄭州：中州古籍出版社、二〇〇五年、一九七―二一三頁）を参照。「自然」思想と一致する表現として、老子では「自化」、「自均」、「自正」、「自富」、「自樸」等が見られる。これらの語彙はいずれも老子が「百姓」が自身の目的と性質に合わせて「自行其事」であることを説明するために使われているといえる。

(52) 『呂氏春秋』「有度」はこれについてとても的確な説明をしている。「客有問季子曰、〔尭〕奚以知舜之能也。季子曰、尭固已治天下矣、舜言治天下而合己之符、是以知其能也。若雖知之、奚道知其不為私。季子曰、諸能治天下者、固必通乎性命之情。〔通乎性命之情〕者、当無私矣。夏不衣裘、非愛裘也、暖有余也。冬不用爨、非愛爨也、〔清〕有余也。聖人之不為私也、非愛費也、節乎己也。節己、雖貪汚之心猶若止、又況乎聖人。許由非強也、有所乎通也。有所通則貪汚之利外矣。孔、墨之弟子徒属充満天下、皆以仁義之術教導於天下、然而無所行〔其術〕。教者猶不能行、又況乎所教。是何也。仁義之術外也。夫以外勝内、匹夫徒歩不能行、又況乎人主。唯通乎性命之情、而仁義之術自行矣。」

(53) 『尹文子』「大道上」が述べるには、「今天地之間、不肖実衆、仁賢実寡。趨利之情、不肖持厚。廉恥之情、仁賢偏多。今以礼義招仁賢、所得仁賢者、万不一焉。以名利招不肖、所得不肖者、触地是焉。」

(54) 商鞅がいうには、「法」とは一般庶民にとって理解しやすく、どのように用いるのか分かりやすいものであるべきで、また「法」が一般庶民の性質や情感に合致したものでなければならないと強調した。『商君書』「定分」曰く、

「夫微妙意志之言、上知之所難也。夫不待法令縄墨、而無不正者、千万之一也。故聖人以千万治天下、故夫知者而後能知之、不可以為法、民不尽知。賢者而後知之、不可以為法、民不尽賢。故聖人為法、必使之明白易知、名正、愚知遍能知之。為置法官、置主法之吏、以為天下師、令万民無陥於険危。故聖人立天下而無刑死者、非不刑殺也、行法令、明白易知、為置法官吏為之師、以道之知、万民皆知所避就、避禍就福、而皆以自治也。故明主因治而終治之、故天下大治也。」

(55) 『説苑』巻一「君道」曰く、「斉宣王謂尹文曰、人君之事何如。尹文対曰、人君之事、無為而能容下。夫事寡易従、法省易因、故民不以政獲罪也。大道容衆、大徳容下。聖人寡為而天下理矣。『書』曰、睿作聖。詩人曰、岐有夷之行、子孫其保之。宣王曰、善。」

(56) 『慎子』「内篇」ではこう述べている。「故人主者、以天下之目視、以天下之耳聴、以天下之智慮、以天下之力動。是以号令能下究、而臣情得上聞、百官修道、群臣輻輳。離朱之明、察毫末於百歩之外、下於水尺而不能見浅深、非目不明也、其勢難睹也。故用賞貴信、用罰貴必。賞信罰必於耳目之所聞見、則所不聞見者、莫不陰化矣。有権衡者、不可欺以軽重。有尺寸者、不可差以長短。有法度者。不可巧以詐偽。」

『文子』「下徳」には次のように述べられている。「故無為者、道之宗也。得道之宗、並応無窮、故不因道理之数、而専己之能、其窮不遠也。夫人君不出戸、以知天下者、因物以識物、因人以知人。故積力之所挙、及無不勝也。衆智之所為、即無不成也。千人之衆無絶糧、万人之群無廃功、工無異伎、士無兼官、各守其職、不得相干、人得所宜、物得所安。」

『淮南子』「主術訓」にもこの道理が述べられている。「夫乗衆人之智、則無不任也。用衆人之力、則無不勝也。千鈞之重、烏獲不能挙也。衆人相一、則百人有余力矣。是故任一人之力者、則烏獲不足恃。乗衆人之制者、則天下不足有也。……是故聖人挙事也、豈能拂道理之数、詭自然之性、以曲為直、以屈為伸哉。未嘗不因其資而用之也。是以積力之所挙、無不勝也、而衆智之所為、無不成也。……形有所不周、而能有所不容也。是故有一形者処一位、有一能者服一事。力勝其任、則挙之者不重也。能称其事、則為之者不難也。毋小大修短、各得其宜、則天下一斉、無以相過也。」

(57) 『呂氏春秋』「任数」が主張する「任数」とは、事物の法則と道理に従うことをいい、自身の限られた感覚によって複雑な状況を判断しないということである。つまり、「古之王者、其所為少、其所因多。因者、君術也。為者、臣道也。為則擾矣、因則静矣。因冬為寒、因夏為暑、君奚事哉。」

(58) 黄老学では、法の統治は「公正」と「正義」の統治であり、それはいかなる「私的」なものの介入を排除した。彼ら

(59) がいう「私」は儒家がいう血縁関係や肉親の情を含むものであった。『説文解字』では「私」と釈し、韓非の表現を引用して次のように述べる。「韓非曰、倉頡作字、自営為ム。凡ム之属皆従ム」。人は、「自己的」で「利己的」な存在であり、それは「法律」の「公」と当然ながら対立する。しかし、黄老学は往々にして「利己的」な性質を法律による統治の基礎とした。これは「違法」である「私」とは全く別のものであった。

(60) 『韓非子』「詭使」では次のように述べられている。「立法令者、以廃私也。法令行而私道廃矣、私者、所以乱法也。……故『本言』曰、所以治者、法也。所以乱者、私也。法立、則莫得為私矣。故曰、道私者乱、道法者治。」「仁愛の情」と「公法」において、韓非子が堅持するのは「公法」であった。「夫以君臣為如父子則必治、推是言之、是無乱父子也。人之情性、莫先於父母、皆見愛而未必治也、雖厚愛矣、奚遽不乱。今先王之愛民、不過父母之愛子、子未必不乱也、則民奚遽治哉。且夫以法行刑、而君為之流涕、此以効仁、非以為治也。夫垂泣不欲刑者、仁也。然而不可不刑者、法也。先王勝其法、不聴其泣、則仁之不可以為治亦明矣。」（『韓非子』「五蠹」）

(61) 正直と不正直においては、韓非は儒家と大きく異なっていた。「楚之有直躬、其父窃羊而謁之吏。令尹曰、殺之、以為直於君而曲於父、報而罪之。以是観之、夫君之直臣、父之暴子也。魯人従君戦、三戦三北。仲尼問其故、対曰、吾有老父、身死莫之養也。仲尼以為孝、挙而上之。以是観之、夫父之孝子、君之背臣也。」（同）『管子』もこのように考えていた。「有道之君者、善明設法而不以私防者也。而無道之君、既已設法、則舍法行私者也」（『管子』「君臣上」）。『慎子』も同様である。「法制礼籍、所以立公義也。凡立公、所以廃私也。」（『慎子』「威徳」）

(62) 『韓非子』「解老」には次のように述べられている。「工人数変業則失其功、作者数揺徙則亡其功。一人之作、日亡半日、十日則亡五人之功矣。万人之作、日亡半日、十日則亡五万人之功矣。然則数変業者、其人弥衆、其亏弥大矣。凡法令更則利害易、利害易則民務変、務変之謂変業。故以理観之、事大衆而数揺之、則少成功。蔵大器而数徙之、則多敗傷。烹小鮮而数撓之、則賊其沢。治大国而数変法、則民苦之。是以有道之君貴静、不重変法。故曰、治大国者若烹小鮮。」

(63) 『韓非子』「顕学」は次のように述べる。「今不知治者、必曰得民之心。欲得民之心而可以為治、則是伊尹、管仲無所用也、将聴民而已矣。民智之不可用、猶嬰児之心也。夫嬰児不剔首則腹痛、不揊痤則寖益。剔首揊痤必一人抱之、慈母治之、然猶啼呼不止、嬰児子不知犯其所小苦、致其所大利也。」

(64) 『韓非子』「雄三」曰く、「法者、編著之図籍、設之於官府、而布之於百姓者也」。『韓非子』「定法」曰く、「法者、憲令著於官府、刑罰必於民心、賞存乎慎法、而罰加乎姦令者也。」

(65) 各国の変法が貴族の反対を引き起こしたのは、「新法」が貴族の特権を取り消すことを求めていたからである。例えば、呉起の変法は「楚国の爵位と俸禄を均等に分配し、貴族の余剰の財産を減らして、不足している人に補充するものであった」。このため、楚国の貴族は「非常に苦痛に感じた」。

(66) これから見ると、司馬遷の法家に対する批評も全く黄老学と合致するものであった。「法家不別親疎、不殊貴賤、一断於法、則親親尊尊之恩絶矣。若尊主卑臣、明分職不得相逾越、雖百家弗能改也。」「法家厳而少恩。然其正君臣上下之分、不可改矣。」

(67) 「投鉤」と「投策」は一般的に「くじを引く」の意味であると解釈されるが（『辞源』、日本の『大漢和辞典』を含む）、おそらくそうではない。『荀子』「君道」には「探籌投鉤者、所以為公也。」とある。『荀子集解』は郝懿行の説を引いて、「投鉤の意味については分からない。古代には蔵彄という言葉があり、現在は拈鬮という言葉があるが、いずれも投鉤の意味ではないのではないかと疑問を抱いている。」と記す。

(68) 荀子は慎子を「蔽於法而不知賢」と批判して、慎子は確かに法を重んじ知を軽んじているといっているが、荀子は慎子がなぜ法を重んじているかは理解していなかった。

(69) 申不害も、アリストテレスに対して相互に裏付けとなるようなことを述べている。「且夫耳目知巧、固不足恃、惟修其数、行其理為可。韓昭釐侯視所以祠廟之牲、其豕小、昭釐侯令官更之。官以是豕来也、昭釐侯曰、是非向者之豕邪。官無以対。命吏罪之。従者曰、君王何以知之。君曰、吾以其耳也。申不害聞之、曰、何以知其聾。以其耳之聡也。何以知其盲。以耳目之明也。何以知其狂。以其言之当也。故曰去聴無以聞則聡、去視無以見則明、去智無以知則公。（去）三者不任則治、三者任則乱。以（此）言耳目心智之不足恃也。」（『呂氏春秋』「任数」）

(70) この段の佚文は『呂氏春秋』「慎勢篇」で引かれている意味と基本的に一致するが、文字に少々違いがある。「『慎子』云、今一兎走、百人逐之、非一兎足為百人分也、由未定。由未定、尭且屈力、而況衆人乎。積兎満市、行者不顧、非不欲兎也、分已定矣。分已定、人雖鄙、不争。故治天下及国、在乎分定而已矣」。『尹文子』「大道上」には彭蒙の言葉が記されている。「彭蒙曰、雉兎在野、衆人逐之、分未定也。鶏豕満市、莫有志者、分定故也。物奢則仁智相屈、分定則貪鄙不争。」

(71) 史華慈『古代中国的思想世界』（南京：江蘇人民出版社、二〇〇四年、二四五頁）を参照。

(72) 明の呉人慎懋賞による校本内外篇『慎子』、銭熙祚が校訂ならびに輯佚した七篇本『慎子』では、最初の「古之全大体」から「福莫久於安」までの部分を慎子の佚文としている。しかし『群書治要』所収の「大体」一篇は、『韓非子』に属するものであり、『群書治要』所収の『慎子』にはこの篇がない。この他、『群書治要』に拠れば、『申子』も「大体」と題する篇名が見られる。

(73) 劉向『校孫卿書録』には次のように記されている。「孫卿之応聘於諸侯、見秦昭王、昭王喜戦伐、而孫卿以三王之法説之、及秦相応侯皆不能用也。」

(74) 孔子は秦の穆公に肯定的な批評をしていた。斉の景公が魯国を訪問した時、晏嬰を孔子のもとに派遣して孔子を自ら宿泊している「公館」に招き、孔子に「政治を為す」ための問題について教えを請うた。斉の景公は秦の穆公がどうして辺鄙な小国で覇を唱えることができるのかと問うた。すると孔子が答えた。「其国雖小、其志大。処雖僻、而其政中。其挙也果、其謀也和、法無私而令不愉。首抜五羖、爵之大夫、与語三日而授之以政。以此取之、雖王可、其覇少矣」。景公曰く「善哉。」（『孔子家語』「賢君」）

(75) 孟子も主に「聖賢」を着眼点にして法を理解した。「徒善不足以為政、徒法不能以自行。詩云、不愆不忘、率由旧章。遵先王之法而過者、未之有也。聖人既竭目力焉、継之以規矩准縄、以為方員平直、不可勝用也。既竭耳力焉、継之以六律正五音、不可勝用也。既竭心思焉、継之以不忍人之政、而仁覆天下矣。故曰、為高必因丘陵、為下必因川沢。為政不因先王之道、可謂智乎。」（『孟子』「離婁上」）

(76) 司馬遷の記載に拠ると、商鞅ははじめに秦国まで行った後に、まず秦の孝公に「帝道」と「王道」について語った。しかし秦の孝公は関心を示さなかった。そこで商鞅が秦の孝公に覇道について語った時に、秦の孝公は非常に興味を示して、最終的に彼を採用したのであった。

(77) 『荀子』「強国」に問答形式でこの話が記されている。

(78) 『荀子』「議兵」はこの一段の彼らの対話を載せている。「李斯問孫卿子曰、秦四世有勝、兵強海内、威行諸侯、非以仁義為之也、以便従事而已。孫卿子曰、非汝所知也。女所謂便者、不便之便也。吾所謂仁義者、大便之便也。彼仁義者、所以修政者也。政修則民親其上、楽其君、而軽為之死。故曰、凡在於軍、将率末事也。秦四世有勝、諰諰然常恐天下之一合而軋己也、此所謂末世之兵、未有本統也。故湯之放桀也、非其逐之鳴条之時也。武王之誅紂也、非以甲子之朝而後勝之也、皆前行素修也、此所謂仁義之兵也。今女不求之於本、而索之於末、此世之所以乱也」。李斯は秦国で当然ながら儒家の立場に基づいて物事にあたったのではない。しかし『史記』の記載に拠ると、彼は時々荀子の教えを思い出しては、不安な気持ちになったとある。

(79) 韋伯（Max Weber）著、馮克利訳『学術与政治』、北京：三聯書店、一九九八年、一〇三頁。〔訳注〕本書の著者は中国語版に拠っているため、日本語訳に関しては、マックス・ウェーバー著、脇圭平訳『職業としての政治』（岩波書店、二〇〇八年）を参照しながら、中国語訳を基に調整した。

(80) 同右著書、一一六頁。

日本の読者に寄せて

物事というのはいつも様々なめぐり合わせの中にあるものである。この日本語版の翻訳と出版も、またまさにいくつかの縁が結び付いた結果であった。谷中信一先生は、様々なサポートをしてくださり、吉田薫先生はこの著の翻訳に心血を注いでくれた。そして、東京堂出版の吉田知子女史には大変な編集作業を担っていただいた。彼らに心からの感謝を申し上げたい。

簡帛学は、複数の物差しをもってみても、二十世紀以来、世界における人文学の領域で最も勢いのある新しい学問の一つであるといえる。二十世紀のはじめに誕生した、世界的レベルの学問としての三大古代中国学の一つとして、簡帛学は、甲骨学と敦煌学に比べると、二十世紀の七十年代、特に九十年代以来大量の簡帛が陸続と出土し、公開され、それはとどまることを知らない勢いを呈している、といっても決して誇張ではない。大量の出土簡帛文献が、古代中国の文明や歴史、文化、および思想等の多くを理解する上でどれほどの活力と作用をもたらすか、ということを正しく認識すること自体が、簡帛文献の研究とともに深化していく過程であった。

この簡帛文献は過去のすべての認識を改めた、もしくは反対に、それは過去の認識を何も変えることはできない、といい切るのは、いずれも安逸にひたっているか、手間を省いているやり方であり、簡帛文献の役割を正確に理解するのにいかなるプラス作用ももたらさない。それはまさに一切を疑うか、一切を信じる、というのが、我々が物事を認識するのにいかなる意義も持ち得ないのと同じである。[1] 今に至るまで人々の視野が出土簡帛文献を通して広がりと深みを見せ、高度なレベルまで達し得たことを鑑みると、出土簡帛文献は広義の古代中国思想を認識するために、我々に確かに多くの新しい刺激ときっかけをもたらしたのである。

異なる学問領域において、新しい方法を用いることは、しばしば新しい認識をもたらす有効な近道となる。しかしながら、歴史学の分野では、新しい文献と新資料は、新しい方法としての役割を果たすほか、特殊な地位をも備えている。簡帛文献は、人々が以前認識したいくつかの事柄をさらに明らかにさせ、人々が以前は認識していなかった事柄に対して理解する助けにもなる。簡帛文献は、中国思想史においていくつかの異なる視点から古代の初期中国哲学と思想の記憶を改めて作り出した。それによって、古代の初期中国哲学と思想の世界がこれまで知られてきたものよりも豊かで複雑であることが示されたのであった。

この分野に携わる学究の徒の一人として、筆者は出土した郭店楚簡、上博楚簡の思想史の史料について次のようないくつかの研究を行ってきた。一つ目は、郭店楚簡『太一生水』、上博楚簡『恒先』および『凡物流形』等の文献に基づいて、周秦における宇宙生成モデルの豊かな内容、およびそれが構想する宇宙生成の各段階の内包について理解し、究明することに努めた。二つ目は、上博楚簡『魯邦大旱』、『鬼神之明』、および『三徳』等の資料に依拠しながら、周秦時代の人文意識や人事の作用が拡大するに従って、それ以前の宗教の信仰や祭祀儀礼がどのように弱体化したのか、またそれと同時に様々な様相となって現出した複雑な状況について、提示した。三つ目は、馬王堆帛書『黄帝四経』、睡虎地秦簡『為吏之道』、郭店楚簡『唐虞之道』、上博楚簡『従政』等の文献により、周秦時代に社会や歴史的条件のもと、思想家たちによって提示されてきた国家と天下を統治する公共の理性や規範の多種多様な形態について検討した。四つ目は、郭店楚簡『性自命出』、『五行』、『窮達以時』等の資料から、周秦時代の思想家が「内外」、「身心」、「天人」等の関係を通して徳性の倫理を構築した過程と方式を考察した。そして、日本語版のこの著は、筆者が初期道家の宇宙観と政治原理、および制度における理性について研究した成果であり、以上に挙げた四つの研究内容の一部となっている。

これらの研究の中で、筆者は主に新出土資料と伝世文献を関連付けることによって、これらの文献が周秦思想に占めるべき正しい位置付けを定め、これまでの通行本に拠る研究が抱えていた問題を克服し、出土資料が中国古代思想の世界にもたらした変化を示すことに努め、これらの新しい思想の資源が現在の中国と世界に対して持つ意義を重視した。戦国時代の竹簡資料の多くは佚文であり、伝世本ではない。そのことは思想史の主流と支流の関係から理解することができる。伝えられてきたものは一般的に非常に重要であり、伝えられてこなかったものは相対的にそれほど重要ではない。

『老子』、『論語』、『墨子』、『孟子』、『荘子』、『荀子』等によって象徴されるものは思想史の主流であるが、戦国簡の多くは佚文で、それがどれほど重要であろうとも、それが主に示すものは相対的には思想史の支流である。戦国簡の中で、筆者は中国思想がその淵源において西洋思想と明確な対比を形作ってきたことに気付いた。例えば、戦国簡は中国の形而上学と宇宙観が「生成論」であることをさらに証明するものであったし、それは西洋の「構成論」や「本質主義」とは異なるものであった。戦国出土資料にはロジックの分野における思想史の史料は存在せず、この点においても一致するものであった。中国の「生育式宇宙観」は東洋で新たな「生体形而上学」の構築を促すことができる。戦国出土資料の「身心」、「性情」、「天人」、「禅譲」、「窮達」等の一系列の論題を古代ギリシア思想で重要視されてきた数や霊魂、理念、第一因等の論題と比較すると、両者の差異を見出すことができる。この点、研究者には中国思想と西洋思想の差異についてさらに注意を払うことが、求められている。

これらの研究における一部の成果については、筆者はこれまで同分野の日本の学者と交流する機会を得た。二〇一〇年、谷中信一先生のご厚情を賜り、日本女子大学で主催された「出土資料と漢字文化研究会の例会」において、筆者は「『凡物流形』〝一〟的思想構造及其位置」を報告し、谷中信一先生のほか、中国出土資料学会の大西克也先生、池澤優先生、名和敏光先生、曹峰先生（通訳担当）、小寺敦先生の各先生方と非常に有意義な討論を行った。谷中信一先生が細心のご配慮のもとに日本語に翻訳して下さった拙論は、『出土資料と漢字文化圏』（谷中信一編、汲古書院、二〇一一年）に収められている。

池田知久先生のご厚情とお誘いを受け、筆者は日本学術振興会の招聘研究員として、二〇一一年、二ヵ月にわたり、この分野において、日本の学者諸氏と得難い学術交流を持つことができた。この間、池田知久先生と村田雄二郎先生のご厚情により、東京大学駒場キャンパスにて行われた東方学会と中国社会文化学会共催の会議で、筆者は「中国出土文献と古代思想世界の新発見」を報告し、池田知久先生のほか、戸川芳郎先生、坂元ひろ子先生、馬淵昌也先生、小島毅先生、石井剛先生（通訳担当）、久保田知敏先生、名和敏光先生、陳継東先生、黄華珍先生等、各先生方と誠に貴重な交流と考察を行うことができた。先生方は、筆者が一九八七年前後に東京大学へ訪問の折に知遇を得た方々で、なかには長年の旧友もおり、こういった方々との出会いは望外の喜びである。

このほか、「中国出土資料学会」主催の臨時例会では、筆者は「北大西漢簡『老子』的某些特徴」を報告し、中国出土資料学会の学者諸氏と交流する機会を得た。今これらの経験を思い起こすと、依然として記憶になお新しく、その感銘は未だやむことがない。

『論語』「顔淵」には孔子が誇る愛弟子、曾子の言葉である「君子は文を以て友と会す」（君子以文会友）が載せられている。この日本語著書の出版に、筆者は大きな喜びを感じている。日本の読者との交流という、一つのかけがえのない機会につながったからである。

二〇一八年三月

王中江

注

(1) このような二つの的確ではない立場に対して、アンリ・ポワンカレ（Henri Poincaré）は次のような適切な批評をしている。「すべてを疑ったり、すべてを信じたりするのは、ひとしく便宜的な解決方法である。なぜなら、それらはいずれも我々に考える手間を省かせるからである。」（彭加勒『科学与仮説』の「導言」、葉蘊理訳、商務印書館、一九五七年）。〔訳注〕日本語訳に際しては、ポワンカレ「科学と仮設」『世界の名著66』（湯川秀樹、井上健編、中央公論社、一九七〇年）を参照した。

ナ 行

ハ 行

マ 行

ヤ 行

ラ 行

タ　行

サ 行

索　　引

ア　行

カ　行

■著者略歴

王 中 江（おう・ちゅうこう／Wang Zhongjiang）

1957年生まれ。哲学博士（北京大学）。中国社会科学院歴史研究所研究員、清華大学人文学院教授を経て、現在北京大学哲学系教授。中華孔子学会会長兼任。主な著作に『近代中国思惟方式演変的趨勢』（四川人民出版社、2008年）、『進化主義在中国的興起――一個新的全能式的世界観』（中国人民大学出版社、2010年）、『簡帛文明与古代思想世界』（北京大学出版社、2011年）、『儒家的精神之道和社会角色』、『道家学説的観念史研究』（以上中華書局、2015年）、Daoism Excavated: Cosmos and Humanity in Early Manuscripts. Three Pines Press, 2015. Order in Early Chinese Excavated Texts, Palgrave Macmillan, 2016、等がある。近著には『根源、制度和秩序：従老子到黄老』（中国人民出版社、2018年）、『自然和人：近代両個観念的譜系探微』（商務印書館、2018年）がある。

■訳者略歴

吉田 薫（よしだ・かおる）

1972年生まれ。文学博士（北京大学）。日本女子大学文学部、中央大学経済学部、法政大学経済学部の非常勤講師を経て、現在日本女子大学文学部准教授。主な業績として、「梁啓超対日本近代志士精神的探究与消化」（『中国現代文学研究叢刊』、2008年第２期）、「〝新民〟与〝死生観〟的糾纏――梁啓超従〝宗教〟到本土文化的関注」（『東岳論叢』、2011年第５期）、「康孟卿の翻訳作業とその周辺――戊戌政変から『清議報』刊行までを中心に」（『中国研究月報』第65巻第10号、2011年）、「清末変法運動における何樹齢の活動について」（『中国研究月報』第67巻第８号、2013年）、「跨時代、跨国界的〝立人〟意義――在日本講授魯迅記」（『魯迅研究月刊』、2014年第８期）、「章太炎与〝夏音〟」（『中国現代文学研究叢刊』、2018年第１期）等がある。

（※）本書で使用の図版は、すべて著者の提供による。

New spread of Taoism in the early period
by studying excavated materials of Bamboo and Silk
by WANG Zhongjiang

This book is published with the support of
the "Chinese Fund for the Humanities and Social Sciences".

簡帛文献《かんぱくぶんけん》からみる初期道家思想《しょきどうかしそう》の新展開《しんてんかい》

2018年7月10日　初版印刷
2018年7月20日　初版発行

著　　者　王 中 江
訳　　者　吉田　薫
発 行 者　金田　功
発 行 所　株式会社 東京堂出版
〒101-0051　東京都千代田区神田神保町1-17
電　話　(03)3233-3741
http://www.tokyodoshuppan.com/
D　T　P　株式会社オノ・エーワン
装　　丁　坂川栄治+鳴田小夜子（坂川事務所）
印刷・製本　中央精版印刷株式会社

ISBN 978-4-490-20989-1 C3010